트로트 인문학

1판 1쇄 찍음 2022년 10월 7일
1판 1쇄 펴냄 2022년 10월 14일

지은이   박성건 이호건
펴낸이   신주현 이정희
디자인   조성미
종이   월드페이퍼
제작   (주)아트인
펴낸곳   미디어샘

출판등록 2009년 11월 11일 제311-2009-33호
주소 (03345) 서울시 은평구 통일로 856 메트로타워 1117호
대표전화 02-355-3922 | 팩스 02-6499-3922
전자우편 mdsam@mdsam.net

ISBN 978-89-6857-216-6 03670

이 책의 판권은 지은이와 미디어샘에 있습니다.
이 책 내용의 전부 또는 일부를 재사용하려면 반드시 양측의 서면 동의를 받아야 합니다.

www.mdsam.net

Trot × Philosophy

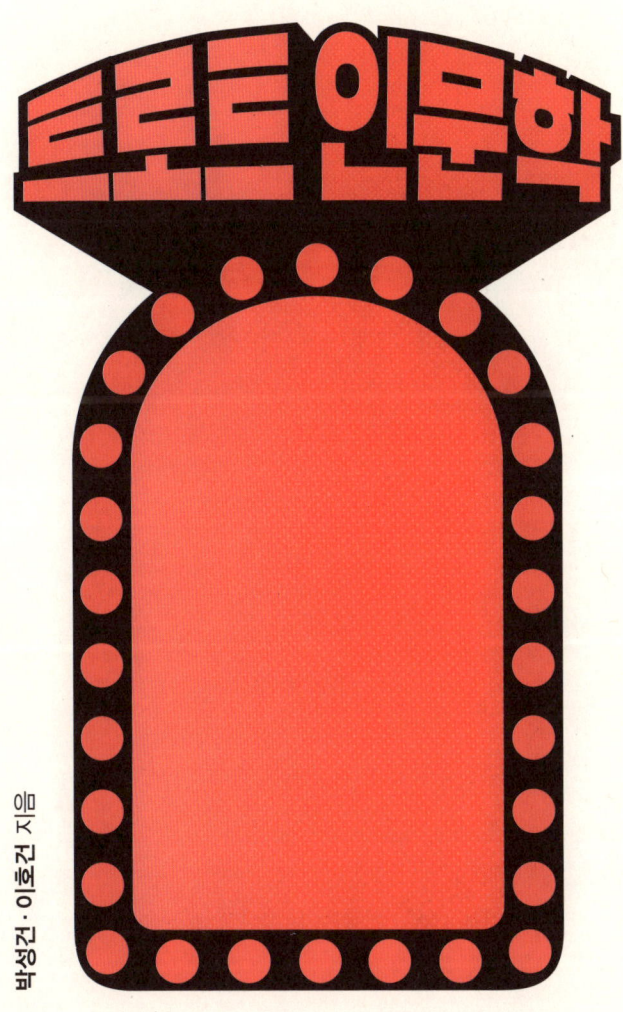

트로트 인문학

박성건·이훈건 지음

미디어샘

서문

가수 김연자의 노래 〈아모르 파티〉 2013가 있습니다. 트로트가 중장년층의 전유물이 아니라 20~30대까지 광범위하게 사랑받게 되는 결정적인 계기가 되는 곡입니다. 또한 2020년 전후로 TV종편 프로그램 〈미스트롯〉〈미스터트롯〉이 빅히트하면서 트로트는 이제 전 국민이 좋아하는 대한민국 대표 장르로 다시 떠올랐습니다.

그런데 지금부터 30년 전으로 돌아가보겠습니다. 트로트는 특별한 용어조차도 없던 구식의, 고리타분한 노래로 취급받던 장르였습니다. 1990년 이전까지의 TV프로그램에서는 진행자가 '전통가요' 정도로 소개했지요. 당시 사람들은 트로트를 '뽕짝'이라고 말했습니다. 트로트를 폄하하는 표현입니다. 심지어 1984년 가야금 연주자 황병기는 《음악동아》에 〈누가 뽕짝을 우리 것이라고 우기느냐〉는 칼럼을 게재하며 트로트 왜색 논쟁에 불을 지피기도 했습니다. 그만큼 트로트는 30년 전까지만 해도 우리 것이 아닌, 일본의 엔카를 베낀 노래에 불과하다는 의견이 무척 많았습니다. 하지만 반론도 만만치 않았지요. 상당수의 가요계 인사들은 "트로트는 민요에서 비롯된 전통가요에 뿌리를 두고 있다"고 주장합니다.

그렇다면 트로트는 누구의 노래인가요? 우리의 전통가요인가요? 아니면 일제강점기에 전파되어 일본의 엔카를 베낀 노래에 불가한 것인가요? 한번 생각해볼 만한 주제이지요. 왜냐하면 우리의 뿌리와 관계가 있기 때문입니다.

《트로트 인문학》은 한국인에게 트로트가 어떤 의미인지 의문을 가져보는 것에서 시작되었습니다. 트로트라고 하는 것은 우리의 조상, 선후배들이 일생을 살면서 좋아했던 노래입니다. 히트곡이 각 시대의 정신을 담고 있듯, 어떻게 보면 트로트는 한국 현대사의 일면을 담고 있다고 볼 수 있습니다. 더 나아가 한국인의 정신을 진정으로 알 수 있는 노래이기도 합니다. 취중진담이라는 말처럼 한잔하면 흥얼거리는 노래 속에 우리의 본 모습이 담겨 있는 것이 아닐까요?

우리가 우리의 본 모습을 아는 것은 매우 중요하지요. "너 자신을 알라"는 소크라테스의 고민이 기원전부터 시작되어 아직도 이러한 고민을 하는 우리 자신을 바라보면 '나를 아는 것'은 결국 어려운 인생살이를 슬기롭게 살게 해주는 방법임을 알 수 있습니다. 하지만 우리는 이 방법에 대한 훈련이 덜 되어 있습니다. 한마디로 평소에 철학하는 훈련이 덜 되었기 때문이지요. 그러니 나훈아의 〈테스형!〉2020까지 히트하지 않았을까요?

이 책은 여러분과 함께 우리의 본 모습을 철학해보기 위해 총 18개의 분야로 나누어 트로트를 인문학적으로 해석합니다. 사랑, 이별, 청춘, 불륜, 고독, 애가哀歌, 남자, 여자, 웃음 등 다양한 주제로 트로트의 역사와 그 인문학적 해석을 추가했습니다. 여러분이 어느 세대에 속하든 한 곡 정도는 좋아하는 트로트 장르의 노래가 있을 것입니다.

책 속에서는 가요가 시작된 100년의 한국 역사 속에서 다양한 트로트 가수들의 히트곡을 통해 한국인의 이면을 살펴봅니다. 이 과정을 통해서 우리는 우리의 진정한 모습을 찾고, 자본주의 시대에서 진정으로 인간답게 살아가는 것이 무엇인지에 대한 해답을 찾아볼 것입니다.

1990년대 이후의 한국사회는 IMF와 코로나를 거치면서 더욱 삶이 팍팍해졌다고 말합니다. 자영업자는 삶의 기반을 잃고 있고, 너도 나도 빚을 내어 부동산과 주식, 암호화폐 시장에 뛰어들고 있습니다. 그러면서도 방탄소년단과 〈오징어게임〉은 유래 없는 성공을 거두고 있습니다. 또 한편으로는 많은 사람들은 더욱 부익부 빈익빈의 사회에서 허덕거리고 있습니다.

도대체 우리는 어느 방향으로 가야 할까요? 이 책은 이러한 다소 어려워 보이는 철학적인 물음에 좀더 쉽게 가까이 가기 위한 방법을 함께 고민하는 발걸음입니다.

이 항해는 《케이팝 인문학》에서 시작되었습니다. 그 두 번째 항해로서 《트로트 인문학》이 출항을 준비하고 있습니다. 아무쪼록 이 책을 통해서 많은 분들이 삶의 진정한 해답을 찾을 수 있기를 진심으로 기원합니다.

박성건 · 이호건

차례

서문 005

01 청춘
내 나이가 어때서?! 011
나이에 맞는 청춘이란 018

02 변심
변심에 대처하는 우리의 자세 028
영원한 사항은 없다 034

03 라이벌
두 개의 달은 없다 044
라이벌 없이 위대한 성장도 없다 052

04 집
집은 정말 쉬는 곳일까? 060
타워팰리스에 살면 행복할까? 068

05 술
술독과 낭만 사이 077
술, 저녁의 평안함 085

06 사나이
누가 진짜 사나이일까? 096
사나이 노래 들으며 '똥폼' 잡지 말지어다! 103

07 여성
여자, 약해지면 안 돼?! 115
여성은 만들어지는 것 122

08 고독
고독이 몸부림칠 때 133
고독은 인생의 좋은 동반자 140

09 불륜	바람 피우는 게 죄냐? 151	
	바람둥이, 이성에 대한 불감증 환자 159	

10 편지	백지라도 고이 접어 보내주세요 170	
	누구라도 '그대'가 되어 받아줄게요 177	

11 애가	한국인의 마음에는 애가가 있다 186	
	한은 한국인의 대표정서가 아니다? 196	

12 순정	앉으나 서나 당신 생각 208	
	사랑은 무모한 맞교환일 뿐 216	

13 웃음	트로트에는 웃음이 있다 227	
	웃음, 인간의 존재 이유 235	

14 이름	트로트 속, 너의 이름은 245	
	아무리 불러봐야 소용없는 252	

15 기원	트로트와 엔카 무엇이 먼저일까 262	
	문화에는 우열이 없다 270	

Trot × Philosophy 01

청춘

내 나이가 어때서?!

　한국인의 정신이라고 할 수 있는 트로트는 어떻게 인문학으로 해석될 수 있을까요? 그 세월을 따라가는 긴 여행의 시작은 바로, 봄과 열정이 살아 있는 젊은 시절을 의미하는 청춘靑春입니다. 트로트 속에서 청춘을 찾는 것은 100년의 근현대사에서 각 세대 한국인들의 청춘을 의미하는 것일 텐데 히트곡 속에서는 어떻게 표현되고 있는지 그 속으로 들어가보도록 하겠습니다.

　한국의 트로트사에서 청춘을 노래한 초기 히트곡은 남인수의 〈감격시대〉1939가 있습니다. 이 곡은 암울했던 일제강점기에 "불러라 불러라 거리의 사랑아 / 휘파람을 불며 가자 / 내일의 청춘아"라고 외쳤습니다. 나라 잃은 슬픔을 노래한 단조의 곡들이 즐비하던 시기에 희망찬 노래로서 한 부분을 차지하고 있습니다. 훗날 이 곡을 친일가요로 해석하는 학자들도 다수 나타났는데 의도가 어찌되었든 새 시대의 희망을 청춘으로 비유한 노래로서 역사 속에 남은 히트곡 중 하나였습니다.

이후 청춘과 관련된 노래로는 김용만의 〈청춘은 꿈〉1960이 있습니다. 이 곡은 노래를 만든 김용대가 1947년 즈음 작곡해 처음으로 불렀다고 알려져 있으나, 그가 일본으로 떠나는 바람에 구전으로만 전해오다가 김용만이 1960년에 레코드로 취입한 것입니다. 이 곡은 무엇보다 가사에서 1947년 당시, 한국인의 기대와 희망을 담고 있다는 점에서 역사적인 의미를 찾아볼 수 있습니다.

> 청춘은 봄이요 봄은 꿈나라 / 언제나 즐거운 노래를 부릅시다 / 진달래가 쌩긋 웃는 봄봄 / 청춘은 싱글벙글 윙크하는 봄 봄봄 봄봄봄봄 / 가슴은 두근두근 청춘의 꿈 / 산들산들 봄바람이 춤을 추는 봄봄 / 시냇가의 버들피리는 삐삐 삐리비리 비 / 라라라라 릴리리 봄봄 / 청춘은 봄이요 봄은 꿈나라
>
> 김용만, 〈청춘은 꿈〉 중에서

1945년 8월 15일 일제강점기에서 해방되자 대한민국은 맥아더 장군의 명을 받은 존 하지 중장 체제로 미군통치가 시작됩니다. 당시는 새 정부를 구성하려는 정치인들의 반목과 잔존한 친일파들이 득세하며 혼란의 상황이었지만, 한국인이라면 누구나 마음 한편에 자유와 새로운 삶이라는 꿈을 가지지 않은 사람은 없었을 것입니다.

김용대는 노래의 첫 소절 "청춘은 봄이요 봄은 꿈나라"에서 일제의 지배에서 벗어난 한국인의 마음을 청춘, 봄, 꿈나라에 빗대어 경쾌한 사운드로 격동기 한국인들의 기대를 충족시켜주었습니다. 아마 본인도 그런 희망을 가졌을 것입니다. 하지만 현실은 달랐습니다. 한국의 상

황은 정권을 잡으려는 정치인들의 저급한 싸움이 지속되었고, 끼니조차 때울 수 없어 가족과 헤어져 기댈 곳조차 없는 사람들이 대부분이었습니다. 그래서였을까요? 정작 노래를 만든 김용대는 일본으로 떠나 그곳에서 가정을 꾸리고 살았습니다.

일본의 지배에서는 벗어났지만 미 군정도 별로 만족스럽지 못했고, 새로운 희망이 보이지 않자 한국인들은 스스로 운명을 개척할 수밖에 없었습니다. 맨주먹, 맨손으로 닥치는 대로 일을 했고, 인권은 뒤로한 채 가족의 생계를 위해 평화시장 공장의 '시다(종업원)'부터 찹쌀떡 장사, 각종 허드렛일을 통해 잘살아보겠다는 꿈을 잊지 않으며 대한민국을 건설하던 1960년대였습니다.

이때, 언젠가는 꼭 돈을 벌어 성공하고야 말겠다는 서민의 마음을 대변해준 영화가 〈맨발의 청춘〉1964입니다. 영화의 줄거리는 거리의 폭력배 서두수(신성일 분)와 외교관의 딸 요안나(엄앵란 분)가 만나 사랑을 하지만 신분을 극복하지 못해 동반자살을 한다는 내용입니다. 영화 속에서 주인공 서두수는 요안나의 도움으로 새 삶을 살아보려고 노력하지만 현실은 그들을 도와주지 못합니다. 영화의 마지막에 아가리(트위스트 김 분)가 맨발의 서두수에게 자신의 구두를 신겨주는 장면에서 많은 사람들이 눈물을 흘렸다고 전해집니다.

영화의 동명주제가 〈맨발의 청춘〉1964은 최희준이 불러 히트했습니다. "거리의 자식이라 욕하지 마라" "내버린 자식이라 비웃지 마라"라는 가사에서 1960년대 서민들의 상황을 어렴풋이나마 떠올릴 수 있습니다.

한편, 세월이 흘러 동명의 다른 노래 〈맨발의 청춘〉은 1997년에 댄스그룹 벅이 불러 히트하였습니다. 가사에는 1990년대 돈 없고 빽 없는 젊은이들이 주류사회에 들어가기 위한 몸부림이 담겨 있습니다.

이렇다 할 빽도 비전도 지금 당장은 없고 / 젊은 것 빼면 시체지만 난 꿈이 있어 / 먼 훗날 내 덕에 호강할 너의 모습 그려봐 / 밑져야 본전 아니겠니 네 인생 걸어보렴(…)
먼 훗날 성공한 내 모습 그려보니 흐뭇해 / 그날까지 참는 거야 나의 꿈을 위해 / 길고 짧은 건 대봐야지 지금은 비록 / 내가 보잘것없지만 나도 하면 돼 뚜껑을 열어봐야 알지

벅, 〈맨발의 청춘〉 중에서

1960년대에는 영화 〈아빠의 청춘〉1966의 동명 주제가가 히트한 이후 꾸준히 생명력을 가지며 이후 세대까지 리메이크되며 인기를 얻었습니다. 김승호·태연실이 주연한 이 영화의 내용은 재혼을 하지 않는 아버지(김승호 분)와 자식들이 세대 차이와 갈등을 겪다가 말년에 아버지가 재산을 자식들에게 나눠주면서 갈등을 해소한다는 내용입니다.

노래는 아버지의 입장에서 자식들에게 자신의 속마음을 토로하는 설정입니다. 화자 박 영감은 자녀들에게 "노랭이라 비웃으며 욕하지 마라 / 나에게도 아직까지 청춘은 있다"며 '원더풀' '브라보'를 흥겹게 외칩니다. 1997년 IMF 이후 아버지의 권위가 땅으로 떨어진 상황에서 아버지 노래가 다수 발표되기 이전, 아버지를 소재로 한 최고 인기곡이라고 볼 수 있습니다.

청춘에 관한 히트곡으로는 1980년대 두 곡이 눈에 띕니다. 산울림의 〈청춘〉1981과 나훈아의 〈청춘을 돌려다오〉1984입니다.

산울림의 〈청춘〉은 1954년생 김창완이 만 27세 때 발표한 《산울림 7집》1981에 수록한 곡입니다. "언젠간 가겠지 푸르른 이 청춘 / 지고 또 피는 꽃잎처럼"의 가사에서 흘러가는 20대의 아쉬움을 한 폭의 그림

처럼 담은 명작입니다. 그래서인지 이 곡은 2015년 제작된 드라마 〈응답하라 1988〉에서 가수 김필이 다시 불러 히트했습니다. 한편 나훈아의 〈청춘은 돌려다오〉는 1967년 신행일이 부른 것을 나훈아가 다시 리메이크하여 히트한 곡입니다. 이 곡이 1980년대에 주목받은 이유를 생각해보면 지나간 청춘을 아쉬워하는 감정은 예나 지금이나 다르지 않음을 알 수 있습니다.

청춘에 대한 한국인들이 생각은 이후에도 지속적으로 등장합니다. 이상은이 1993년에 발표한 〈언젠가는〉에서는 "젊은 날엔 젊음을 모르고 / 사랑할 땐 사랑이 보이지 않았네"라는 가사를 보면, 다시 한 번 우리는 젊음의 소중함을 지난 다음에야 깨닫고 안타까워하고 있습니다. 하지만 1986년 MBC 강변가요제에 출전해 대상을 수상한 유미리의 〈젊음의 노트〉에는 "내 젊음의 빈 노트에 무엇을 적어야 할지"라며 고민하는 활기찬 청춘도 존재합니다.

> 청춘을 돌려다오 젊음을 다오 / 황혼길 인생의 애원이란다 / 신문마다 방송마다 야류 많아도 / 돈 주고 못사는 게 청춘이드냐 / 청춘아 내 청춘아 어딜 갔느냐
>
> 신행일, 〈청춘을 돌려다오〉 중에서

이상은이 〈언젠가는〉을 발표한 1993년에는 여성 로커 도원경이 발표한 〈성냥갑 속 내 젊음아〉가 히트했습니다. 이 곡은 유현상이 1985년에 발표한 〈사랑 위에 흘린 눈물〉에 가사를 바꾸어 다시 발표한 것이었습니다. 젊음을 사각형 "성냥갑 속"에서 "더 이상 방황"하지 않고 "내일로 떠나자"고 표현한 부분에서 로커다운 반항심이 느껴집니다.

청춘을 흘러가는 세월 속에서 안타깝게 바라보는 시각은 2000년대 들어서도 계속 발표되었습니다. 그중 좋은 반응을 얻은 노래는 〈사랑은 봄비처럼… 이별은 겨울비처럼〉2003을 불러 주목받은 가수 임현정이 2019년 발표한 〈청춘〉입니다. 1974년생 임현정은 만 45세에 "누굴 위해 여기 온 걸까 / 무얼 위해 여기 온 걸까 / 헛헛한 마음과 먹먹한 가슴에 해 지는 하늘을 본다"며 40대 여성의 관점에서 청춘을 쓸쓸하게 바라보고 있습니다.

하지만 1951년생 금과 은 출신 가수 오승근은 61세에 다시 한 번 '청춘'의 반격을 시도합니다. 그는 한국의 60세 전후의 세대에게 젊음을 되찾을 수 있다는 희망을 담은 〈내 나이가 어때서〉2012라는 곡을 통해 열렬한 지지를 얻었습니다.

이 곡의 노랫말을 만든 작사가 박무부의 사연이 흥미롭습니다. 그는 전남 순천 출신으로 쇼단의 드러머로 가요계에 입문하여 김수희, 계은숙 등의 매니저를 거쳐 음반을 제작하며 가요계의 일원으로 살아가던 인물이었습니다. 그러던 어느 날 그는 아차산 산행 중 중년 아주머니들의 대화를 엿듣게 되었고, 그들의 대화 중에 "내 나이가 어때서"라는 말에 공감을 느껴 곧바로 노래 제작을 결심했습니다. 하지만 데모를 만든 후 여러 가수들에게 퇴짜를 맞고 말았습니다. 그런데 우연히 데모를 들은 김자옥이 흥행을 예감하고 남편 오승근에게 추천하여 2012년 빛을 보게 된 것입니다.

〈감격시대〉에서부터 〈내 나이가 어때서〉로 이어지는 히트곡의 역사를 돌이켜보면, 20~40대의 젊은이들은 지나가는 젊음과 청춘을 잡지 못해 아쉬워하지만 오히려 나이를 꽤 먹은 장년층은 반대로 청춘과 직접 당당하게 맞서고 있다는 점을 알 수 있습니다. 여러분은 어떤 모습을 지지하고 싶은가요? 한탄을 하는 쪽인가요? 아니면 세상에 한번 맞서보는 쪽인가요?

야 야 야 내 나이가 어때서 / 사랑에 나이가 있나요 / 마음은 하나요 느낌도 하나요 / 그대만이 정말 내 사랑인데 / 눈물이 나네요 내 나이가 어때서 / 사랑하기 딱 좋은 나인데 / 어느 날 우연히 거울 속에 비춰진 / 내 모습을 바라보면서 세월아 비켜라 / 내 나이가 어때서 사랑하기 딱 좋은 나인데

오승근, 〈내 나이가 어때서〉 중에서

나이에 맞는 청춘이란

여기 큰 성공을 거둔 노년의 재벌이 있습니다. 그는 청춘을 불태워 가며 평생토록 열심히 일했습니다. 그 결과, 그는 남들이 보면 입이 떡 벌어질 정도로 많은 재산을 모을 수 있었습니다. 주변에서는 자수성가 하여 큰돈을 모은 그를 부러워합니다. 하지만 속내는 조금 다릅니다. 부유한 그에게도 회한이 남아 있기 때문입니다. 노년이 된 그에게는 아무리 많은 돈이 들더라도 살 수만 있다면 꼭 사고 싶은 것이 있습니다. 바로 지나가버린 젊은 시절, 청춘입니다. 하지만 그의 소원은 이룰 수 없는 것입니다. 청춘은 억만금을 주고도 살 수 없는 것이기 때문입니다.

그래서일까요? 가요사에는 유독 '청춘'을 노래하는 경우가 많습니다. "청춘은 봄이요 봄은 꿈나라"김용만, 〈청춘은 꿈〉라면서 젊음의 아름다움을 흥얼거리기도 하고, "노랭이라 비웃으며 욕하지 마라 / 나에게도 아직까지 청춘은 있다"오기택, 〈아빠의 청춘〉라는 중년 아빠의 반박도 있습니다. 심지어 "내 나이가 어때서 / 사랑에 나이가 있나요" 오승근, 〈내 나이가 어때서〉라며 여전히 자신이 청춘임을 어필하기도 합니다. 이처럼 사람들은 청춘(젊음)을 긍정하는 반면, 나이 듦은 싫어합니다. 그래서인지 청춘을 예찬하는 글들이 참 많습니다. 예컨대, 우보牛步 민태원 선생의 글 〈청춘예찬〉에는 이런 대목이 나옵니다. "청춘! 이는 듣기만 하여도 가슴이 설레는 말이다. (…) 청춘의 피는 끓는다. (…) 청춘의 끓는 피가 아니더면, 인간이 얼마나 쓸쓸하랴?" 민태원 선생은 청춘이 인생에서 가장 아름다운 황금시대라면서 젊음을 극찬했습니다.

청춘이 인생에서 가장 찬란한 시기라는 민태원 선생의 주장에 동의하시나요? 아마도 많은 사람이 청춘은 인생의 봄날이며, 가장 아름다운 시기라는 데 동의할 것입니다. 이처럼 사람들은 젊음을 찬양하지만 나이가 드는 것은 싫어하는 경향이 있습니다. 나이를 먹을수록 서글픔을 느낄 때가 많기 때문입니다. 신체나 외모가 예전 같지 않아서 그렇고, 남은 생이 줄어들기에 그렇습니다. 하지만 나이가 든다고 반드시 불행해지는 것은 아닙니다. 볼테르Voltaire라는 철학자는 이런 말을 한 적이 있습니다. "그 나이에 해당된 재능을 갖지 못한 사람은 그 나이에 해당된 불행을 맛보게 된다." 나이가 든다고 불행해지는 것이 아니라 자신의 나이에 맞는 재능이나 지혜를 갖지 못하면 불행해진다는 뜻입니다.

대체로 사람은 나이가 들면 체력이나 외모가 젊었을 때만 못해집니다. 그런데 생각해보면, 이러한 변화는 전혀 이상할 것 없습니다. 인간이라면 누구나 경험하는 지극히 자연스러운 현상이기 때문입니다. 가령, 환갑에도 20대 피부와 외모를 유지하는 사람이 있다고 생각해봅시다. 그래서 자녀보다도 어려 보이고, 친구들에게는 손자뻘로 보인다고 칩시다. 이러한 상태는 정말 부러워할 만한 일일까요? 절대 그렇지 않습니다. 이는 세월의 흐름을 거스르는 것으로 매우 소름 끼치는 일일 수도 있습니다. 그럼에도 사람들은 나이를 먹어서 피부 탄력이 떨어지고 신체 능력이 예전만 못해지면, '이제 내 인생에서 좋은 시절은 끝났구나!' 하면서 이른바 인생무상을 경험하는 경우가 많습니다.

나이를 먹고 늙어가는 자신의 모습을 보면서 인생의 무상함을 느끼는 것이 올바른 태도일까요? 우선 공감이 되기는 합니다. 하지만 많은 사람이 공감한다고 해서 그것이 옳다거나 올바르다고 단정할 수는 없습니다. 볼테르라면 "나이에 해당하는 재능이나 지혜를 갖지 못한 상태"라고 진단하지 않을까요? 로마시대 철학자 키케로 Marcus Tullius Cicero 는 《노년에 대하여》에서 "늙는다고 해서 모든 사람이 비참해지거나 황량해지는 것은 아니니 나이 듦을 서글퍼하지 말라"고 강조했습니다. 오히려 그는 노년이 되어 체력과 의욕이 저하되는 일은 오히려 축복할 만한 일이라고 주장하기도 했습니다.

나이가 들어 젊었을 때보다 체력이나 의욕이 떨어진 것이 축복이라고 주장하는 키케로의 말에 동의할 수 있습니까? 아마도 공감하지 못하는 사람이 더 많을 것입니다. 그런데 그런 주장을 펼친 사람은 키케로만이 아닙니다. 그리스 비극시인 소포클레스 Sophocles 도 노년에 성욕을 느끼지 못해서 아쉽지 않느냐는 질문에 이렇게 답했다고 합니다. "무슨 끔찍한 말을! 잔인하고 사나운 주인에게서 도망쳐 나온 것처럼 나는 이제 막 그것으로부터 빠져나왔는데, 무엇이 아쉽단 말인가!" 젊었을 때는 온갖 정욕에 이리저리 끌려다니느라 불행했는데, 나이가 드니 그런 욕망으로부터 빠져나와서 기쁘다는 주장입니다. 나이를 먹으니 불필요한 욕망에 무심해져서 좋다는 뜻으로 이해됩니다.

한편, 키케로는 청춘이 인생에서 가장 아름다운 시기라는 해석에 동의하지 않았습니다. 그는 젊음과 나이 듦이 자연스러운 과정일 뿐이라면서 이렇게 주장했습니다. "인생의 매 단계는 고유한 특징이 있네.

소년은 허약하고, 청년은 저돌적이고, 장년은 위엄이 있으면, 노년은 원숙한데, 이러한 자질은 제철이 되어야만 거둬들일 수 있는 자연의 결실과도 같은 것이라네." 키케로는 인생의 매 단계마다 나름의 특징이 있어서 좋고 나쁨을 견줄 수 없다고 보았습니다. 노년이 되면 젊음을 잃어버리는 것은 불가피한 일이지만 대신 원숙미를 얻을 수 있기에 나쁜 것만은 아니라고 보았습니다.

철학자 쇼펜하우어도 인생을 옷감에 비유하면서 노년이 반드시 나쁜 것만은 아니라고 주장했습니다. "인생이란 수를 놓은 옷감에 비유할 수 있다. 생애의 전반기에는 누구나 그 표면을 보고 후반기에는 그 이면을 보기 마련이다. 이면은 표면보다 아름답지는 못하지만 배우는 바가 상당히 많다. 이면을 봄으로써 바느질 자국과 꿰맨 흔적 같은 것을 분명히 알 수 있기 때문이다." 쇼펜하우어는 우리의 인생 그 자체는 별로 아름답지 못하지만, 나이가 들면 옷감의 뒷면을 보듯이 인생의 이면에 숨겨진 희로애락까지 모두 볼 수 있기에 지혜로워진다고 보았습니다. 그래서 나이 듦에 대해 불행하게만 해석할 필요가 없다는 입장입니다. 이들의 주장을 종합하면, 나이가 든다는 것 자체가 불행이 아니라 우리가 나이 듦을 어떻게 해석하는가에 따라 행복과 불행이 결정됩니다. 따라서 자신의 나이에 맞는 재능이나 지혜를 갖추는 것이 필요합니다.

그럼에도 대부분의 사람들이 젊음을 선호하는 것이 현실입니다. 요즘 사람들이 젊음을 예찬하면서 사용하는 말 중에서 "나이가 깡패다"라는 표현이 있습니다. 이 말은 나이가 젊을수록 여러모로 유리하다는 뜻으로, 주로 나이를 먹은 사람이 자신의 주름진 피부를 볼 때 자주 사용하는 표현입니다. 온갖 천연원료로 만든 값비싼 화장품을 온몸에 발라도 젊은이의 피부를 따라가지 못한다고 느낄 때, 자신도 모르게 한탄하듯 내뱉는 말입니다. 하지만 "나이가 깡패"라는 말을 마냥 긍정하기는 어렵습니다. 그 표현은 자연의 섭리를 부정하는 것이며, 늙어감을 모독하는 말이기 때문입니다. 인간을 포함하여 모든 생명체는 태어난 뒤부터 매년 나이를 먹고 늙어갑니다. 이 과정은 매우 자연스러운 생리현상이며, 어느 누구도 거스를 수 없는 자연법칙입니다.

우리가 나이를 먹으면서 깨닫게 되는 사실이 있습니다. 인생에서 젊음이 유지되는 기간은 영원하지도 않고, 생각만큼 길지도 않다는 점입니다. 인생주기에서 청춘이란 순식간에 지나가는 시간에 불과합니다. 청춘을 찬양하는 사람은 주로 젊은이일까요, 나이 든 사람일까요? 청춘을 찬양하는 사람은 주로 나이 든 사람입니다. 1984년 중년이 된 나훈아가 "청춘을 돌려다오, 젊음을 다오"라고 황혼길 인생에 애원한 것처럼 말이지요. 소설가 앙드레 지드가 어딘가에서 이런 말을 했습니다. "청춘, 사람들은 그것을 일시적으로 소유할 뿐, 그 나머지 시간은 회상할 뿐이다." 사람들이 젊음이나 청춘을 찬양하는 이유는 그 시간을 향유했기 때문이 아니라 지나가버렸기 때문입니다.

어른들은 종종 젊은이를 향해 "네 나이 때가 인생에서 가장 좋은 시기이니 마음껏 즐기라"고 조언을 하는 경우가 있습니다. 하지만 정작 청춘들은 그 말이 그다지 가슴에 와닿지 않습니다. 청춘의 시간은 매일매일 공부에 치이고, 불확실한 미래 때문에 불안하기 십상입니다. 가수 벅의 〈맨발의 청춘〉 노랫말처럼, "이렇다 할 빽도 비전도 지금 당장은 없고 젊은 것 빼면 시체"인 경우가 더 많습니다. 대체로 청춘들은 젊음의 가치를 잘 모릅니다. 가수 이상은도 〈언젠가는〉에서 "젊은 날에 젊음을 모르고, 사랑할 땐 사랑이 보이지 않았네"라고 노래하기도 했지요. 결국 청춘을 찬양하는 사람은 젊은이가 아니라 나이 든 어른들입니다. 청춘의 끓는 피가 식어버린 어른들이 회고적으로 젊은 시절을 그리워하는 것입니다. 만시지탄晩時之歎이라고 말하면 너무 야박한 표현일까요? 아무튼 청춘 예찬의 주체는 청춘이 아니라 그 시기를 넘겨버린 어른들입니다.

어른들은 왜 청춘을 찬양하고 젊었던 시절을 그리워할까요? 미국 철학자 에릭 호퍼Eric Hoffer가 《영혼의 연금술》에서 이런 말을 했습니다. "젊음은 그 자체가 하나의 재능이다. 하지만 부패하기 쉬운 재능이다." 어른들이 젊음을 그리워하는 이유는, 호퍼의 주장처럼, 젊음이 그 자체로 "하나의 재능"이기 때문입니다. 젊음은 무엇이든 시도할 수 있다는 점에서 좋은 것이며, 그렇기에 재능이라 부를 만합니다. 하지만 대부분의 사람들이 경험했듯, 인생에서 젊음의 순간은 매우 짧으며 순식간에 지나가버립니다. 젊음은, 한편으로는 "부패하기 쉬운 재능"이기 때문입니다. 결국 젊음은 그 자체로 하나의 재능인 것만은 분명하지만 제대로 활용하지 않으면 무용지물이 되고 마는 재능일 뿐입니다. 아무것도 시도하지 않는 젊음은 결코 부러워할 것이 아닙니다. 하여, 청춘이라는 점만으로, 나이가 젊다는 사실만으로는 별로 자랑할 게 못됩니다.

프랑스 철학자 알랭 바디우Alain Badiou는 《참된 삶》이라는 책에서 폴 니장이라는 작가의 글을 인용해 말했습니다. "나는 스무 살이었다. 나는 누구라도 그때가 삶에서 가장 아름다운 시기라고 말하도록 내버려두지 않을 것이다." 청춘이 마냥 아름다운 것만은 아니라고 주장한 것이죠. 청춘이 겉보기에는 아름답고 활력으로 가득 차 보이지만 속내에는 어두운 기운이 도사리고 있다는 뜻입니다. 바디우는 이렇게 질문합니다. "오늘날 젊다는 것은 하나의 장점인가 아니면 장애인가?" 물론 이 말은 바디우가 젊음의 장점보다는 장애에 주목하면서 던진 질문입니다.

젊음이 가진 장애에는 구체적으로 어떤 것이 있을까요? 바디우는 젊은이들이 갖기 쉬운 장애로 "즉각적인 삶에 대한 열정"을 꼽았습니다. 즉각적인 삶의 열정이란 젊은이들이 즉각적으로 맛볼 수 있는 쾌락을 추구하는 경향을 뜻하는데, 바디우는 그 예로 "도박이나 쾌락, 순간적인 것, 한 곡의 음악, 일시적으로 지나가는 것, 대마초, 바보 같은 장난에 대한 것" 등을 들었습니다. 아닌 게 아니라 젊은이들은 대체로 즉각적인 쾌락을 추구하는 경향이 있습니다. 바디우는 이런 상황조차 젊은이들이 반드시 거쳐야 할 불가피한 것으로 보지만, 그러한 행동의 배경을 순수하게 보지는 않았습니다.

젊은이들은 왜 즉각적이고 일시적인 쾌락에 빠지는 것일까요? 바디우의 진단에 따르면, 젊은이들이 즉각적인 쾌락에 매달리는 것은 "미래가 보이지 않거나 완전히 불투명하거나 어떤 모종의 허무주의로 인해 단일화된 삶의 의미를 결여한 실존 상태"에 있기 때문입니다. 아닌 게 아니라 요즘 대한민국의 젊은이들도 게임이나 주식투자, 비트코인 투자 등에 몰두하는 경우가 많습니다. 이러한 현상은 원래부터 그것들을 좋아해서가 아니라 자신의 미래가 손에 잡히지 않고 진정한 삶의 의미를 찾지 못하기 때문에 그에 대한 반작용으로 행해지는 것이라고 해석할 수도 있습니다. 이처럼 젊은이들이 "즉각적인 삶에 대한 열정"으로 자극적인 쾌락에 몰두한다면 일시적으로는 단맛을 취할 수 있을지 모르겠지만, 시간이 지나면 젊음만 낭비한 채 허무감만 남을 가능성이 높습니다. 바디우는 그러한 삶의 모습을 "삶을 불사르는 열정"이라고 표현했습니다. 자기 젊음을 불태워가며 일시적인 쾌락에만 몰두하는 삶으로 결코 긍정적인 모습이 아닙니다.

이제 어떻게 해야 할까요? 청춘을 바라보고 판단하는 기준을 바꾸면 어떨까 싶습니다. 사람들은 흔히 젊음의 여부를 나이로만 평가하는 경향이 있는데, 그렇게 되면 젊음은 유지하기도 힘들고 향유하기도 어렵습니다. 세월의 흐름이 젊음을 갉아먹기 때문입니다. 〈청춘〉이라는 시로 유명한 사무엘 울만Samuel Ullan은 청춘에 대해서 이렇게 말했습니다. "청춘이란 인생의 어떤 한 시기가 아니라 마음의 상태를 말한다. 나이를 먹는다고 늙는 것이 아니라, 이상을 잃어버린 때 비로소 늙는 것이다." 청춘은 인생의 특정한 젊은 시기를 지칭하는 것이 아니라 마음의 상태, 즉 삶을 대하는 마음자세에 달렸다는 뜻입니다. 때로는 스무 살의 청년보다 육십이 된 사람이 더 청춘인 경우도 있습니다. 아무리 나이가 많아도 "강인한 의지, 풍부한 상상력, 불타는 열정"을 가졌다면 그는 여전히 청춘이라 불러도 마땅합니다. "청춘을 돌려다오. 청춘아 내 청춘아, 어딜 갔느냐" 하고 노래하는 이보다는 "내 나이가 어때서 사랑하기 딱 좋은 나인데"라며 열정을 불태우는 사람이라면 누가 뭐래도 청춘이라 불러도 좋겠습니다.

또 하나 추천하고 싶은 청춘의 기준이 있습니다. 프랑스 철학자 질 들뢰즈Gilles Deleuze는 젊음을 이렇게 정의했습니다. "젊음이란 20대 청년으로 돌아가는 것이 아니라, 자기 연령에 걸맞은 청춘을 매번 새롭게 '창조하는' 것이다." 들뢰즈에 따르면, 20대의 청춘과 40~50대의 청춘은 개념이 서로 달라야 합니다. 20대가 젊고 발랄함을 청춘의 표상으로 삼는다면 40~50대 중년에게 청춘이란 20대 청춘이 가지지 못한 원숙함이나 노련미 같은 것일 수 있습니다. 요컨대, 나이가 들면 20대 청춘이 가진 젊음을 부러워하기보다는 그들이 갖지 못한 새로운 청춘, 자신만의 청춘을 창조해야 합니다. 비록 신체적 활력은 예전 같지 않지만 정신의 성숙도가 깊어져서 젊은 사람들이 우러러볼 정도가 되면, 그 또한 멋진 청춘으로 살아가는 것입니다.

청춘으로 살고 싶으십니까? 그렇다면 즐겨듣는 노래부터 바꾸면 어떨까요? "청춘을 돌려 달라"며 떼써봐야 아무도 나에게 청춘을 되돌려주지 않습니다. 청춘은 세월이 빼앗아간 것이 아닙니다. 정확히 말하면, 스스로 내던져버린 것입니다. 청춘은 나이가 아니라 '마음가짐'이며, 나이에 맞는 청춘을 새롭게 창조하는 것이기 때문입니다. 그런 의미로 보자면, 최고의 청춘 노래는 김연자의 〈아모르 파티〉가 아닌가 싶습니다. "나이는 숫자 마음이 진짜 / 가슴이 뛰는 대로 가면 돼" 청춘은 나이가 아니라 마음이 결정합니다. "자신에게 실망하지마. 모든 걸 잘할 순 없어 / 오늘보다 더 나은 내일이면 돼 / 인생은 지금이야 / 아모르 파티" 아무리 나이가 들어도 오늘에 실망하지 않고 내일을 꿈꾼다면, 그래서 지금을 즐긴다면 그 사람은 여전히 청춘입니다. 모두가 영원한 청춘으로 살기를 희망합니다. 청춘 포에버!

남인수 〈감격시대〉 1939	김용만 〈청춘은 꿈〉 1960
최희준 〈맨발의 청춘〉 1964	오기택 〈아빠의 청춘〉 1966
산울림 〈청춘〉 1981	나훈아 〈청춘을 돌려다오〉 1984
유미리 〈젊음의 노트〉 1986	이상은 〈언젠가는〉 1993
도원경 〈성냥갑 속 내 젊음아〉 1993	벅 〈맨발의 청춘〉 1997
오승근 〈내 나이가 어때서〉 2012	김필 〈청춘〉 2015
임현정 〈청춘〉 2019	

Trot × Philosophy 02

변심

변심에 대처하는 우리의 자세

도무지 이해가 되지 않습니다. 그는(그녀는) 왜 변심했는지. 내가 뭐 하나 잘못한 것도 없는데 말입니다. 영원히 사랑하겠다고 약속해놓고 왜 변심했느냐 말입니다.

가끔은 생각해봅니다. 애초에 인간의 뇌를 조작하여 변심하지 않도록 하면 어떨까요? 그렇다면 이렇게 아파할 이유도 없을 텐데 말입니다. 바람둥이들은 말도 안 되는 이야기라고 생각하겠지만 어쨌거나 우리는 세대에 걸쳐서 변심을 반복하고 있고, 누군가는 고통을 받고 있습니다. 변심의 감정은 음악에서 꽃을 피웠는데 가요, 팝, 클래식 등 장르를 불문하고 매우 중요한 소재로 자리 잡아왔습니다. 특히 '피해자'들은 변심의 아픔을 각자의 방식으로 묘사해왔습니다. 시대별 히트곡들을 보고 있으면 피해자들이 어떻게 대처해오고 있는지 알 수 있어 흥미롭습니다.

우선 변심한 연인에 대한 원망을 담은 노래가 언제 발표되었는지 세월을 따라 올라가보면 1939년 박단마가 부른 〈변할 수 있나요〉를 발견할 수 있습니다. 이면상 작곡, 이부풍이 작사한 이 노래는 후렴구에 "에헤요 에헤요 우리의 사랑이 변할 수가 있나요"라는 가사를 유성기의 거친 소리를 통해 어렴풋이나마 확인할 수 있습니다. 춘향전의 〈쑥대머리〉나 윤심덕의 〈사의 찬미〉 같은 지고지순하고 변치 않는 사랑을 직접적으로 표현한 노래들이 히트한 시대상을 볼 때 상당히 파격적인 시도라고 할 수 있습니다.

1950~1960년대로 넘어가면 변심한 연인을 기다리며 한탄하는 노래들이 무수하게 등장합니다. 주변에서 쉽게 볼 수 있는 자연이나 사물에 빗대어 슬픈 마음을 표현한 히트곡들을 찾아볼 수 있습니다. 예를 들어 배호의 〈누가 울어〉[1966]는 "소리 없이 흘러내리는 눈물 같은 이슬비"로 슬픔을 이야기하고 남진의 〈가슴 아프게〉[1967]는 "당신과 나 사이에 저 바다가 없었다면"으로 표현하는가 하면 펄시스터즈의 〈님아〉[1968]는 "둥근 달이 떠오르고 또 다시 기울어가도 / 한 번 떠난 내 님은 또 다시 돌아오지 않는다"며 한탄합니다. 같은 해에 발표된 은방울자매의 〈마포종점〉[1968]은 서울 영등포에 밤마다 어둠을 밝혔던 영등을 바라보며 떠나간 님을 그리워했습니다.

1960년대를 마감하면서 언급하지 않으면 안 되는 영화주제가가 하나 있지요. 바로 현미의 〈떠날 때는 말없이〉[1964]와 남진의 〈미워도 다시 한 번〉[1969]입니다. 두 편의 영화 내용은 남녀 간의 만남과 결혼, 자녀 등 1960년대 사회 상황과 맞물린 사랑과 이별의 내용입니다. 노래 제목에서부터 알아차릴 수 있는 당시 이별이란, 변심하여 떠나간 사람을 온전히 그리워하며 스스로 마음속에 묻어버리는 내용을 담고 있습니다.

그날 밤 그 자리에 둘이서 만났을 때 / 똑같은 그 순간에 똑같은 마음이 달빛에 젖은 채 밤새도록 즐거웠죠 / 아 그 밤이 꿈이었나 비 오는데 / 두고두고 못 다한 말 가슴에 삭이면서 / 떠날 때는 말없이 말없이 가오리다

현미, 〈떠날 때는 말없이〉 중에서

1970년대로 넘어가면 밝은 분위기로 변심한 연인을 생각하는 노래들이 히트했다는 점이 상당히 흥미롭습니다. 먼저 1973년에 발표된 〈잘 있어요〉는 귀공자 가수이자 장군의 아들로서 여성들에게 열렬히 지지를 받은 이현을 최정상 가수로 만들어준 히트곡입니다.

가사 도입부에서 두 남녀가 덤덤히 "잘 가세요"와 "잘 있어요"를 주고받는 쿨한 헤어짐으로 보이지만 후렴구에 가서는 누군가 한쪽은 떠나간 님이 다시 올 거라며 달빛 호숫가에 앉아 낙관적으로 변심을 이야기하고 있습니다. 이 곡은 내용과는 다르게 이후에도 인기를 이어나갈 수 있었는데 업소에서 마감시간을 알리는 음악으로 사용되기도 했고, 프로야구팀을 응원할 때 상대팀을 약 올리기 위한 노래로도 사용되고 있습니다.

잘 있어요 잘 있어요 그 한마디였었네 / 잘 가세요 잘 가세요 인사만 했었네 / 달빛 어린 호숫가에 앉아 내 님 모습 나홀로 새기며 / 또 다시 오겠지 또 다시 오겠지 기다립니다

이현, 〈잘 있어요〉 중에서

〈잘 있어요〉 외에 1970년대에 발표된 곡 중 한국 가요사에서 변심

을 주제로 한 최고의 히트곡 중 하나는 바로 들고양이들의 코믹송 〈마음 약해서〉1979입니다.

1971년 결성해 프론트우먼 임종임을 중심으로 미8군과 동남아, 홍콩에서 주로 활동했던 와일드 캐츠The Wild Cats는 1979년 내한하여 앨범을 냈습니다. 이때 국어순화 정책에 따라 들고양이들로 이름을 바꾸고 발표한 〈마음 약해서〉가 빅히트하면서 이름을 알렸습니다.

이 곡은 여러 면에서 가요계의 혁신적인 곡이라고 볼 수 있습니다. 변심하여 떠나가는 상대를 잡지 못하는 우유부단함을 역설적으로 경쾌하게 표현한 점, 노래 속에 등장하는 무그 신시사이저의 사운드와 보컬의 목소리를 전자음향으로 바꾸어 AI나 로봇이 말하는 것처럼 소리를 바꿔주는 보코더를 사용했다는 점입니다. 또한 추임새 "짜라라짜짜짜"의 코믹성은 어린이부터 성인까지 모두 좋아할 수 있는 요소였습니다. 여러 면에서 신선함을 줘서인지 이 음반은 당시 30만 장이 넘는 판매고를 올려 그해 심수봉의 〈그때 그 사람〉1978과 함께 최고의 음반판매량을 기록했습니다.

> 마음 약해서 잡지 못했네 돌아서던 그 사람(짜라라짜짜짜) / 혼자 남으니 쓸쓸하네요 내 마음 허전하네요(짜라라짜짜짜) / 생각하면 그 얼마나 정다웠던가 / 나 혼자서 길을 가면 눈앞을 가려 / 뜨거운 눈물이 흘러내리네 / 마음 약해서 마음 약해서 나는 너를 잡지 못했네
>
> **들고양이들, 〈마음 약해서〉 중에서**

1980년대로 넘어가면 다양한 변심 노래가 등장하고 히트했는데, 1982년 조용필이 부른 〈미워 미워 미워〉는 제목, 가사, 창법 모두 슬픔

의 극치를 보여줍니다. 또한 조용필의 모창가수로 이름을 알린 강승모의 〈무정부르스〉[1984]는 〈마음 약해서〉처럼 옆에 있어 달라는 말 한마디 못하고 주저앉고 마는 내용의 곡입니다.

잊으라는 그 한마디 남기고 가버린 / 사랑했던 그 사람 미워 미워 미워 /
잊으라면 잊지요 잊으라면 잊지요 / 그 까짓것 못 잊을까 봐

조용필, 〈미워 미워 미워〉 중에서

이제는 애원해도 소용없겠지 변해버린 당신이기에 / 내 곁에 있어 달라
말도 못하고 떠나야 할 이 마음

강승모, 〈무정부르스〉 중에서

1980년대 변심에 대한 다른 히트곡을 살펴볼까요? 슬픈 감정을 표현한 것은 변함이 없지만 점차 원망을 넘어서서 책임을 상대에게 돌리려는 다소 대담한 표현이 눈에 띕니다.

예를 들면 김범룡의 〈바람 바람 바람〉[1985]에서는 상대를 바람처럼 사라지는 것으로 묘사하기도 하고, 이선희의 〈갈등〉[1986]에서는 "그대"가 진정 날 사랑하는 사람인지 의문을 던집니다. 최성수는 이제 우리는 〈남남〉[1986]이 되었다고 선언을 해버리기도 합니다. 그럼에도 불구하고 1980년대에 정점을 찍어버린 변진섭은 〈홀로 된다는 것〉[1988]을 통해 "아주 담담한 얼굴로 나는 되돌아섰지만 (…) 아픈 마음에 목이 메어와 아무 말 못했네" 하며 변심의 이별을 정의했습니다.

이 길고도 긴 변심에 대한 이야기는 끝이 없겠지만 이제 1990년대

이후의 히트곡으로 마무리해보겠습니다. 1990년대 이후 한국인들은 떠나간 이별의 아픔을 어떻게 달랬을까요? 주현미가 1990년 발표한 〈잠깐만〉은 "잠깐만 잠깐만 그 발길을 다시 돌"이라며 다소 흥겹게 메시지를 전달하는 반면, 윤종신은 변심한 〈너의 결혼식〉1992에 쫓아가는 만행을 저지르기도 합니다. 심지어 업타운은 〈다시 만나줘〉1996에서 새로운 여자를 만나고 싶어서 사귀던 여성에서 헤어지자며 무선호출기에 음성을 남깁니다.

    2000년에 들어서는 좀더 섬세하고 직접적인 표현이 등장하는데 지오디는 헤어지기 위해 다른 여자가 생겼고, 나는 원래 이런 놈이라며 〈거짓말〉2000을 하고, 다이나믹 듀오는 "그동안 참아왔던 이별을 오늘은 네게 말"하면서 내가 〈죽일놈〉2009이라며 울부짖습니다.

    1992년에 헤어진 애인의 '너의 결혼식'에 찾아갔던 윤종신은 2017년 〈좋니〉라고 말하며 "니가 조금 더 힘들면 좋겠어"라고 힘겨운 감정을 뒤늦게 표현합니다.

    도대체 사랑의 변심은 무엇인지 왜 우리에게 일어나는지, 이 즈음에서 결론을 내려야 할 듯싶습니다. 아마도 100년의 가요사 속에서 드러난 변심이라는 것은 피해자가 다시 가해자가 되고 가해자가 다시 피해자가 되는 일종의 순환법칙 같은 자연현상이 아닐까 생각해봅니다. 그렇기 때문에 우리는 이 현상을 거스를 수 없이 받아들어야 하는 것이 아닐지 떠올려보게 됩니다. 그런데 안타깝게도 가요에서는 피해자만이 노래를 부릅니다. 비가 오나 눈이 오나 바람이 부나 말입니다.

영원한 사랑은 없다

사람들은 가끔 현실에서는 이룰 수 없는 것을 꿈꿀 때가 있습니다. 대표적인 것이 '사랑'입니다. 사람들은 사랑을 인간이 가질 수 있는 가장 숭고한 감정이라고 생각하고, 그것이 영원하기를 희망합니다. 그 결과 너도나도 'Endless love', 영원한 사랑을 꿈꾸기를 마다하지 않습니다. 좀더 솔직하게 말하면, 사랑은 모름지기 영원해야 한다고 믿습니다. 그리하여 사랑의 열정이 시작된 남녀는 새끼손가락을 걸며 우리의 사랑이 영원하자며 다짐하고, 그것에 대해 추호의 의심도 품지 않습니다. 자신들이 마치 셰익스피어의 비극 〈로미오와 줄리엣〉의 주인공인양 착각하기도 합니다.

사랑은 본디 영원한 것일까요? 사랑을 시작하면 그것이 영원토록 이어지는 것이 당연한 것일까요? 경험해본 사람이라면 모두가 동의하는 일이겠지만, 현실의 사랑은 영원하지 않습니다. 식품에 유통기한이 있는 것처럼 사랑에도 유효기간이 있습니다. 한때 아무리 열렬한 사랑을 했을지라도 그것을 오랫동안 유지하기란 결코 쉬운 일이 아닙니다. 로미오와 줄리엣의 사랑이 영원한 것처럼 여겨지는 이유도 그들이 일찍 죽었기 때문입니다. 만약 그들이 죽음의 위기를 넘기고 결혼에 성공했더라면 열렬한 사랑이 지속되었을지는 의문입니다. 여느 부부들처럼, 그들도 매번 지지고 볶고 싸우다가 급기야 이혼서류를 들고 가정법원을 향했을지도 모를 일입니다.

불교에서는 사랑을 포함한 모든 인연에는 시작과 끝이 있다고 말합니다. 이를 시절인연時節因緣이라고 부릅니다. 인연이 있어 사랑이 시작되었고, 그 인연이 다하면 사랑도 끝난다는 뜻입니다. 가요에 유독 사랑과 이별을 테마로 한 노래가 많은 것도 시절인연의 결과입니다. "이 생명 다 바쳐서 죽도록 사랑했고 / 순정을 다 바쳐서 믿고 또 믿었건만" 남진, 〈미워도 다시 한 번〉 상대가 떠나버린 것도, "가지 말라고 애원했건만 못본 채 떠나 버린 너" 현철, 〈앉으나 서나 당신 생각〉 라는 노랫말도 모든 사랑에 끝이 있음을 보여주는 증거라 하겠습니다.

문학작품 속에서도 사랑은 영원하지 않습니다. 시인 김소월의 유명한 시 〈진달래꽃〉에는 사랑이 끝나고 실연한 사람의 심정을 이렇게 표현했습니다. "나 보기가 역겨워 가실 때에는 / 말없이 고이 보내 드리오리다." 평론가들은 이 시를 두고 '최고의 이별미학'이니 '이별의 슬픔을 체념으로 승화시킨 작품'이니 하면서 찬사를 늘어놓지만, 사랑이 영원하지 않음을 반증하는 것으로 해석할 수도 있습니다. 스위스 출신의 작가 알랭 드 보통 Alain de Botton 은 사랑에 관한 그의 에세이 《나는 왜 너를 사랑하는가》에서 사랑하는 사람 사이에서 발생하는 감정의 극단적 변화를 다음과 같이 적었습니다. "과거의 사랑들에 대한 무관심에는 극히 잔인한 면이 있다. (…) 오늘은 이 사람을 위해서 무엇이라도 희생할 수 있을 것 같은데, 몇 달 후에는 그 사람을 피하려고 일부러 길 또는 서점을 지나쳐버린다는 것은 무시무시하지 않은가?" 보통은 상대를 위해 무엇이라도 희생할 수 있을 정도로 뜨거웠던 사이도 헤어진 후에는 일부러 피하는 사이가 될 정도로 돌변할 수 있음을 예리하게 관찰했습니다. 사랑도 무관심으로 언제든 바뀔 수 있다는 뜻으로 읽힙니다. 이처럼 수많은 노래 가사와 문학 작품이 지시하는 것은 '영원한 사랑'이 아니라 '사랑의 유한성'입니다. 사랑은 영원하지 않습니다.

사람들은 왜 유한한 사랑을 영원한 것으로 착각하는 것일까요? 사랑의 속성이 그러하기 때문입니다. 프랑스 소설가 스탕달Stendhal은 《연애론》에서 사랑을 이렇게 정의했습니다. "사랑은 본질적으로 허구이며, 환상에 불과하다." 불타는 사랑에 빠진 사람이라면 동의하기 싫은 주장이겠지만, 스탕달은 사람들이 상대방의 실제 모습을 보고 사랑을 느끼는 것이 아니라 상상이 만들어낸 허구를 보고 사랑의 감정을 느낀다는 것입니다. 예컨대, 남성이 여성을 보고 "그녀는 이슬만 먹고 살아서 화장실에도 가지 않을 거야"라고 생각하거나 반대로 여성이 남성을 향해 "백마 탄 왕자"처럼 느끼는 것과 같습니다. 한마디로 눈에 콩깍지가 씌어서 상대를 있는 그대로 보지 못하기 때문에 사랑의 감정이 싹트는 것입니다. 이처럼 허구와 환상 때문에 시작된 사랑은 영원할 수가 없습니다. 막상 사랑이 시작되면 서로가 가까워지고, 그로 인해 어느 순간 환상의 장막이 걷히고 나면 사랑의 감정도 예전만 못해지기 때문입니다.

《사랑예찬》의 저자인 철학자 알랭 바디우는 사랑을 이렇게 정의한 바 있습니다. "사랑은 세계의 법칙들에 의해서는 계산되거나 예측할 수 없는 하나의 사건이다." 사랑은 수학적 논리나 과학적 이성으로 파악할 수 없습니다. 이 세상에서 가장 어리석은 질문이 사랑에 빠진 사람에게

"너는 왜 그 사람을 사랑하게 되었니?"라고 묻는 것입니다. 사랑의 전형처럼 여겨지는 로미오와 줄리엣은 왜, 어떻게 서로를 사랑하게 되었을까요? 소설이나 영화를 봐도 별 이유가 없습니다. 그냥 첫눈에 서로에게 끌린 것이지요. 그것이 바로 사랑의 본질입니다. 사랑은 이유도 없고, 계산도 안 되고, 예측도 불가능합니다. 이는 달리 말하면, 분명한 이유가 있거나 목적이 명확해서 끌리는 경우라면 사랑이라는 이름을 붙이기가 애매합니다. 가령, 상대가 돈이 많아서 좋아하게 되었다거나 집안이 좋아서 끌렸다면 이를 두고 사랑이라고 부르기 어렵습니다. 진정한 사랑에는 이유가 없습니다.

　계산되지 않고 예측되지 않는 특성 때문에 사랑은 무엇보다 뜨겁고 달콤하고 황홀할 수 있습니다. 그 결과, 사랑에 빠진 당사자는 앞뒤를 가리지 않고 마치 내일이 없는 사람처럼 행동합니다. 로미오와 줄리엣처럼 말이죠. 바디우에 따르면, 사랑은 우연한 만남에서 시작되어 그것이 진행되는 과정에서는 기존의 법칙성이 모두 파괴되고 맙니다. 그래서 상식적으로 이해할 수 없는 일이 벌어지기도 합니다. 이러한 사랑의 우연성과 비법칙성은 그 속에 '위험성'을 내포하고 있다는 의미이기도 합니다. 갑자기 불타오른 장작불이 오래가지 못하듯이, 이유 없는 사랑 또한 오래 지속되지 못하는 법입니다. 이유도 없이 시작되었다가 예고도 없이 종말이 찾아오기도 합니다. 하지만 이러한 사랑의 본질을 이해하지 못한 당사자는 사랑의 끝이 찾아오면 상대의 변심에 치를 떨면서 울고불고 난리를 피기도 합니다. 물론 실연으로 인한 상처를 이해하지 못하는 바는 아니지만, 그러한 행동은 사랑의 본질과 특성을 제대로 이해하지 못한 탓도 있습니다. 그러니, 사랑의 본질을 제대로 알아보는 것도 필요한 일입니다.

　보통 사람들이 사랑을 이해하는 방식에는 크게 두 가지 관점이 존재합니다. 사랑을 '감정'이라고 생각하는 쪽과 '기술'이라고 여기는 쪽입니다. 이 둘은 사랑을 바라보는 관점과 행동의 차이로 이어집니다. 예컨대, 사랑의 본질이 감정이라고 믿는 사람은 우연한 기회와 약간의 행운만 주어진다면 사랑은 누구나 경험할 수 있는 즐거운 감정이라고 생각합니다. 반면, 사랑을 기술이라고 여기는 사람은 사랑을 잘하기 위해서는 지식과 노력이 필요하다고 생각합니다. 전자는 별다른 기술 없이도 적당한 상대와 기회만 주어진다면 누구나 사랑을 경험할 수 있다고 보는 반면, 후자는 사랑을 잘하기 위해서는 어느 정도의 공부와 노력이 필요하다는 입장입니다. 어느 쪽이 맞는 것일까요?

결론을 내리기에 앞서, 우리가 사랑의 본질을 제대로 이해하기 위해서는 반드시 거쳐야 할 철학자가 있습니다. 독일 철학자 에리히 프롬 Erich Fromm 입니다. 프롬은 앞의 두 가지 관점 중에서 후자 쪽을 지지하는 철학자입니다. 그는 사랑을 '기술 art'이라고 단언합니다. 사랑의 본질에 대해 연구한 그의 책 제목이 바로 《사랑의 기술》입니다. 그는 다음과 같이 주장하였습니다. "현대인들은 사랑을 갈망하고, 수많은 사랑의 이야기에 귀를 기울인다. 그러나 사랑에 대해서 배워야 할 것이 있다고 생각하는 사람은 거의 없다." 그에 따르면, 현대인들은 사랑은 단지 '즐거운 감정'이라고 잘못 생각하기 때문에 사랑에 대해서 배우려는 생각조차 하지 않는다는 것입니다. 그 결과, 누구나 사랑을 갈망하지만 현실에서는 대부분 사랑을 제대로 경험하지도 못하고, 경험하더라도 금방 실패하고 만다는 것입니다. 한마디로 사랑은 가만있어도 누구나 경험하게 되는 '감정'이 아니라 적극적으로 배워야 할 '기술'이라는 주장입니다.

프롬은 사랑의 본질을 소개하기에 앞서 '왜 사랑에 실패하는지' 그 이유를 소개하는데, 제대로 된 사랑을 꿈꾸는 사람이라면 새겨둘 만합니다. 그는 사람들이 사랑에 대해 잘못된 전제를 가지고 있기 때문에 실패한다고 주장합니다. 사람들이 사랑에 대해 잘못 이해하고 있는 첫 번째 요인은 "사람들이 사랑의 문제를 '사랑할 줄 아는' 능력의 문제가 아니라 오히려 '사랑받는' 문제로 생각한다"는 점입니다. 즉, 사랑에 대한 사람들의 관심은 '어떻게 하면 상대방을 사랑할 수 있을까'가 아니라 '어떻게 하면 사랑받을 수 있을까'를 고민한다는 것입니다. 그 결과, 이성에게 사랑을 받을 수 있는 장치들—가령, 남성들은 성공이나 돈을 모으는 데 집착하고 여성들은 몸을 가꾸고 치장을 하는 등 매력을 갖추는 일—에 몰두한다는 것입니다. 요컨대, 사람들은 사랑의 본질이 누군가를 사랑할 줄 아는 능력에 있음을 알지 못하고, 오히려 사랑받기 위한 방법에만 골몰하기 때문에 사랑에 실패한다는 것입니다.

두 번째 오해는 "사랑의 문제가 '능력'의 문제가 아니라 '대상'의 문제라고 가정한다"는 데 있습니다. 사람들은 '사랑한다'는 것은 쉬운 일이고, 사랑할 대상을 발견하기가 어려울 뿐이라고 생각한다는 것입니다. 가령, 어떤 사람이 아직 제대로 된 사랑을 하지 못했는데, 그 이유인즉 '내가 사랑을 하지 못하는 이유는 사랑할 능력은 충분하지만 운이 나쁘게도 아직까지 적절한 대상을 발견하지 못했을 뿐이다'라고 생각합니다. 그렇기 때문에 지금이라도 제대로 된 이상형을 만나기만 하면 언제든 사랑에 빠질 수 있다고 생각한다는 것입니다.

이런 경우라면, 그 사람에게 꿈에 그리던 이상형이 나타나면 단박에 사랑에 빠질 수 있을까요? 어떻게 생각하세요? 물론 결과는 알 수 없습니다. 하지만 이상형을 만나더라도 사랑의 관계로 발전하지 않을 수도 있습니다. 운 좋게 이상형을 만나도 상대에게 이미 사랑하는 사람이 있을 수도 있고, 상대가 나를 좋아하지 않을 수도 있거든요. 그래서 바라던 대상이 나타나도 사랑이 이루어지지 않을 수도 있습니다. 프롬은 사랑은 '대상'의 문제가 아니라 '능력'의 문제라고 보았습니다. 사랑할 수 있는 능력을 갖춘 사람이라면 대상을 만나지 못해서 사랑하지 못할 경우는 거의 없기 때문에 적절한 대상을 찾기보다는 능력을 갖추는 것이 우선이라는 뜻입니다.

세 번째 오해는 "사랑을 '하게 되는' 최초의 경험과 사랑하고 '있는' 지속의 상태를 혼동한다"는 점입니다. 일반적으로 사랑이 시작되는 시점의 경험과 사랑이 한창 진행된 시점의 경험이 서로 다른데, 최초의 흥분 상태만을 사랑이라고 오해한다는 것입니다. 그렇게 되면 처음에는 황홀하고 격정적인 감정으로 사랑을 시작했다가 시간이 흘러 뜨거운 열정이 줄어들면 '이제 사랑도 식었나 보다' 하면서 시들해지고 만다는 것입니다. 그렇기 때문에 우리는 〈로미오와 줄리엣〉의 모습을 보고, '모름지기 사랑은 저래야 해!' 하는 식으로 사랑의 교본처럼 삼아서는 곤란합니다. 그들의 사랑은 짧게 끝났기 때문에 열정적인 경험으로 기억되는 것이지 오래 진행되었다면 상황은 사뭇 달라질 수도 있습니다. 만약 책과 달리, 로미오와 줄리엣이 잘되어서 결혼에 성공해서 애도 낳고 수십 년을 함께 살았다고 가정해봅시다. 그 상태에서도 그들은 처음과 같은 열정적인 사랑을 지속할 수 있었을까요? 아무래도 시간이 지나면 그들의 사랑도 시들해졌을 것입니다.

프롬에 따르면, 사람들이 처음에는 격정적인 감정으로 사랑을 시작하지만 "두 사람이 친숙해질수록 친밀감과 기적적인 면은 점점 줄어들다가 마침내 적대감, 실망감, 권태가 생겨나며 최초 흥분의 잔재마저도 찾아보기 어렵게" 된다고 합니다. 결국 에리히 프롬도 사랑이 영원하지 않다고 본 셈입니다. 사랑은 감정이 아니라 기술이며, 곳곳에 실패로 이끄는 함정이 도사리고 있어서 엔간해서는 위험을 피하기 어렵습니다. 결국 프롬은 사랑에 대해 이렇게 결론을 내립니다. "사랑처럼 엄청난 희망과 기대 속에서 시작되었다가 반드시 실패로 끝나고 마는 활동은 찾아보기 어려울 것이다." 성경에 "네 시작은 미약하였으나 네 나중은 심히 창대하리라"는 하느님 말씀이 있지만 사랑은 그것과 정반대입니다. 창대하게 시작하지만 결국에는 미약하게 끝나버리는 것이 사랑입니다. 이렇듯 현실의 사랑은 결코 영원하지 않습니다.

　어차피 끝날 사랑이라면 아예 시작조차 하지 않는 편이 더 나은 것일까요? 절대 아닙니다. 소설가 빅토르 위고Victor-Marie Hugo는 이런 말을 했습니다. "인생에 있어서 가장 큰 행복은 우리가 사랑받고 있다는 확신이다." 인간은 사랑할 때 가장 행복해지는 존재입니다. 이면에 실연과 이별이 따리를 틀고 있더라도 사랑은 시작되어야 합니다. '모태솔로'가 실연 당한 사람보다 행복했다는 증거는 어디에도 없습니다. 다만, 떠나간 사랑을 붙잡고 울고불고 애원하지는 말았으면 합니다. 옛사랑을 미워할 필요도 없고, 돌아와 달라며 바짓가랑이 붙잡고 애걸복걸할 이유도 없습니다. 유통기한 지난 식품이 배탈을 불러오듯, 유효기간이 지난 사랑은 행복보다는 불행으로 점철될 가능성이 높습니다. 그러니 떠나가는 사랑이라면 '쿨'하게 보내주는 편이 더 좋습니다. 김소월처럼 "진달래꽃 아름 따다 가실 길에 뿌리"지는 못 할지언정 가수 이현의 〈잘 있어요〉처럼 인사는 건넸으면 좋겠습니다. "잘 가세요. 잘 가세요. 인사만 했었네."

현미 <떠날 때는 말없이> 1964	배호 <누가 울어> 1966
남진 <가슴 아프게> 1967	펄시스터즈 <님아> 1968
은방울자매 <마포종점> 1968	남진, 이미자 <미워도 다시 한 번> 1969
이현 <잘 있어요> 1973	들고양이들 <마음 약해서> 1979
조용필 <미워 미워 미워> 1981	현철 <앉으나 서나 당신 생각> 1982
강승모 <무정부르스> 1984	김범룡 <바람 바람 바람> 1985
이선희 <갈등> 1985	최성수 <남남> 1986
변진섭 <홀로 된다는 것> 1988	주현미 <잠깐만> 1990
윤종신 <너의 결혼식> 1992	업타운 <다시 만나줘> 1996
지오디 <거짓말> 2000	다이나믹 듀오 <죽일놈> 2009

Trot × Philosophy 03

라이벌

두개의 달은 없다

 가수, 정치인, 방송인, 직장인, 어떤 집단이든 라이벌은 존재합니다. 이 순간에도 포털 사이트에서 라이벌을 검색하면 다양한 결과가 나오지요. 라이벌의 대결구도에 대해 너도나도 한마디씩 하는 이유는 제3자 입장에서 싸움 구경이나 불 구경과 같아서 '뒷담화'로 나누기에는 안성맞춤이기 때문입니다.
 하지만 누구에게는 재미로 한두 마디할 거리에 불과하지만 당사자 입장에서는 일종의 전쟁과도 같습니다. 하늘 위에 오로지 하나의 달만 존재하듯 라이벌은 오로지 최고의 스타이자 실력자는 하나라는 가정에서 시작되는 것입니다.
 가요계에는 라이벌 이야기가 무수히도 많아 전국 각지에서 루머를 낳았는데 그중 타의 주종을 불허할 유일한 이야기, 앞으로도 지속될 전설의 라이벌은 다름 아닌 나훈아와 남진입니다. 라이벌로서의 나훈아와 남진의 팩트를 비교하는 것은 사실상 어리석은 일이지요. 그들이 경쟁관계를 자처한 것도 아니고, 둘이 서로 싸웠다는 증거도 없습니다. 다만 두 사람 모두 1960년대 후반에 데뷔하여 대형스타가 되었다는 점입니다. 그들이 히트곡 한두 개 정도 가진 흔전만전한 인기가수였다면 아마도 라이벌이 되지 못했을 것입니다. 하지만 나훈아와 남진은 상업성을 가진 인물이었습니다. 한마디로 그들의 노래, 얼굴, 행동 모두가 한국인이 열렬히 사랑할 수 있는 잠재력을 가졌다는 것입니다. 사람들은 나훈아의 남성다움과 남진의 꽃미남 같은 외모, 경상도와 전라도의 지역적 특성, 트로트 꺾기 창법을 가진 한국적인 이미지, 엘비스 프레슬리와 같은 로커의 모습에서 그들의 관계를 규정짓지만 엄밀히 말하면 그들을 넘어서는 스타가 없다는 것이 중요한 요인이기도 합니다. 그러므로 나훈아와 남진은 전설로 남을 만합니다.

전설의 스타에게는 매우 독한 루머와 안티가 따르기 마련인데 방송에 자주 출연해 사람들과 교류한 남진에 비해 은둔형인 나훈아는 2008년 루머 때문에 기자회견까지 한 일이 있었습니다. 그는 K양과 관계, 유부녀와의 염문, 야쿠자와 연관된 신체훼손설 등 그야말로 삼류소설 같은 루머가 눈덩이처럼 커지자 결국 2008년 1월 25일 그랜드힐튼 호텔에서 기자회견을 열어 모든 것이 사실이 아님을 밝히면서 사건은 일단락되었습니다. 이후 나훈아는 공연으로 팬들을 만났는데 2020년 가을 코로나로 고통 받는 국민들을 위해 개런티를 받지 않고 KBS TV에 출연했습니다. 이 공연에서 나훈아는 소크라테스에게 인생이란 도대체 무엇이지 물어보는 〈테스형!〉을 불러 다시 한 번 히트했습니다. "아! 테스형 세상이 왜 이래 왜 이렇게 힘들어"라고 묻는 대목이 삶에 고통 받는 사람들의 마음을 대변해주는 듯합니다.

어쩌다가 한바탕 턱 빠지게 웃는다 / 그리고는 아픔을 그 웃음에 묻는다 / 그저 와준 오늘이 고맙기는 하여도 / 죽어도 오고 마는 또 내일이 두렵다 / 아! 테스형 세상이 왜 이래 왜 이렇게 힘들어 / 아! 테스형 소크라테스형 사랑은 또 왜 이래 / 너 자신을 알라며 툭 내뱉고 간 말을 / 내가 어찌 알겠소 모르겠소 테스형

나훈아, 〈테스형!〉 중에서

　1960~1970년대를 돌이켜 보았을 때 나훈아, 남진만큼이나 라이벌로 통했던 여성가수는 이미자와 패티김입니다. 이미자는 히트곡 〈열아홉 순정〉1959, 〈동백 아가씨〉1964의 이미지처럼 작고 단아한 한국적인 이미지를 가진 대표가수로 국민들의 깊은 사랑을 받았습니다. 그에 반해 패티김은 큰 키에 이국적인 얼굴을 가진 가수였습니다. 패티김은 일본을 거쳐 미국에서 활동을 하려다가 1965년도에 모친의 병환 때문에 일시 귀국해서 활동을 했는데 이전에 녹음해두었던 〈초우〉가 큰 사랑을 받으면서 스타로 떠올랐습니다. 그러자 선배 여가수들이 중심이되어 뒷담화를 하거나 따돌림을 하며 텃새를 부려서 매우 활동하기 어려웠다고 합니다. 하지만 새롭게 등장한 패티김은 점차 가요계의 정점에 이르게 되었지요. 이때 대형스타로 자리매김하고 있던 이미자와 라이벌로 세간에 오르내린 것은 당연한 일이었습니다. 수많은 인기가수가 있었지만 이미자와 패티김이 최고 중의 최고로서 인정받았다는 이야기입니다.

　두 사람은 그 인기만큼 루머로 인한 고통도 함께 받았습니다. 이미자는 남편과의 이혼으로 인해 딸 정재은과 이별해야만 했고, 정재은이 어린 시절부터 가수로 활동하다가 갑자기 방송에 자주 출연하지 않자

"이미자가 딸 활동을 가로막는다"는 루머가 돌았습니다. 이미자는 이로 인해 심각한 마음고생을 했습니다.

한편 패티김은 1966년 일본에서 들어와 활동하던 길옥윤과 결혼 후 1973년에 이혼했는데 이후 "남편 잡아먹는 여자"라는 소문으로 활동하기 어려웠던 일도 있었습니다. 1973년은 패티김이 미국에 체류한 길옥윤으로부터 〈이별〉을 받아 취입하였는데, 가수는 제목 따라 간다는 이야기처럼 그들은 갈라서고 말았습니다.

이미자와 패티김은 1994년 12월 31일 KBS TV 〈빅쇼 - 정상의 하모니, 이미자, 패티김 편〉에 출연해 해후하며 함께 노래를 불렀습니다.

어쩌다 생각이 나겠지 냉정한 사람이지만 / 그렇게 사랑했던 기억을 잊을 수는 없을 거야 / 때로는 보고파지겠지 둥근 달을 쳐다보면은 / 그날 밤 그 언약을 생각하면서 지난날을 후회할 거야
산을 넘고 멀리 멀리 헤어졌건만 바다 건너 두 마음은 떨어졌지만 / 어쩌다 생각이 나겠지 냉정한 사람이지만 / 그렇게 사랑했던 기억을 잊을 수는 없을 거야

패티김, 〈이별〉 중에서

얼마 후 이미자와 패티김만큼이나 한국인들의 기억에 남은 여성 라이벌 가수가 탄생했습니다. 바로 방주연, 이수미입니다. 두 사람이 라이벌 관계임을 증명해주는 것은 무엇보다 노래였습니다. 1972년 2월과 7월에 각각 발표된 이수미의 〈여고시절〉과 방주연의 〈자주색 가방〉입니다. 당시 오아시스레코드사 소속 가수 중에는 방주연과 이수미가 있었고, 다수의 오디션 끝에 〈여고시절〉의 주인공은 막내 이수미에게 돌

아가게 되었습니다. 그러자 방주연이 질세라 〈자주색 가방〉을 발표한 것입니다. 당시의 여성들은 대부분 고등학교를 마치고 곧바로 취업전선에 뛰어들었기 때문에 마지막 학창시절인 여고에 대한 노래가 다수 있었습니다. 그리고 당시에 여고생들은 자주색으로 된 가방을 모두 똑같이 들고 다녔습니다. 두 사람도 루머가 많습니다. 이수미가 태권도 2단이라는 점을 부각시켜 각종 잡지에서는 방주연과 이수미가 난투극을 벌였다는 내용의 루머가 돌기도 했지요.

어느 날 우연히 만난 사람 / 변치 말자 약속했던 우정의 친구였네 / 수많은 세월이 말없이 흘러 / 지나간 여고시절 조용히 생각하니 / 그것이 나에게는 첫사랑이었어요

이수미, 〈여고시절〉 중에서

여고시절 삼 년 동안 정들은 자주색 가방 / 비가 오나 눈이 오나 나의 친구였네 / 그러나 지금은 헤어져야 하는데 / 어디로 가더라도 지난 삼 년 생각하면 / 잊을 수는 없을 거야
여고시절 삼 년동안 정들은 자주색 가방 / 밤이면 밤마다 같이 밤을 새웠지 / 그러나 지금은 헤여 져야 하는데 / 세월이 흐른다 해도 지난삼년 생각하면 / 잊을수는 없을 거야

방주연, 〈자주색 가방〉 중에서

비슷한 시기의 가요계에서는 악단장이자 작곡가들이 유력한 인물로서 중요한 역할을 했습니다. 길옥윤, 이봉조, 박춘석 등이 유명세를

떨치며 누구누구 사단이라는 이름으로 라이벌처럼 세간에 오르내리던 시절도 있었습니다.

한편 비슷하게 시작했다가 시간이 흘러 격차가 벌어져 라이벌이 되지 못한 경우도 많았습니다. 1980년 전후 조용필이 인기를 얻는 과정에는 최헌, 이용과 같은 가수들이 방송국과 밤무대에서 비슷한 대우를 받곤 했습니다. 하지만 1980년대 중반을 통과하면서 조용필은 레전드로 올라갔고 출발선이 비슷했던 가수들은 대중들의 관심에서 점점 멀어져갔습니다.

라이벌은 경쟁관계가 성립의 시작이지만, 대중의 관심을 받기 위해 스스로 라이벌로 설정하여 방송에서 주목을 받은 경우도 있는데 바로 송대관과 태진아입니다. 두 사람은 미국에 다녀온 과거의 경험이 같고 1990년대에 재기해 성공한 공통점을 가진 트로트 가수였습니다. 각각 〈옥경이〉1989, 〈차표 한 장〉1992으로 인기를 얻은 후 마치 서로가 라이벌인 듯 히트곡을 내면서 1990년대를 대표하는 트로트 가수로 우뚝 섭니다. 이들은 마이너로 전락한 트로트 장르가 사람들로부터 멀어지지 않도록 하는 데 크게 기여한 공로가 있습니다. 그들은 마치 라이벌인 듯 설정하여 노래 외의 부분에서 이슈를 만들어 관심을 끄는 데 성공했습니다.

1980~1990년대에는 트로트 이외의 분야에서도 라이벌이 등장합니다. 김승진과 박혜성은 나훈아와 남진 이후 10대들에 의해 떠오른 최초의 라이벌 하이틴(아이돌) 스타입니다. 이 시기에 10대 팬들은 경쟁적으로 좋아하는 스타의 집으로 찾아와 선물과 편지를 놓고 가는 등 집 주변 일대가 소란스러웠습니다. 그러니까 10대가 음반을 구매하는 주요 층으로 떠오르면서 좋아하는 스타를 위한 팬(특히 소녀팬)들이 모여 팬클럽을 형성하게 되는 시기였습니다.

특히 김승진과 박혜성의 대결구도는 그들의 히트곡 이름을 딴 팬클럽 모임에서 더욱 두드러졌습니다. 김승진은 '스잔파', 박혜성은 '경아파'로 나뉘며 방송국의 공개방송 때는 응원경쟁을 벌이기도 했습니다. 두 사람의 히트곡이 모두 여성의 이름이라는 점도 라이벌 관계를 부추기는 데 도움을 주었습니다. 이 두 스타의 탄생과 경쟁관계는 이후 1990년대 아이돌 스타인 H.O.T와 젝스키스로 이어지는 다리 역할을 하게 됩니다.

한편 또 다른 라이벌로 언급할 수 있는 것은 가요사에서 유일하게 록음악이 인기가 있던 1980년대에 등장한 세 명의 기타리스트입니다. 바로 백두산의 김도균, 부활의 김태원, 시나위의 신대철입니다. 이들은 이태원에는 김도균, 강북에는 김태원, 강남에는 신대철이 있다는, 이른바 록 광신도들의 입소문 중심에 선 인물들이었습니다. 록의 대표 악기를 다루는 기타리스트로서 대한민국 최고가 된다는 것은 그야말로 그들에게는 신의 영역이나 다름이 없었습니다. 마치 종교와 동급인 록에서 그들은 각자의 영역에서 서로 지분을 나눠가지며 하드록과 헤비메탈이 이 땅에서 명맥을 유지하는 데 지대한 역할을 해냈다고 할 수 있습니다. 그들이 없었다면 오늘날 이승철, 김종서, 임재범도 없었을 것입니다.

이후 한국 가요계의 라이벌은 아이돌 가수들로 넘어가서 H.O.T와 젝스키스, S.E.S와 핑클 등 보이그룹, 걸그룹의 경쟁관계로 영역을 이전했습니다. 그러니까 가요계의 주류가 아이돌이 된 것이지요.

한편 힙합음악 장르에서는 라이벌보다는 감정적인 적대 관계를 의미하는 '디스Disrepect'로 변질되기도 했습니다. 디스는 미국 래퍼들이 갱단과 결탁해 대결하는 과정에서 실제로 총질을 통해 살인을 저지르며, 작은 분노가 사람들에게 심각한 고통을 주기도 했습니다. 따라서 디스는 음악이라는 예술을 질적으로 떨어트리는 행위라고 볼 수 있습니다.

결론적으로 경쟁관계를 형성하는 순간 어떤 분야든 최고가 되기 위해 노력하는 사람들이 존재하는 것이고, 그 과정 속에서 기존의 틀을 깨고 비약적인 도약을 한다면 우리 사회를 위해서 긍정적인 일일 것입니다. 그리고 가십거리로 지켜보는 것은 덤이 아닐까요?

라이벌 없이
위대한 성장도 없다

　태권V와 마징가Z가 싸우면 누가 이길까요? 이 질문은 만화영화가 한창 인기를 끌던 1970~1980년대에 아이들이 모이면 자주 논쟁을 벌이던 주제였습니다. 실제가 아닌 가상의 만화영화 주인공을 두고 누가 더 센가를 논한다는 것 자체가 우스운 일입니다. 하지만 당시 아이들에게는 축구 국가대표 A매치 한일전만큼이나 중요하면서도 심각한 주제였습니다. 그렇기 때문에 아이들은 '태권V파'와 '마징가Z'파로 나뉘어서 한 치의 물러섬도 없이 강하게 맞섰습니다. 태권V의 돌려차기가 강하다느니, 마징가Z의 로켓펀치가 더 세다느니 하면서 말이지요. 요컨대, 당시 태권V와 마징가Z는 아이들의 우상이면서 동시에 서로 우열을 가리기 힘든 라이벌이었습니다.

　"누가 누가 잘하나?" 모 방송국의 노래 경연 프로그램의 제목이기도 한 이 표현은 인간의 유전자 속에 깊이 들어 있는 DNA인지도 모릅니다. 사람들은 걸핏하면 잘나가는 두 대상을 놓고 싸움 붙이기를 즐깁니다. 당사자들은 전혀 싸울 생각이 없는데도 말입니다. 가요계에서는 유독 이런 일이 자주 벌어집니다. 1960년대 이미자와 패티김을 필두로, 1970년대 남진과 나훈아, 1980년대 송대관과 태진아, 1990년대 H.O.T와 젝스키스, 2000년대 동방신기와 SS501 등 각 시대를 대표하는 '라이벌 열전'은 끝없이 이어졌습니다. 물론 당사자들의 뜻과는 무관하게 초대된 싸움입니다. 하지만 당사자에게 나쁜 일만은 아닙니다. 팬들이 벌이는 라이벌 열전에는 아무나 참전할 수 없기 때문입니다. 이 경쟁은 각 시대마다 최고의 위치에 오른 가수들만이 참가할 수 있는 '그들만의 리그'이며, '명예의 전당'이죠. 그곳은 무명가수나 평범한 가수는 명함조차 내밀지 못하는 곳으로, 라이벌 열전에 초대되었다는 것은 가요사에 이름을 남길 만한 스타가 되었음을 증명하는 훈장과도 같습니다.

    라이벌은 가요계에만 있는 것도 아닙니다. 금메달이나 챔피언 타이틀을 놓고 경쟁하는 스포츠계는 물론이고 학계, 연예계, 예술이나 문화계, 정치계, 심지어 비즈니스 세계에도 라이벌이 존재합니다. 간혹 분야를 넘나드는 라이벌도 존재합니다. 1970년대에는 격투 스포츠가 최고의 인기를 구가했는데, 프로레슬링과 복싱은 양대 산맥이었습니다. 당시 프로레슬러의 최고봉은 일본의 안토니오 이노키였고, 프로복싱 세계 챔피언은 무하마드 알리였습니다. 당연히 팬들 사이에는 레슬러인 이노키와 복서인 알리가 싸우면 누가 이길까 하는 호기심이 생겨났습니다(좀더 정확히 말하면, 주로 일본 내에서만 유명스타였던 이노키가 당시 전 세계적으로 인기를 누리고 있던 슈퍼스타 알리에게 도발하여 싸움을 걸었습니다).

    레슬링과 복싱은 룰이 달라서 어렵다고요? 프로 스포츠의 세계는 돈이 된다면 무슨 일이든 벌어집니다. 당시로는 천문학적인 금액인 600만 달러를 알리에게 제시하자 말도 안 되는 일이 벌어졌습니다. 레슬러 이노키와 복서 알리가 사각의 링에서 싸우기로 하고 합의서에 도장을 찍었습니다. 드디어 1976년 6월 26일, 도쿄 니폰부도칸에서 세기의 대결이 벌어졌습니다. 그 결과, 서로 다른 종목의 영웅인 알리와 이노키가 겨루는 최초의 이종격투기가 생중계되었습니다. 이처럼 라이벌에 대한 사람들은 호기심은 분야의 장벽을 제거해버릴 만큼 강력합니다.

라이벌rival은 같은 분야에 있으면서 서로 이기려고 겨루는 맞수를 뜻하고, 강을 의미하는 영어 표현인 'river'에서 유래되었습니다. 옛날에는 대개 강을 중심으로 여러 마을이 형성되었는데, 사람들은 그 강에서 물고기를 잡아 생계를 유지했습니다. 이처럼 같은 강에서 물고기를 잡다 보니 자연스럽게 같은 강을 사용하는 마을끼리 경쟁하게 되었고, 이로 인해 '라이벌'이라는 말이 생겨났습니다. 이처럼 동일한 목적물을 두고 서로 우열을 가리기 힘들 만큼 막상막하의 경쟁을 벌이는 상대를 '라이벌'이라고 부릅니다.

라이벌이라는 존재는 당사자를 즐겁게 만들까요, 아니면 피곤하게 만들까요? 라이벌은 기본적으로 서로에게 피곤한 존재입니다. 왜냐하면 라이벌끼리는 특별히 누가 높고 낮은지를 가리기가 어렵기 때문에 서로 상대방의 존재를 의식할 수밖에 없습니다. 그렇기 때문에 계속해서 노력을 기울여야 합니다. 잠시라도 방심하면 라이벌이 자신을 앞질러 나갈 수도 있습니다. 만약 경쟁자가 있어도 라이벌 관계가 아니라면 한결 수월합니다. 가령, 내가 경쟁자보다 월등히 뛰어나거나 반대로 경쟁자가 아무리 노력해도 뛰어넘을 수 없는 '넘사벽'이라면 차라리 몸도 마음도 편합니다. 물론 애초부터 수준 차이가 많이 나는 사이라면 라이벌이라고 부르지도 않겠지만 말이지요.

만약 서로 간의 우열이 분명하다면 상대를 의식하거나 추가적인 노력을 기울일 필요가 없습니다. 우리가 누군가를 의식한다는 것은 상대와 우열 관계가 불분명한 상태라는 뜻이기도 합니다. 다시 말해, 우리는 라이벌 관계에서만 상대를 의식합니다. 이처럼 라이벌의 존재는 나로 하여금 상대를 의식하게 만들고, 나를 항상 노심초사하게 만들고, 한시도 편하게 내버려두지 않습니다. 따라서 라이벌이 있으면 대체로 피곤해지기 쉽습니다.

그럼, 나를 피곤하게 만드는 라이벌은 아예 없는 게 좋을까요? 절대 그렇지 않습니다. 라이벌은 기본적으로 나를 피곤하게 만들기도 하지만, 그렇다고 해서 불필요한 존재는 아닙니다. 라이벌은 한편으로는 나를 끊임없이 긴장시키고 자극함으로써 더 높은 수준으로 성장하게 도와주는 조력자이기도 합니다. 독일철학자 니체Friedrich W. Nietzsche도 인생에서 라이벌은 반드시 필요하다고 보았습니다. 그는 "너희는 너희에게 걸맞은 적을 찾아내어 일전을 벌여야 한다. (…) 내가 너희에게 권하는 것은 노동이 아니라 전투다. 내가 너희에게 권하는 것은 평화가 아니라 승리다"라고 하면서 평화보다는 전투와 승리를 찬양했습니다.

심지어 니체는 "싸움의 포기는 위대한 삶의 포기다"라고 주장했습니다. 그는 왜 그런 과격한 논리를 펼친 걸까요? 나름 이유가 있습니다. 예를 들어보겠습니다. 여기 형제가 많은 가난한 집의 장남이 있습니다. 그는 가난하지만 공부를 잘했습니다. 그는 대학에 진학하여 자신의 꿈을 이루고 싶습니다. 아르바이트를 하거나 장학금을 받아서라도 대학을 마치고 싶습니다. 그런데, 그런 그에게 부모님은 동생들 뒷바라지를 위해 대학 진학을 포기하고 공장에 취직해 돈을 벌었으면 좋겠다고 말합니다. 이 상황이라면 그는 부모님 말씀대로 대학을 포기하는 것이 좋을까요, 아니면 부모님과 싸워서라도 대학에 가는 것이 좋을까요?

여기에는 정답이 없습니다. 부모님 말을 따를 수도 있고, 부모님과 싸워서 자기의 꿈을 선택할 수도 있습니다. 하지만 철학자 니체라면 이런 상황에서는 평화보다는 전투를 택하라고 말할 것입니다. 니체는 삶에서 자신을 가로막는 장애물이나 부조리한 상황을 만나면 타협하거나 물러서지 말고 싸워서 이겨야 한다고 보았습니다. 전투를 벌여야 할 상황에서조차 싸우지 않고 순순히 받아들이기만 한다면 위대한 삶을 살 수도 없고 행복하기도 어렵기 때문입니다. 앞의 상황에서 동생을 위해 희생하면 일단 보기는 좋습니다. 하지만 정작 본인의 삶은 기쁨이나 행복이 넘쳐나기는 어려울 것입니다. 그런 선택은 자신을 위한 삶이 아니라 동생을 위한 삶을 사는 것이니까요.

결국 삶에서 아무런 싸움이나 전투 없이 평화나 안전을 추구하는 삶의 태도는 결코 바람직한 것이 아닙니다. 불가피하게 싸워야 할 상황이 도래하면 기꺼이 전투에 임해야 합니다. 니체의 주장처럼, 삶에서 만나는 장애물이나 부조리에 대해 싸움을 포기하는 것은 기쁨의 포기이며, 이는 위대한 삶을 포기하는 것과 다름없기 때문입니다. 니체는 장애물이나 부조리에 기꺼이 맞서는 사람을 강자라고 보았습니다. 강자에게 싸움이란 위대한 삶에 대한 노력이며, 승리는 그 노력의 대가입니다. 이런 이유 때문에 니체는 "너희는 너희에게 걸맞은 적을 찾아내어 일전을 벌여야 한다"면서 전투를 찬양했습니다.

우리가 인생을 살면서 만나는 장벽이 여럿 있는데, 가장 대표적인 장애물이 라이벌입니다. 라이벌을 넘어서지 못한다면 결코 위대함에 도달할 수 없습니다. 따라서 위대한 삶을 위해서는 라이벌은 반드시 필요합니다. 만약 니체의 주장처럼 라이벌이 없다면, 라이벌을 찾아내기라도 해야 합니다. 라이벌이 없다면 더 이상 전투가 없는 것이고, 전투가 없다면 위대한 삶의 승리도 없기 때문입니다.

이처럼 라이벌이라는 존재가 당사자에게 주는 의미는 이중적입니다. 라이벌은 나를 피곤하게도 만들지만 동시에 나를 성장시키는 훌륭한 파트너이기도 합니다. 남진과 나훈아는 서로를 넘어서기 위해 더욱 노력했으며, H.O.T와 젝스키스는 상대에게 지지 않기 위해 열과 성을 다할 수밖에 없었습니다. 그러므로 라이벌은 소중한 존재이면서 동시에 반드시 필요한 존재입니다. 라이벌은 나를 끊임없이 긴장시키고 자극함으로써 과거의 나로부터 벗어나게 도와줍니다. 또한, 현재 수준에 만족하지 않고 노력을 경주하게 만듦으로써 지속적으로 성장할 수 있는 기반을 만들어줍니다. 미당 서정주 선생의 〈자화상〉이라는 시에는 이런 표현이 나오잖아요. "스물세 해 동안 나를 키운 건 팔 할八割이 바람이다." 이 표현에 빗대어서 이렇게 말할 수도 있겠습니다. "지금의 나를 키운 건 팔 할이 '라이벌'이었다." 나를 성장시킨다는 면에서 라이벌은 분명 보약이자 영양제입니다. 과거의 나로부터 벗어나게 만들고, 나를 완성시켜주는 라이벌은 반드시 필요한 존재입니다.

역사에 이름을 남길 만한 위대한 성장은 대체로 라이벌이 있었기에 가능했습니다. 전국시대 사상가인 맹자孟子는 고자告子라는 라이벌을 통해 유학사에서 성현의 반열에 오를 수 있었습니다. 유학을 집대성한 남송의 유학자 주자朱子도 한창 학문이 무르익을 무렵 동시대에 가장 위험스러운 라이벌이었던 육상산陸象山과의 논변을 통해 자신의 학문을 더욱 견고하게 재구성할 수 있었습니다. 나훈아라는 뛰어난 라이벌이 있었기에 남진은 1970년대 '한국의 엘비스 프레슬리'라는 애칭을 얻을 수 있었고, 젝스키스라는 걸출한 맞수가 존재했기 때문에 H.O.T는 1990년대 후반 보이 그룹 전성시대의 주인공이 될 수 있었습니다.

이렇게 보면 제대로 된 라이벌끼리의 만남은 서로에게 최고의 선물이 될 수도 있습니다. 따라서 위대한 삶을 살고 싶거나 높이 성장하고자 하는 사람이라면 라이벌이 사라지거나 무력해지길 기대해서는 안 됩니다. 강력한 라이벌은 오히려 축복입니다. 상대가 강하면 강할수록 자신의 능력도 그만큼 커지기 때문입니다. 이러한 라이벌의 가치는 가수만이 아니라 팬들도 새겨둘 필요가 있겠습니다.

간혹 팬들 중에는 자신이 좋아하는 가수의 라이벌이 사라졌으면 하고 기도하는 경우가 있는데, 이는 분명 잘못이며 그릇된 팬심fan-心입니다. 그 라이벌은 자신이 좋아하는 가수를 성장시키는 밑거름이기 때문입니다. 따라서 자신이 응원하는 가수를 슈퍼스타로 만들고 싶다면, 라이벌에게도 열렬한 응원과 박수를 보낼 필요가 있습니다. 라이벌이 없다면 위대한 성장도 없습니다. 이제부터는 라이벌에게 시기와 질투가 아닌 응원의 박수를 보내는 성숙한 팬들이 많아지기를 기대해봅니다.

이미자 **<동백 아가씨>** 1964	이수미 **<여고시절>** 1972
방주연 **<자주색 가방>** 1972	패티김 **<이별>** 1973
김승진 **<스잔>** 1985	박혜성 **<경아>** 1986
부활 **<희야>** 1986	시나위 **<크게 라디오를 켜고>** 1986
백두산 **<어둠 속에서>** 1986	나훈아 **<테스형!>** 2020

Trot × Philosophy 04

집

집은 정말 쉬는 곳일까?

　2000년대 들어 부동산과 관련해 자주 입에 오르내린 말은 "영끌하여 집 사자"라고 해도 과언이 아닙니다. 영혼까지 끌어 모아 무리하게 빚을 내어 버블이 낀 비싼 집을 사야만이 이 시대에 마지막으로 집을 살 수 있는 기회라는 것입니다. 실제로 서울 강남의 집값은 상상할 수 없이 올랐고, 20~30대는 빚을 내서 어디가 고점인지도 모르는 지점에서 집을 사들인 것이 하나의 트렌드가 되었습니다.

　도대체 한국인에게 집이라는 것은 무엇일까요? 집은 편안히 쉬는 공간이 아닐까요? 도대체 왜 우리는 집을 부와 투기의 수단으로 삼아 이러한 고통을 느끼고, 또 후손에게 물려주는 것일까요? 이번에는 시대별로 우리 가요 속에 담긴 집의 의미를 들여다보겠습니다. 노래 속에서 한국인은 집을 어떤 공간으로 생각하고 있을지 말입니다.

　한국인이라면 누구나 아는 집과 관련된 노래를 고르자면 무엇보다 〈즐거운 나의 집〉이라고 생각됩니다. "즐거운 곳에서는 날 오라 하여도, 내 쉴 곳은 작은 집 내 집뿐이리"로 시작되는 이 노래는 초등학교 교과서에 수록이 됐기 때문에 모르는 사람이 거의 없을 것입니다. 이 곡은 1823년 발표된 오페라 〈밀라노의 하녀 클라리Clari, Maid of Milan〉에 수록된 것으로 영국 작곡가 헨리 비숍이 작곡하고 제작자이자 시인인 존 하워드 페인이 작사한 〈Home Sweet Home〉이 원곡입니다. 이 곡은 〈즐거운 나의 집〉으로 번안되어 우리나라에서는 성악가들이 주로 가곡으로 불렀으며, 1900년대 초반 선교사들에 의해 찬송가가 들어오면서 함께 전파되었을 것으로 추정됩니다. 노래의 가사는 제목처럼 집을 찬양하는 것인데 제아무리 즐거운 곳이라도 나의 집이 최고라고 이야기합니다.

    집을 휴식 공간으로 바라보는 시각은 1960~1970년대에 발표된 히트곡에서도 발견할 수 있습니다. 페리 코모가 불러 히트한 〈Mi Casa Su Casa〉를 뚜아에무아가 번안한 〈너와 나의 집〉1970, 이석의 〈비둘기집〉1971 등이 있습니다. 〈비둘기집〉은 작곡가 김기웅이 가수 이석을 주려고 만든 곡이었는데 그가 외양선을 타는 바람에 발표하지 못하고 1969년에 오승근, 홍순백이 결성한 투에이스(금과 은)가 먼저 취입했습니다. 그런데 히트하지 못하고 결국 노래 주인이었던 이석이 불러 히트하게 되지요. 이 곡은 고종의 아들 의친왕의 열 번째 아들, 이석이 불렀다는 점에서 역사적입니다. "비둘기처럼 다정한 사람들이라면 / 장미꽃 넝쿨 우거진 포근한 사랑 엮어갈 그런 집을 지어요"라는 가사는 집을 가정의 화합과 사랑의 공간으로 그립니다.

    한편 패티김이 불러 히트한 〈하얀 집〉1969은 그리스 출신 가수 비키 레안드로스Vicky Leandros가 부른 〈카사비안카Casavianca〉를 번안한 것으로 떠나간 연인을 그리워하며 '하얀 집'에서 기다린다는 내용입니다. 이 곡은 조영남이 트윈폴리오와 함께한 리사이틀(콘서트)에서 가사를 비틀어 다시 불렀는데 노랫말이 재미있습니다.

> 시커먼 하얀 집 어쨌든 하얀 집 / 누가 뭐래도 하얀 집 좌우지간 하얀 집 / 불이 나면 빨간 집 꺼지면은 까만 집 / 빌려주면 전셋집 팔면은 남의 집

조영남, 〈하얀 집〉 중에서

우리는 인생을 살면서 한두 번 쯤은 이사를 경험하게 되지요. 1976년 산이슬이 발표한 〈이사 가던 날〉은 어린 시절 동네 친구들과의 소꿉놀이하던 추억을 가사에 담았습니다. 요즘처럼 아파트에 살며 하교 후 학원으로 갔다 저녁 늦게 돌아와 게임을 하다 잠드는 어린 시절을 보내는 세대는 구불구불한 동네 골목길을 누비며 친구들과 놀던 추억을 이해하지 못할 것입니다.

인천 출신 박경애와 주정이가 결성한 산이슬은 1976년 〈이사 가던 날〉과 〈밤비야〉를 히트시킨 후 솔로로 독립했는데, 박경애는 1978년 서울국제가요제에 출전해 〈곡예사의 첫사랑〉을 불러 금상을 수상했고 주정이는 1981년 영화 〈애마부인〉의 주제가 〈서글픈 사랑〉을 발표했습니다.

> 이사 가던 날 뒷집 아이 돌이는 / 각시 되어 놀던 나와 헤어지기 싫어서 / 장독 뒤에 숨어서 하루를 울었고 / 탱자나무 꽃잎만 흔들었다네 / 지나버린 어린 시절 그 어릴 적 추억은 / 탱자나무 울타리에 피어오른다

산이슬, 〈이사 가던 날〉 중에서

1980년대로 넘어가면 우리나라가 개발되기 이전과 아파트가 들어서며 도시화되는 상황이 공존하는 노래들이 많이 발표됩니다. 이 시기를 대표하는 최고의 히트곡은 무엇보다 윤수일의 〈아파트〉1982 입니다. 윤수일은 미군 장교 아버지와 한국인 어머니 사이에서 태어나 서구적인 외모로 청소년 시절을 보냈습니다. 인권이 중요시되지 않았던 1980년대에 차별과 좌절을 경험하고 자랐던 그는, 이후 도시의 고독을 표현한 노래들을 주로 불렀습니다. 그의 대표곡 〈아파트〉는 지방공연을 마치고 서울로 돌아와 집으로 가는 도중 천호대교에서 바라보는 잠실아파트를 생각하며 만든 노래입니다. 이 곡의 도입부에는 비전자식 초인종 소리가 삽입되었는데, 1980년대까지의 아파트 초인종의 추억을 느낄 수 있습니다.

한편 김현식이 불러 비로소 히트한 신촌블루스의 〈골목길〉1989은 좋아하는 여성의 집 앞으로 가서 '커튼이 드리워진 그녀의 창문을 말없이 바라본' 후 돌아서고 후회하는 소심한 남자의 이야기를 다루었는데, 과거 단독주택이 주류이던 시절의 추억을 담고 있습니다. 〈골목길〉은 1989년에 히트하였지만 엄인호가 창작한 이 노래의 역사는 윤미선1982, 방미1983, 엄인호1985를 거쳐서 김현식1989에 이르러서야 빛을 본 생명력이 있는 곡입니다. 노래가 시작된 1989년의 상황과 비교해볼 때 이런 가사가 쉽게 나오지 못했을 것입니다.

1980년대의 또 다른 특징이 있다면 우리 국토에 대한 애착을 강조한 노래가 히트했습니다. 정광태의 〈독도는 우리 땅〉1982, 신형원의 〈터〉1987가 대표적입니다.

1980년대까지의 히트곡들은 그나마 집이라는 것을 휴식, 가족의 화목, 사랑과 같이 낭만적으로 그리고 있는데, 소비의 시대, 자본주의가 꽃피는 1990년대로 넘어가면 집과 땅을 부의 척도로서 여기는 노래들이 등장합니다.

　1990년대가 소비의 시대로 가는 시작점은 1988년 햄버거 프랜차이즈인 맥도날드 1호점이 서울 강남의 압구정동에서 오픈한 것으로 볼 수 있습니다. 이후 IMF를 거쳐 싸이의 〈강남스타일〉2012이 생기는 과정에서 우리는 부익부 빈익빈 현상을 목도하였고, 당시 우리의 감정은 그 시절 히트한 노래 가사 속에 확연히 드러납니다.

　우선 1990년대 가요계에 댄스뮤직이 돌풍을 일으킬 때 명문대 출신 대학생들이 주축으로 결성한 015B는 주변 친구들의 조사를 통해 현실을 담은 가사의 노래를 발표해 공감을 받았습니다. 그중 〈수필과 자동차〉1992는 "순정 만화의 주인공처럼 되고파 할 때도 있었지 / 이젠 그 사람의 자동차가 무엇인지 더 궁금하고 / 어느 곳에 사는지 더 중요하게 여기네"라며 꿈과 소중한 것을 잊고 살아가는 현실을 개탄합니다.

　또한 같은 해에 발표된 철이와 미애의 〈하늘 따먹기〉는 신철의 랩을 통해 더욱 노골적으로 부동산 투기에 뛰어든 현실을 비꼬고 있습니다. 작사가 이승호는 남은 땅을 모두 나눠가지고 나면 하늘까지 투기하겠다며 이러다가 지구의 종말이 오면 "하늘 가진 사람들은 지구를 떠나 버리"고, "하늘 없는 사람들은 사과나무 심겠"다고 조소합니다.

　　여기 좁은 땅 이 세상 사람 모두 나눠 가졌으니 / 이젠 더 이상 남은 땅이 없어 무엇을 어떻게 나눠 가져갈까 / 저 하늘 나눠 가지려 애를 쓰겠지 / 그렇다면 어떻게 저 하늘 우리끼리 나눠 가져볼까
　　저기 넓은 하늘 하늘 이 세상 사람 모두 나눠 가진다면 / 도대체 어떤 하늘이 가장 비싸고 싼 하늘이 될까 / 월세 전세 하늘이 있다면 그런 건 진짜 얼마나 될까 / 그래 그래 저 하늘에도 투기하겠지
　　저 파란 하늘 저 하얀 구름이 너무 아쉬워 / 밤하늘 위의 수많은 별들은

이젠 어디로

지구의 종말이 오면 하늘 가진 사람들은 지구를 떠나버리겠지 / 지구의 종말이 오면 하늘 없는 사람들은 사과나무 심겠지

철이와 미애, 〈하늘 따먹기〉 중에서

1990년대의 또 하나의 특징이 있다면 학교폭력과 입시교육의 문제가 수면 위로 드러났다는 점입니다. 특히 멤버 모두 중고등학교를 중퇴한 3인조 보이그룹 서태지와 아이들은 1995년 〈Come Back Home〉을 발표했는데 떠나간 마음보다 따뜻했던 집으로 돌아오라며 "YOU MUST COME BACK"을 외치자 노래에 감동받은 가출 청소년들이 공감하고 집으로 돌아오게 되었다는 이야기가 회자되고 있습니다.

2000년대 들어서는 인디 블루스가수 김대중의 〈300/30〉2012과 힙합가수 자이언티의 〈양화대교〉2014가 눈에 띕니다. 한 뭉텅이의 목돈이 없어 번화가를 떠나 변두리를 전전하는 20대 전후의 젊은 청년들은 보증금 300만 원에 월세 30만 원짜리 방을 보고 한바탕 좌절한 후 평양냉면을 먹으러 떠나는가 하면_{김대중, 〈300/30〉}, 라면땅을 먹으면서 매일 집안에서 홀로 지내는 소년은 가난한 집안의 현실 속에서 "행복하자"를 외치며 스스로 위로합니다_{자이언티, 〈양화대교〉}. 두 곡 중에서는 자이언티의 〈양화대교〉가 크게 히트했습니다. 그 배경을 보면 생계를 위해 부모 모두 일터로 나가고 어린아이만이 홀로 집에 나가 TV와 게임, 라면 등으로 시간을 때우는 한국의 현실에 젊은 세대들이 상당히 공감했을 것입니다.

트로트 중에서는 1964년 최숙자가 발표한 〈눈물의 연평도〉가 1959년 한반도에 불어닥친 태풍으로 인한 피해를 담은 노래로 히트했

습니다. 1959년 9월 태풍 사라는 제주와 남부를 거쳐 서해상으로 빠져 나갔는데 비바람으로 인해 전국에서 800여 명이 사망하고 주택 및 도로, 농경지 등이 파손하여 662억이 넘는 큰 피해를 가져왔습니다. 당시 기록된 태풍 중에는 가장 큰 손해를 입어 다수의 이재민이 발생하는 등 많은 국민들이 생활의 터전을 잃고 말았습니다.

최숙자의 〈눈물의 연평도〉는 태풍 사라 때문에 집에 돌아오지 못한 어부들을 추모한 곡입니다. 비록 이 곡은 4년이나 지나서 발표되었고, 연평도 어부의 사연이기는 하지만 태풍 사라로 고통을 겪은 국민들의 공감을 받으며 히트했습니다. 당시 최고 여성 인기 가수였던 최숙자는 같은 해에 스케줄이 바빠 부르기로 했던 노래를 신인이었던 이미자에게 넘기게 되었는데, 그 곡이 불후의 명곡 〈동백 아가씨〉입니다. 아마 최숙자가 취입하였다면 우리 가요사는 새로 쓰였을지도 모릅니다.

> 조기를 담뿍 잡아 기폭을 올리고 / 온다던 그 배는 어이하여 아니 오나 /
> 수평선 바라보며 그 이름 부르면 / 갈매기도 우는구나 눈물의 연평도
> 태풍이 원수더라 한 많은 사라호 / 황천 간 그 얼굴 언제 다시 만나보리 /
> 해 저문 백사장에 그 모습 그리면 / 등대불만 깜박이네 눈물의 연평도
>
> 최숙자, 〈눈물의 연평도〉 중에서

1962년에는 서울 공덕동에 살던 4세 조두형 군이 아침에 놀러 나갔다가 집으로 돌아오지 못하고 실종된 사건이 있었습니다. 범인은 가족들에게 돈을 요구했고, 모처에 가짜 돈을 두어 가져간 후, 결국 두형이는 집에 돌아오지 못했습니다. 이 사건을 소재로 이미자가 같은 해에 〈두형이를 돌려줘요〉를 발표했고 1976년에는 최숙자가 이 곡을 다시

취입해 발표합니다.

　1970년에는 와우아파트 붕괴 사고가 있었습니다. 이때 김시스터즈 내한공연에 참여한 조영남은 〈신고산타령〉을 부르던 중 가사를 바꾸어 "신고산이 우르르르 와우아파트 무너지는 소리에"라고 표현했다가 당국의 조사를 받고 곧바로 군에 끌려갔습니다.

　이외에도 집과 관련된 노래를 찾아보자면 가장 많은 수의 노래가 바로 좋아하는 사람의 집 앞을 서성거리거나 지나가며 가슴 졸이는 이야기입니다. 트윈폴리오의 〈웨딩케익〉[1970]에서는 헤어진 연인의 결혼 전날 그녀의 집 앞에 케익을 놓고 가고, 임종환의 〈그냥 걸었어〉[1993]는 비 오는 날 그냥 걷다가 그녀의 집 앞에 가서 전화를 걸었다는 내용입니다. 가요계의 이단아 DJ DOC는 하얀 눈이 오는 추운 겨울날 그녀의 집 앞에 무작정 갔다가 모르는 남자가 운전한 빨간 스포츠카에서 내리는 그녀를 발견하기도 합니다. 2000년 전후로 넘어가면 늦은 밤 술 취해서 그녀의 집 앞에서 이별을 인정하고 마는 두 노래, 쿨의 〈너의 집 앞에서〉[1996]와 노을의 〈늦은 밤 너의 집 앞 골목길에서〉[2019]가 있고, 2019년 아이돌 가수 엑소EXO의 백현은 추억의 아파트 이름을 직접 언급했는데 그곳이 바로 서울의 부촌 〈UN Village〉입니다.

타워팰리스에 살면 행복할까?

　가수 남진은 〈임과 함께〉1972에서 자신의 소망을 노래했습니다. "저 푸른 초원 위에 / 그림 같은 집을 짓고 / 사랑하는 우리 님과 / 한 백년 살고 싶어." 화자는 푸른 초원 위의 그림 같은 집에서 사랑하는 사람과 백년해로하는 것이 가장 이상적인 삶이라고 본 듯합니다. 가사를 풀어보면, 인간이 행복하기 위해서는 두 가지 핵심적인 요소가 필요합니다. '좋은 집'과 '사랑하는 사람'입니다. 사랑하는 사람은 있으나 마땅히 거처할 집이 없거나 으리으리한 궁궐을 소유했더라도 함께할 사람이 없다면 '오아시스 없는 사막'이요, '앙꼬 없는 찐빵'에 불과할 것입니다.
　좋은 집과 사랑하는 사람 중에서 더 소중한 것은 무엇일까요? 남진은 후자라고 보았습니다. "멋쟁이 높은 빌딩 으스대지만 / 유행 따라 사는 것도 제멋이지만 / 반딧불 초가집도 님과 함께면 / 나는 좋아 나는 좋아 님과 함께면 / 님과 함께 같이 산다면" 가수는 님과 함께 산다면 초가

집에 반딧불만 켜놓고도 바랄 게 없고, 높은 빌딩의 소유자도 부러울 게 없다고 말합니다. 좋은 집보다는 사랑하는 사람이 먼저고, 더욱 소중하다는 뜻입니다.

이 대목에서 솔직하게 한번 물어보겠습니다. 여러분은 〈임과 함께〉의 가사처럼 생각하시나요? 사랑하는 사람만 곁에 있다면 반지하 월셋방에 살아도 행복하다고 느낄 수 있습니까? 그 상태에서도 한강이 내다보이는 최고급 초호화 아파트를 소유한 사람이 부럽지 않을 자신 있나요? 남진이 〈임과 함께〉를 불렀던 1972년이라면 그런 사람이 있을지 모르겠으나 자본주의가 일상의 모든 부분에 침투해버린 오늘날 그처럼 나이브한 사상의 소유자를 찾아보기란 쉽지 않습니다. 자본주의가 부추긴 욕망의 불꽃이 집에 대한 관념을 송두리째 바꿔버렸기 때문입니다. 인간에게 집이란 어떤 의미일까요? 집은 인간 생활의 필수적 요소인 의식주衣食住 중 하나입니다. 한국의 철학자 박이문 선생은 집을 다음과 같이 정의했습니다.

> 집은 삶의 가장 핵심적 요람이며 확장을 필요로 하는 삶의 원심적 시점이다. 낯선 남녀가 만나 자리를 함께하여 가장 근본적인 생리적 기능을 통해서 인류라는 '피'를 이어가는 곳은 집 안이다. 집은 동물적 인간이 인간적 인간으로, 자연적 동물이 문화적 동물로 창조적 변화를 일으키게 하는 모체다.
>
> 박이문, 《박이문 아포리즘》 중

인간에게는 집이 필요합니다. 집도 절도 없는 인생은 막장에 가깝습니다. 인간에게 집이란 안식처입니다. 벌거벗은 채 태어난 인간이 무덤에 눕기 전까지 인생에서 유일하게 쉴 수 있는 곳이 집입니다. 박이문 선생의 표현대로, "집은 삶의 가장 핵심적 요람"입니다.

집은 휴식만을 목적으로 하지 않습니다. 집은 확장의 공간입니다. 집은 "확장을 필요로 하는 삶의 원심적 시점"입니다. 집은 기존의 나를 새로운 나로 거듭나게 하는 곳입니다. 오늘에 만족하지 않고 새로운 내일을 위해 준비하고 기획하는 장소입니다. 한마디로 '칼'을 가는 공간입니다. 자고로 칼은 남들이 보지 않는 곳에서, 즉 집에서 갈아야 합니다. 남들 다 보는 앞에서 칼을 갈고 있으면 극적인 변화를 보여주기 어렵습니다. 게다가 집 밖에서 칼을 갈고 있으면 자칫 강도로 오인 받을 수도 있습니다.

한편으로 집은 생성의 공간입니다. "낯선 남녀가 만나 자리를 함께하여 가장 근본적인 생리적 기능을 통해서 인류라는 '피'를 이어가는 곳"입니다. 이렇듯 집은 역사를 만들고 이어가는 장소입니다. 인류에게 집이 없었다면 유구한 역사가 기록조차 되지 않았을지도 모릅니다. (동물들처럼!) 또한, 집은 변화와 나눔의 공간입니다. 집은 "동물적 인간이 인간적 인간으로" 탈바꿈하는 장소입니다. 밖에서는 가면을 쓰고 연기를 하던 '동물적 인간'이 비로소 가면을 벗고 민얼굴을 내보이는 곳이 집입니다. 가족들 앞에서는 굳이 가면을 쓸 이유가 없기 때문입니다.

집은 "자연적 동물이 문화적 동물로 창조적 변화를 일으키게 하는" 곳입니다. 약육강식의 법칙이 지배하는 자연에서 야수의 발톱을 드러낸 채 쫓고 쫓기는 혈투를 벌이다가 집으로 돌아오면 그곳에서는 자연법칙 아닌 문화적 가치를 중요시하는 동물로 변모할 수 있습니다. 집에서는 가족이라 부르는 다른 '동물들(?)'과 정을 나누고 배려하고 헌신합니다. 이처럼 인간에게 집은 여러 의미를 지닌 소중한 곳입니다. 휴식과 확장과 생성과 변화의 공간입니다. 또한 집은 정주定住의 공간입니다. 모름지기 인간은 한곳에서 터를 잡으면 그곳에서 죽을 때까지 뿌리를 내려야 합니다. 어렵게 마련한 휴식과 확장과 생성과 변화와 나눔의 공간을 쉬이 버리고 다른 곳으로 이동할 수가 없습니다. 왜냐고요? 집이기 때문에 그렇습니다.

하지만 오늘날 집의 개념이 사뭇 달라졌습니다. 이제 집은 재테크의 수단이 되었습니다. 요즘 사람들은 한 번 터를 잡은 곳에 계속해서 머무르려 하지 않습니다. 집이 정주의 공간이 아니라 상품으로 바뀌었기 때문입니다. 어느덧 집은 사는 곳이 아니라 거래 대상으로 변했습니다. 사고파는 상품을 소중하게 생각하는 경우는 없습니다. 수시로 손바뀜이 일어나서 언제든 주인이 바뀔 수 있기 때문입니다. 오늘날 사람들은 집에서 휴식과 확장, 생성과 변화와 나눔의 가능성을 고려하지 않습니다. 단지 싸게 사서 비싸게 팔면 그만입니다. 차익을 남길 수만 있다면 언제든 짐을 싸서 떠날 수 있습니다. 하여, 현대인들은 집을 구해도 제대로 짐을 풀지도 않습니다. 언제 또다시 떠날지 모르기 때문입니다.

집이 거래의 수단이 되면서 토착민은 사라지고 모두가 유목민으로 바뀌고 말았습니다. 이제 집에서 휴식을 취하거나 확장을 기대하기는 어렵습니다. 생성과 변화도 일어나지 않습니다. 그리하여 현대인들은 항상 피곤합니다. 휴식을 취할 공간이 없으니까요. 내일을 기대하지 못합니다. 확장이 없으니까요. 심지어 자식마저 낳지 않으려 합니다. 집이 더 이상 생성의 공간이 아니기 때문입니다. 하루 종일 가면도 벗지 않습니다. 집에서도 '인간적 인간'으로 변화하지 않으니까요. 가족을 배려하지도 못합니다. 나눔을 모르니까요. 이렇듯 현대인들은 집의 의미를 변질시켜버렸습니다. 과거 집에서 얻을 수 있었던 여러 좋은 점들을 모두 내다 버린 채 오로지 돈을 벌기 위한 투기상품으로 전락하고 말았습니다. 이러한 변화를 발전이라고 부르는 것이 타당할까요?

하버드대학을 졸업한 뒤 월든 호숫가에서 조그마한 오두막을 짓고 살았던 헨리 데이비드 소로는 현대인들이 집 때문에 고통 받고 있다면서 이렇게 주장했습니다. "하늘을 나는 새는 둥지를 가지고 있고, 여우는 굴을 가지고 있으며, 미개인들은 오두막을 가지고 있건만, 현대의 문명사회에서 자기 집을 가지고 있는 가정은 반수도 안 된다. (…) 집 없는 나머지 사람들은, 여름철이나 겨울철이나 필수 불가결한 것으로 되어버린 이 주택이라는 이름의 겉옷에 대해서 해마다 세를 물고 있다. 그런데 이 세는, 그들을 죽는 날까지 가난 속에 허덕이게 만드는 요인이 되어버렸다." 소로는 현대인들이 필요 이상의 큰 집을 소유하려는 경향 때문에 그 비용을 부담하느라 죽을 고생을 하고 있다고 진단합니다.

아닌 게 아니라, 현대인 중에는 자기 소유의 집을 갖는 것이 일생의 꿈인 사람이 많습니다. 하지만 대도시의 경우 천정부지로 오른 집값 때문에 그 꿈을 이루지 못한 사람이 태반이며, 큰맘 먹고 집을 구입한 사람도 대출금을 갚느라 평생을 일해야 하는 경우도 많습니다. 반면, 대다수 집 없는 사람들은 집 없는 설움에 전월세 부담으로 인해 허리가 휘기 일쑤입니다. 집을 가진 자도, 집이 없는 자도 집 때문에 고생하기는 마찬가지입니다. 이게 다 집이 소유의 대상이 아니라 거래의 대상이 되었기 때문입니다. 필요 이상으로 크고 좋은 집을 욕망한 탓입니다.

오스트리아 출신의 철학자 이반 일리치 Ivan Illich 는 간디의 오두막을 다녀온 뒤 이렇게 적었습니다. "부자가 이 오두막에 온다면 비웃을 수도 있겠다 싶습니다. 그러나 소박한 인도 사람의 관점에서 보면 이보다 더 큰 집이 있어야 할 까닭이 없습니다." 그는 소박한 삶을 지향하는 사람이라면 조그마한 오두막 이상의 집이 필요 없다고 보았습니다. 그는 또, 주택과 집을 구분하면서 이렇게 말했습니다. "주택과 집은 차이가 있습니다. 주택은 사람이 짐과 가구를 보관하는 곳입니다. 사람 자신보다 가구의 안전과 편의에 더 치중하여 만든 곳입니다." 그에 따르면, 집은 사람이 사는 곳이지만 주택은 짐과 가구를 보관하는 곳입니다. 집이 사람을 위한 곳이라면, 주택은 물건을 위한 장소입니다. 말하자면, 주택은 사람보다 가구의 안전과 편의를 위한 공간입니다. 주택에서는 사람이 아닌 가구가 주인입니다.

일리치는 현대인들이 검소한 '집'을 버리고 온갖 편의를 짜 넣은 '주택'에 살면서 정작 행복해지지는 않았다고 진단합니다. "제가 델리에서 묵었던 곳은 여러 가지 편의시설이 마련된 주택이었습니다. 시멘트와 벽돌로 짓고 가구나 기타 편의시설이 잘 맞아 들어갈 수 있는 상자처럼 만들었습니다. 우리는 살아가면서 모으는 갖가지 가구나 물건이 결코 내면의 힘을 키워주지 못한다는 사실을 이해해야 합니다. 그런 것은 말하자면, 장애인의 목발과 같습니다. 그런 편의를 더 많이 가질수록 거기에 더 많이 의존하게 되고 삶이 그만큼 더 제약을 받습니다." 사람들은 흔히 편의시설이 많을수록 더 풍요롭고 행복할 것이라고 믿지만, 실상은 그렇지 않습니다. 일리치의 주장처럼, 편의시설이 많아졌다고 해서 내면의 힘이 늘었다고 볼 수 없기 때문입니다. 우리가 여러 편의시설과 각종 재화에 의존할수록 삶의 제약이 많아졌고, 행복을 받아들이는 능력은 줄어들었습니다. 이게 다 집을 없애버리고 주택에 살고 있는 대가인지도 모릅니다.

1982년 가수 윤수일이 〈아파트〉를 불러 크게 히트했기 때문인지, 그 이후로 대한민국은 이른바 '아파트 공화국'이 되어버렸습니다. 이제 단독주택을 제치고 아파트가 주거 형식의 표준이 되었습니다. 그 결과, 도시나 지방 할 것 없이 사람이 사는 곳이라면 어디에나 아파트가 즐비합니다. '재개발'이라는 명목으로 오래된 단독주택을 헐어버린 곳에는 어김없이 대규모 아파트단지가 들어섭니다. 어딜 가나 아파트가 천지인

데도 항상 아파트 공급이 부족하다고 난리입니다. 그 결과, 해마다 수십만 호의 신규 아파트가 꾸준히 공급되고 있는데 웬일인지 집 없는 사람은 줄어들지 않고 있습니다.

주거 형식이 아파트로 바뀐 이후로 우리의 삶은 어떻게 달라졌을까요? 가장 큰 변화는 폐쇄성이 강해졌다는 점입니다. 한국 사람들이 삶의 대부분을 희생하며 어렵게 아파트를 마련하고 나면, 그곳을 '행복한 집'으로 만들기 위해 노력합니다. 하지만 행복을 위해 고작 한 일이란 외부의 침입자가 들어오지 못하도록 담장을 쌓고 바리케이드를 치는 것입니다. 자기들만의 탑을 쌓고 궁전처럼 꾸며야("타워 팰리스") 비로소 행복한 공간이 된다는 믿음 때문입니다. 그들은 외부자의 침입을 철저히 통제한 채 그들만의 성을 쌓고 그 공간을 독차지합니다. 그곳에서는 외부성의 배제가 행복의 전제조건이 됩니다. 이렇듯 주거 형태로서의 아파트는 배타적인 공간입니다. 외부자의 침입을 차단한 폐쇄된 공간에서 이웃과의 소통도 없이 개인 또는 가족의 행복에만 몰두합니다.

아파트에 살면서 극단적인 폐쇄성을 추구한 사람들은 행복해졌을까요? 안타깝게도 폐쇄된 공간 속 주인들이 예전보다 행복해졌다는 증거는 찾기 어렵습니다. '행복한 집'을 위해 탑을 쌓고 궁전을 짓는 것은 오히려 행복이 들어올 문을 차단하는 결과를 낳았습니다. 외부 사람들이 들어오지 못하도록 온갖 방어벽과 차단막으로 둘러싸인 '구중궁궐'은 임금이 사는 곳이지 사람이 사는 곳이 아닙니다. 궁궐은 정치를 하는 공간이지 가족끼리 정을 나누는 장소가 아니지 않습니까. 본디 외부성이 배제된 공간은 '집'이 아니라 감옥입니다. 어쩌면 그런 곳에 거주하는 사람은 식구가 아니라 재소자일 수도 있습니다. 하지만, 그럼에도 여전히 많은 사람들이 '타워팰리스'에 사는 이를 부러워하고, 자신도 그곳에서 살고 싶어 안달인 경우가 많습니다. 이는 독방생활 중인 재소자를 부러워하고, 자신도 감옥에 들어가지 못해 안달하는 것과 같습니다.

다시 남진의 〈임과 함께〉로 돌아가겠습니다. 가수는 "반딧불 초가집"에서도 사랑하는 님과 함께라면 행복하다고 노래했지만 지금은 반딧불도 사라졌고 초가집은 더더욱 찾기 어렵습니다. 소로나 일리치가 조그마한 오두막으로도 살기에 충분하다고 주장했지만 지금은 평범한 소시민조차 그 정도로는 만족하기 어렵습니다. 장 자크 루소$^{Jean-Jacques\ Rousseau}$가 "자연으로 돌아가라"고 강조했지만 현대의 우리는 자연을 떠난 지 너무 오래되었고, 자연에서 너무 멀리 와버렸습니다. 이미 자연으로 돌아가기가 요원해진 상태입니다. 그래서 지금은 대부분 아파트에서 살 수밖에 없습니다. 하지만 탑을 쌓고 궁전처럼 꾸미는 일만은 피했으면 합니다. 아무리 화려하고 넓다 해도 폐쇄된 공간에서는 행복이 자라나지 않습니다. 그곳은 윤수일의 〈아파트〉 노랫말처럼, "아무도 없는 아무도 없는 쓸쓸한 너의 아파트"이기 때문입니다. 폐쇄된 '타워팰리스'에는 행복이 숨 쉴 공간이 없습니다.

이석 **〈비둘기집〉** 1971

산이슬 **〈이사 가던 날〉** 1976

윤수일밴드 **〈아파트〉** 1982

철이와 미애 **〈하늘 따먹기〉** 1992

Trot × Philosophy 05

술

술독과 낭만 사이

2000년대 한국인들의 술에 대한 인식을 분석해보면 낭만적인 즐거움보다는 알코올중독이나 '혼술' 같은 술의 부작용이나 라이프스타일의 변화로 인한 단어들이 주로 오르내리고 있습니다. 하지만 과거 술은 서민들의 삶의 고통을 달래주거나 비 오는 날 위로와 낭만을 주는 것이었습니다. 이러한 술에 얽힌 한국인들의 인식 변화는 시대별 히트곡으로 알 수 있는데 이번에는 술에 관한 노래를 통해 과거와 현재로 들어가도록 하겠습니다.

우선 1930년대에 나온 곡입니다. 김정구의 〈항구의 선술집〉1937과 김해송의 〈청춘계급〉1938의 가사를 보겠습니다.

부어라 마셔라 탄식의 술잔 / 잔 위에 찰랑 찰랑 무너진 하소 / 사나이 우는 마음 누가 아느냐 / 올래야 올 수 없는 사나이 가슴 / 파이프의 연기처

럼 흐르는 신세 / 내일은 어느 항구 선술집에서

김정구, 〈항구의 선술집〉 중에서

노래를 부르자 사랑의 소내타 / 이 밤이 다 새도록 노래를 불르자 / 아 어여쁜 아뽀로 아 / 워카를 마시며 노래를 불르자 / 춤이나 추잔다 사랑의 탭댄스 / 이 밤이 다 새도록 춤이나 추잔다 / 아 귀여운 아팟슈 아 / 샴팡을 마시며 춤이나 추잔다 / 춤추고 노래해 여기는 팔레스 / 우리는 에로이카 그늘의 용사다 / 아 상냥한 악마여 아 / 산또리 마시며 춤추고 노래해

김해송, 〈청춘계급〉 중에서

김정구의 〈항구의 선술집〉에는 "부어라 마셔라" "무너진 하소" "울래야 울 수 없는 사나이 마음" 등의 가사가 나옵니다. 노래 속 남성은 마음속 깊은 고통, 우울과 좌절이 존재하지만 표현할 수 없는 상황이기 때문에 항구의 선술집에서 오로지 술만을 들이켜고 있습니다.

반면에 김해송의 〈청춘계급〉에서는 "워카를 마시며 노래를 불르자 / 춤이나 추잔다 사랑의 탭댄스"에서 알 수 있듯 술 마시고 노래하고 춤을 추며 모든 걸 잊어버리자고 말합니다.

두 노래에서 자신에게 닥친 깊은 슬픔을 극복하려는 시도가 느껴집니다. 아마도 1930년대 일제 강점기기에 겪어야 했던 이루 말할 수 없는 서러움과 고통을 표현한 것이라고 추정해볼 수 있습니다.

두 노래에서 흥미로운 점은 술을 지칭하는 몇 개의 단어입니다. 〈청춘계급〉에 등장하는 '워카'는 위스키 조니 워커, '샴팡'은 샴페인, '산또리'는 일본 주류브랜드 산토리입니다. 현재도 즐겨먹는 외국 술이

1938년 노래에 등장하는 것은 놀라운 일이 아닐 수 없습니다. 참고로 악단장 김해송은 〈목포의 눈물〉1935을 불렀던 이난영과 결혼해 자녀를 낳았는데 그들이 김시스터즈입니다.

1940년대에는 백년설의 빅히트곡 〈번지 없는 주막〉1940을 만날 수 있습니다. 노래에서는 문패도 번지수도 없는 주막, 능수버들 태질하는 창살을 바라보며 아주까리 초롱 밑에 앉은 화자가 이별주를 마시며 떠나간 연인을 그리워하지요. 일제 강점기 암울한 시대에 태어나 연애 한 번, 제대로 된 부부생활 한 번 못하고 헤어져야만 했던 애끓는 사이가 한둘이었겠습니까? 이 노래가 히트한 이유는 굳이 분석하지 않아도 고개를 끄덕이리라고 생각합니다. 백년설의 〈나그네 설움〉1940의 히트도 아마 같은 감정의 연장선상이라고 무방할 것입니다.

어쨌거나 1930~1940년대 술 노래 속에 나타난 한국인은 모습은 슬픔과 좌절, 이러지도 저러지도 못하는 상황을 술로 대신했다고 볼 수 있습니다.

그렇다면 이 시기에는 서글픈 노래만 있었을까요? 1950년대로 넘어가보도록 하겠습니다. 가수 황정자가 부른 〈오동동 타령〉1955은 이전의 노래와는 다르게 훨씬 경쾌한 분위기의 신민요입니다. 일제강점기, 동족상잔의 6·25전쟁을 통해 연인, 가족들과 생이별을 겪고, 가난하게 하루하루를 살아가고 있었겠지만 매일 슬픔에 고개를 떨구고 있을 수는 없습니다. 그래도 우리 민족은 희망을 가지고 살아가려고 했다는 것을 이 노래가 잘 보여줍니다.

황정자의 〈오동동 타령〉에는 동동주가 등장합니다. '동동'이라는 말을 들으면 물 위에 동동 떠다니는 배가 생각나는데 이외에도 다양하게 상상할 수 있습니다. 노래 속에서는 과거 주막에서 많이 마셨던 동동주를 통해 여러 상황을 표현합니다. 1980년대까지만 해도 작은 항아리

속에 담긴 동동주를 표주박으로 떠먹는 주점들이 즐비했지만 1990년대 즈음 사라지기 시작했습니다.

동동주나 막걸리가 등장하는 유사한 노래를 보면 1963년에 발표된 유주용의 〈학사주점〉도 있습니다. 이 노래는 다음 해에 신성일·엄앵란 주연의 동명 영화로도 만들어졌습니다. 가난을 타파하기 위해 주점을 연 대학생이 갑부의 딸을 만나지만 하숙집 과부와 통정했다는 사실을 들키는 바람에 스스로 생을 마감하는 내용입니다. 다소 신파적이기는 하지만 돈이 없어 대학 가는 것이 쉽지 않았던 시절, 대학생들의 주점이라는 세월의 흔적이 있는 노래입니다.

> 오동추야 달이 밝아 오동동이냐 / 동동주 술타령이 오동동이냐 / 아니요 아니요 궂은 비 오는 밤 낙숫물 소리 / 오동동 오동동 끊임이 없어 / 독수공방 타는 간장 오동동이요
> 동동 떠는 뱃머리가 오동동이냐 / 사공의 뱃노래가 오동동이냐 / 아니요 아니요 멋쟁이 기생들 장구소리가 / 오동동 오동동 밤을 새우는 / 한량님들 밤 놀음이 오동동이요
>
> 황정자, 〈오동동 타령〉 중에서

학사주점은 당시 엘리트를 표방한 공간이기도 합니다. 1970년대로 넘어가면 대학생 엘리트들이 불러서 퍼져나갔다고 볼 수 있는 포크음악 시대에 등장한 이장희의 〈한 잔의 추억〉[1974], 송창식의 〈고래사냥〉[1975] 등에 술이 등장합니다.

1970년대 한국사회는 군사 독재정권이 들어서서 긴급조치, 유신헌법이 발효되어 국민들은 자유가 제한되고 탄압을 받으며 살아갈 수밖

에 없었습니다. 그러자 젊은이들은 독재정권에 대한 저항을 포크음악으로 드러내고자 했습니다. 하지만 당시에는 공연윤리위원회의 검열이 살아 있었기 때문에 거의 불가능했지요. 그런 이유로 영화계는 호스티스 영화가 붐을 이루었고, 영화 〈별들의 고향〉의 음악을 담당한 가수 이장희는 〈한 잔의 추억〉을 수록했습니다. 노래에서는 "마시자 한 잔의 추억 / 마시자 한 잔의 술 / 마시자 마셔버리자"며 현실을 속으로 삭히며 외면해버립니다.

다음 해인 1975년에 발표된 〈바보들의 행진〉도 마찬가지입니다. 하길종 감독, 윤문섭·하재영·이영옥 주연의 이 영화는 병태와 영자의 만남과 사랑, 고래를 잡으러 동해로 가는 영철의 캐릭터를 통해 당시 불안한 현실에 맞닥뜨린 젊은 영혼들을 대변하는 스토리입니다. 영화는 송창식이 부른 〈고래사냥〉과 장발을 단속하는 경찰을 뒤로하고 도망가는 장면에서 흘러나오는 〈왜 불러〉가 크게 히트했습니다. 두 곡은 '고래'가 대통령을 지칭한다는 이유로, 장발단속을 거부하고 도주하여 공권력에 저항한다는 이유로 금지처분을 받았습니다. 하길종 감독은 정보기관의 블랙리스트에 올라 조사를 받았고 가수분과 위원장에게 폭행을 당할 정도였습니다. 〈고래사냥〉 가사 도입부의 "술 마시고 노래하고 춤을 춰봐도 / 가슴에는 하나 가득 슬픔뿐이네"라는 하나의 문장에 1970년대의 모든 것이 담겨 있다고 해도 과언이 아닙니다.

한편 1970년대 후반에는 디스코가 유행하면서 흥겨운 리듬의 댄스풍 성인가요가 대거 등장했습니다. 그중 혜은이가 부른 빅히트곡 〈제3한강교〉1979가 있습니다. 이 곡은 혜은이가 중간에서 "뚜루 뚜두두 허!"라고 추임새를 했는데 이것이 꽤 인기가 있었습니다. 그래서 당시에 술 한잔하고 난 남성들이 '허!'를 외치는 일이 많았습니다.

1981년 발표된 포크가수 이연실의 〈목로주점〉도 잊지 못할 술 노래입니다. 토속적인 음색으로 기타를 치며 노래를 부르던 이연실은 서민의 삶을 수준 높은 언어로 구현했습니다. 특히 마지막 구절 "삼십 촉 백열등이 그네를 탄다"는 미술을 전공한 이연실이 문학, 미술, 음악을 절묘하게 결합한 것이라고 볼 수 있습니다. '삼십 촉'은 당시 백열등의 밝기를 의미합니다. 30촉은 촛불 하나의 밝기로서 60촉은 가격이 비싸서 보통 서민들은 30촉 백열등을 사용했습니다.

> 멋드러진 친구 내 오랜 친구야 / 언제라도 그곳에서 껄껄껄 웃던 / 멋드러진 친구 내 오랜 친구야 / 언제라도 그곳으로 찾아오라던(…)
> 월말이면 월급 타서 로프를 사고 / 년말이면 적금 타서 낙타를 사자 / 그래 그렇게 산에 오르고 / 그래 그렇게 사막엘 가자 / 가장 멋진 내 친구야 빠뜨리지마 / 한 다스의 연필과 노트 한 권도 / 오늘도 목로주점 흙바람 벽엔 / 삼십 촉 백열등이 그네를 탄다
>
> 이연실, 〈목로주점〉 중에서

경제적으로 다소 풍족한 1990년대 소비사회로 넘어가면서 낭만적인 히트곡들이 등장합니다. 그중 가장 대표적인 곡이 바로 마로니에의 〈칵테일 사랑〉1994입니다. "마음 울적한 날엔 거리를 걸어보고 / 향기로운 칵테일에 취해도 보고 / 한 편의 시가 있는 전시회장도 가고 / 밤새도록 그리움에 편지"를 씁니다. 또한 술 마시고 사랑고백도 합니다. 전람회의 〈취중진담〉1996의 화자는 "그래 난 취했는지도 몰라 / 실수인지도 몰라 / 아침이면 까마득히 생각이 안" 난다며 필름이 끊기도록 마셔서 기억이 안 나지만 어제의 사랑고백은 사실이라며 소심한 남자의 속마음을 보여줍니다. 이 노래는 술 먹고 진실을 말하는 상황이 많은 젊은이들

에게 공감을 일으키며 히트했습니다. 1990년대 등장한 자기주장이 강한 X세대도 사랑고백에서 만큼은 예외인 듯합니다.

물론 1990년대 인기 트로트 중에도 낭만은 있습니다. 편승엽의 〈찬찬찬〉1993은 빨간 립스틱을 바른 섹시한 카페의 여인에게 작업을 걸어보지만 업소의 여성들이 늘 그렇듯 "마음을 줄 수 없다"는 말에 좌절하고 맙니다. 또한 미국에서 돌아온 최백호에게 재기의 발판을 마련해준 〈낭만에 대하여〉1994는 세상을 초월한 중년의 낭만을 보여줍니다. 살아갈 날보다 살아온 날이 많은 어떤 중년은 "옛날식 다방에 앉아 / 도라지 위스키 한 잔에 / 짙은 색소폰 소리"를 들으며 다방 마담에게 추파도 던져보고, 첫사랑도 생각하곤 합니다. 그리고 "이제와 새삼 이 나이에 / 실연의 달콤함이야 있겠냐만은 / 왠지 한 곳이 비어 있는" 공허함을 느끼며 도라지 위스키를 들이켰습니다. 참고로 도라지 위스키는 1960년대 일본산 토리스 위스키Torys Whisky를 본 따 부산 국제양조장에서 만든 위스키 상표입니다.

2000년대 들어서면 그야말로 다양한 술 노래들이 즐비합니다. 쿨의 〈맥주와 땅콩〉2000, 임창정의 〈소주 한잔〉2003, 박현빈의 〈곤드레 만드레〉2006, 바이브의 〈술이야〉2006, 싸이의 〈애주가〉2006, 강진의 〈막걸리 한잔〉2019, 산들의 〈취기를 빌려〉2020 등입니다. 모두 각자의 사정에서 술에 기대고 싶은 한국인들의 마음을 담은 것입니다.

그래도 2000년대의 넓은 단면을 보여주는 노래가 있다면 2008년 안치환이 부른 〈인생은 나에게 술 한 잔 사주지 않았다〉를 고르고 싶습니다. 이 곡은 정호승 시인이 2001년에 발표한 동명 시에 멜로디를 붙인 것으로 〈이등병의 편지〉를 작사·작곡한 김현성이 곡을 썼습니다.

정호승 시인은 이 세상에서 열심히 살아왔으나 왜 세상은 나에게 그만한 대우를 해주지 않느냐며 넋두리를 읊어댑니다. 그리고 세상을 향해 외칩니다. 술 사라고 말입니다. 돈은 됐고, 그냥 한잔의 술만 사주면 되는데 세상은 대답이 없습니다. 그래서인지 한국인들은 혼술에 빠진 모양입니다. 혼술이라는 것이 꼭 코로나 때문은 아닐 겁니다.

인생은 나에게 술 한잔 사주지 않았다 / 겨울밤 막다른 골목 끝 포장마차에서 / 빈 호주머니를 털털털 털어 / 나는 몇 번이나 인생에게 / 술을 사주었으나 / 인생은 나를 위하여 단 한 번도 술 한잔 사주지 않았다 / 눈이 내리는 그런 날에도 / 돌연 꽃 소리 없이 피었다 지는 날에도 / 인생은 나에게 술 한잔 사주지 않았다

안치환, 〈인생은 나에게 술 한잔 사주지 않았다〉 중에서

술,
저녁의 평안함

"늦은 밤 쓸쓸히 창가에 앉아 / 꺼져가는 불빛을 바라보면은 / 어디선가 날 부르는 소리가 들려 / 취한 눈 크게 뜨고 바라보면은 / 반쯤 찬 술잔 위에 어리는 얼굴 / 마시자 한 잔의 추억 마시자 한 잔의 술"

이장희의 〈한 잔의 추억〉 노래 가사입니다. 화자는 늦은 밤 쓸쓸히 창가에 앉아 한 잔의 술을 마시고 있습니다. 그런데 그가 마시는 술이 딱 '한 잔'일리 만무합니다. 술 한 잔으로는 취하지도 않을 것이고 "반쯤 찬 술잔 위에" 그녀의 얼굴이 어리지도 않을 것이기 때문입니다. 화자는 '한 잔'에 '한 잔'을 추가하면서 이미 여러 잔을 마신 상태라 환청이 들릴 정도입니다. "어디선가 날 부르는 소리가 들"리고, 술잔 위에 그녀의 얼굴이 어릴 정도입니다. 하지만 그는 자신이 술을 마시고 있는 지조차 모르고 있습니다. 그는 지금 술을 마시는 게 아닙니다. "추억"을 마시고 있을 뿐입니다. "마시자 한 잔의 추억!" 술은 이렇듯 신묘한

물건입니다.

프랑스 소설가 빅토르 위고가 "신은 물을 만들었지만 인간은 술을 만들었다"라고 주장한 바 있듯이, 인간의 역사를 논할 때 술을 빼놓고 이야기하는 것은 왠지 뭔가 빠진 것처럼 허전한 느낌이 들기도 합니다. 가령, 미국의 건국은 이민족을 태우고 최초로 아메리카 대륙으로 건너간 메이플라워호에서 출발했다고 볼 수 있습니다. 당시 메이플라워호에 맥주가 더 실려 있었다면 미국 역사는 지금과는 사뭇 다른 양상으로 전개되었을 것입니다. 사연은 대략 이렇습니다.

1620년 102명의 청교도를 태운 메이플라워호는 영국을 출발하여 미국을 향했습니다. 애초에 그들이 목표로 한 지점은 남부의 버지니아였습니다. 하지만 실제 도착한 곳은 버지니아보다 꽤 북쪽에 있는 케이프코드(오늘날의 매사추세츠)입니다. 중간에 목적지가 바뀐 것입니다. 왜 그랬을까요? 치밀한 전략적 판단의 결과로 목적지를 변경할 것일까요? 그렇지 않습니다. 어쩔 수 없는 선택이었습니다. 그들이 중도에 목적지를 변경한 이유는 배에 실린 맥주와 식료품이 바닥났기 때문입니다. 오죽하면 당시 케이프코드 항구에 배를 대고 땅을 밟았던 메이플라워호에 타고 있던 한 사람이 다음과 같이 외쳤을까요. "우리는 더 찾거나 고려할 수가 없다. 먹을 것은 다 떨어졌으며 무엇보다 우리에게 이제 맥주가 없다." 만약 메이플라워호에 더 많은 맥주가 있었더라면, 그래서 당초 목적지였던 버지니아에 도착했더라면 미국의 지리나 역사는 지금과는 상당히 달라졌을지도 모릅니다. 이렇듯 술은 인간의 역사에서 중요한 위상을 차지하고 있습니다.

인간을 다른 동물들과 구분하여 표현할 때 '호모'로 시작되는 단어를 즐겨 사용합니다. 예컨대, '호모파베르'는 도구를 사용하는 인간이라는 뜻이고, '호모사피엔스'는 생각하는 인간, '호모루덴스'는 놀이하는 인간이란 뜻입니다. 이외에도 '호모임비벤스'라는 말이 있습니다. 술 마시는 인간이란 뜻으로, 미국 펜실베니아대 박물관의 생체분자학 연구소장인 패트릭 맥거번Patrick edward Mcgovem 교수가 자신의 저서《술의 세계사》에서 명명한 용어입니다. 그는 이 책에서 알코올에 대한 고고학적 단서들을 추적하면서 술이 인간에게 특별한 음료임을 밝히고 있습니다.

그의 연구에 따르면 술 마시는 인간, 즉 호모임비벤스의 출현은 거의 400만 년 전으로 거슬러 올라갑니다. 말하자면, 술은 인류의 역사와 궤를 같이할 정도로 인간과 인연이 오래되었습니다. 시인 보들레르 Charles Baudelaire 는《포도주 예찬》이란 책에서 이렇게 말한 바 있습니다. "만약 인간이 만들어낸 것 중에 포도주가 없어진다면 지구에 사는 인간들의 건강과 지성에는 구멍이 뻥 뚫려버릴 것이다." 술이 인간의 건강과 지성사에 큰 공헌을 했다는 주장입니다. 심리학자이자 철학자인 윌리엄 제임스William James 는《종교적 경험의 다양성》이라는 책을 통해 술의 마법 같은 능력을 다음과 같이 극찬했습니다.

"인간이 알코올(술)의 영향을 받는 것은 의심할 여지없이 알코올이 인간 본성의 신비에 싸인 능력을 자극하는 힘을 가졌기 때문이다. 대개의 경우 인간은 맑은 정신에서는 냉엄한 사실과 건조한 비판으로 짓눌리기 마련이다. 맨정신으로는 폄하하고, 구별하고, 아니오라고 말한다. 술에 취해서는 떠받들고, 통합하고, 예라고 말한다. 사실 알코올은 인간에게 예라고 말하는 기능을 강력하게 촉진한다. 알코올은 술에 취한 자를 싸늘한 주변부에서 환한 중심부로 이동시킨다. 알코올은 그를 한순간 진실하게 만든다."

실용주의를 대표하는 철학자답게 술이 인간에게 미치는 긍정적인 면을 잘 표현했습니다. 그에 따르면, 술의 능력은 신비롭기까지 합니다. 술이 없다면 인간의 정신은 부정적이고 비판 일변도로 고정되어 타인과의 관계를 해치는 반면, 술은 인간의 정신으로 긍정적으로 변화시키고 통합하게 만듦으로써 관계를 촉진하게 합니다. 윌리엄 제임스의 이러한 주장은 고대로부터 전해 내려온 수많은 예술가, 작가, 철학자들이 술을 두고 찬미했던 정서를 상기시킵니다.

《위대한 개츠비》로 유명한 스콧 피츠제럴드 Francis Scott Fitzgerald 는 술이 영감의 통로라면서 이렇게 말했습니다. "술은 기분을 돋워줘. 술을 마시면 감정이 고양되고 나는 그런 감정을 이야기로 담아내지. 하지만 이성과 감정의 균형을 맞추기는 힘들어져. 맨정신으로 쓴 소설들은 시시해. 운세 얘기처럼 김이 빠져. 그건 감정 없이 이성으로만 쓴 글이라서 그래." 피츠제럴드와 술친구이면서 경쟁자이기도 했던 헤밍웨이도 술의 긍정적인 면을 다음과 같이 극찬했습니다. "나는 열다섯 때부터 술을 마셨고 사실 나에겐 술보다 기쁨을 주는 것도 별로 없다. 하루 종일 머리를 쓰며 열심히 일하고 나서 다음 날 또 일을 해야 하는 부담감을 안고 살다 보면 착상을 새롭게 전환시켜주고 다른 비행기를 타고 날도록 해줄 만한 것이 위스키 말고 또 뭐가 있을까?" 피츠제럴드와 헤밍웨이는 1925년 파리의 들랑브르 가에 있는 딩고 아메리카 바에서 처음 만났는데, 그들은 만나자마자 단박에 서로를 좋아했다고 합니다. 나중에 서로를 힐난하는 관계로 변하긴 했지만, 그들을 묶어준 것은 소설 이외에도 술의 힘이 컸습니다. 소설가로서의 직업적 공통점 이전에 술친구로서 친해진 셈입니다.

피츠제럴드가 술을 마시는 이유는 감정을 고양시키기 위해서였습니다. 그가 보기에 이성으로만 쓴 글, 즉 "맨정신으로 쓴 소설들"은 마치 김빠진 맥주 같았죠. 술이 그의 감정을 고양시켜 창의적 영감을 북돋아주었습니다. 헤밍웨이도 집필에 대한 피로를 풀고 새로운 착상의 전환을 위해 술의 힘을 빌려야 했습니다. 이처럼 술은 작가에게는 반드시 필요한, 예술적 영감의 도구였습니다. 시인 장석주는 〈술이 시와 시인에게 어떤 영향을 미쳤나〉라는 글에서 이렇게 말했습니다. "동서양을 막론하고 작가나 시인, 혹은 화가들이 술에서 구한 것은 도취상태, 황홀경, 의식의 해방이다. 상습적 음주든지 간헐성의 음주든지 간에 예술가들은 술에게서 젊음과 열정, 쾌활한 낙천주의, 섬광 같이 번쩍이며 내려오는 영감을 구한다." 한마디로 작가들은 도취상태에서 오는 의식의 자유로움, 이를 통한 예술적 영감을 위해서 술의 힘을 빌린다는 것입니다.

인간사를 구성하는 여러 서사 중 술이라는 발명품이 없었다면 우리가 알고 있는 역사는 지금보다 왜소해졌을 가능성이 높습니다. "술이 곧 인간"이라는 등식은 성립되지 않겠지만, 술 빼고는 인간을 설명할 수도 없고, 인간의 역사를 기술하는 데 어려움이 있습니다. 서양철학의 시조라 불리는 소크라테스는 작가 아가톤과 아리스토파네스 등과 술을 즐기며 학문과 사상을 높였고, 로마의 폭군 네로 황제는 술에 취한 채 로마 시내를 불살랐으며, 러시아의 대문호 톨스토이는 보드카를 즐겨 마시며 추위를 견뎠고, 미국 작가 헤밍웨이는 새벽까지 글을 쓰고는 오전 내내 술을 마시며 지냈습니다. 알렉산드로스 대왕은 만취한 상태에서 가장 친한 친구와 스승을 살해했고, 세네카, 카이사르, 무함마드 2세는 술에 취한 상태에서 죽었습니다. 이외에도 스테인, 렘브란트, 헨델, 호프먼, 베를렌, 베토벤 등도 술로 인생을 살아낸 예술가들입니다. 이처럼 수많은 예술가, 정치가, 문학가들이 술을 가까이했습니다. 술을 빼놓고는 그들의 인생을 제대로 기술하기가 어려울 정도입니다.

사람들은 왜 술을 즐겨 마시는 것일까요? 일주일에 하루도 빼놓지 않고 술을 마시는 사람들은 술 먹는 이유에 대해 이렇게 표현하기도 합니다. "월요일: 월래(원래) 술 먹는 날, 화요일: 화끈하게 술 먹는 날, 수요일: 수도 없이 술 먹는 날, 목요일: 목이 터지게 술 먹는 날, 금요일:

금세 먹고 또 술 먹는 날, 토요일: 토할 때까지 술 먹는 날, 일요일: 일일이 찾아다니며 술 먹는 날." 우스갯소리로 지어낸 말이겠지만, 현실과 완전히 동떨어진 주장은 아닙니다. 저녁 퇴근시간 이후 직장인이 자주 찾는 술집을 가보면, 그곳에는 오늘도 어김없이 김 부장, 박 과장, 이 대리가 삼삼오오 모여 앉아 술잔을 기울이는 모습을 어렵지 않게 발견할 수 있습니다. 만약 그들에게 '왜 오늘도 술이냐?' 하고 물어보면, 이런 대답이 돌아올 것입니다. "기분이 좋아서, 기분이 좋지 않아서, 기분이 적당해서…." 이렇듯 술을 마시는 이유는 수만 가지입니다.

술을 좋아하는 사람은 거의 매일 술을 마시지만, 딱히 이유는 없습니다. 아니, 이유가 너무 많다고 해야 할까요? 그것도 아닙니다. 술 마시는 데는 '이유'가 필요 없습니다. 내가 좋아서, 사람이 좋아서, 술이 좋아서 마시는데 무슨 이유가 필요 있겠습니까! 여하튼 이런저런 이유 때문에(또는 별다른 이유도 없이) 퇴근 이후 김 부장, 박 과장, 이 대리는 오늘도 발걸음을 술집으로 옮깁니다. 왜 하필 술집일까요? 술집이야말로 인간의 진솔한 모습을 가장 잘 볼 수 있는 공간이기 때문입니다. 한 잔 술이 들어가면 평소에는 잘 꺼내놓지 않는 속내를 허심탄회하게 나눌 수 있고, 희로애락의 감정을 터놓고 공감할 수도 있습니다. 술잔이 몇 차례 돌고 나면 상대방에 대한 이해심이 높아지고 일체감이 고양됩니다. 하루의 고달픔을 풀어내기에는 술집만 한 곳이 또 없습니다. 독일의 문호 괴테 Johann Wolfgang von Goethe 도 "우리를 즐겁게 하는 것은 술뿐"이라고 역설한 것에도 다 이유가 있습니다.

로마 속담에 이런 말이 있습니다. "첫 번째 술잔은 갈증을 면하기 위하여, 두 번째 술잔은 영양을 위하여, 세 번째 술잔은 유쾌하기 위하여, 네 번째 술잔은 발광하기 위하여 마신다." 이 말을 곧이곧대로 믿어야 할지는 모르겠으나, 인간이 술을 마시는 이유는 여러 가지입니다. 음료 대용으로 마시기도 하고, 건강을 위해서 또는 기분이나 관계를 좋게 만들기 위해 술을 마십니다. 철학자 플라톤Plato은 "포도주는 노인의 우유"라는 말로 술을 긍정했습니다. 서양 의학의 아버지라 불리는 히포크라테스Hippocrates는 이런 말을 했습니다. "술(포도주)은 음료로서 가장 가치가 있고, 약으로서 가장 맛이 있으며, 음식 중에서 가장 즐겁게 해주는 것이다." 히포크라테스의 관점으로도 술은 음료이자, 약이자, 음식이었습니다. 술을 마시는 이유 중에서 빼놓을 수 없는 것이 인간관계를 좋게 만든다는 점입니다. 남미 속담에 이런 말이 있습니다. "술이 없다면 계약도 없다." 술이 비즈니스에서 필수불가결한 요소라는 뜻인데, 술은 도무지 웃을 줄 모르던 고객을 웃게 만들기도 하고, 협상에서 한 치의 빈틈을 보이지 않던 상대방에게 길을 열어주기도 합니다. 몽테뉴Michel de Montaigne가 주장했듯이, "술은 가장 내밀한 비밀도 모두 털어놓게 만들기" 때문입니다.

요즘도 있는지 모르겠으나, 한국의 직장에서만 존재하는 독특한 직책 중에 '술상무'라는 직함이 있습니다. '술상무'는 한국의 접대문화를 대변하는 단어이기도 하지만, 비즈니스 세계가 단순히 정도나 순리로만 이루어지는 것이 아니다보니 술상무를 둬서라도 비즈니스를 성사시키려는 목적으로 만들어진 직책이기도 합니다. 말하자면, 술상무는 술을 통해 비즈니스의 막힌 곳을 뚫어내는 로비스트이자 해결사입니다. 꼭 비즈니스가 아니더라도 술은 다양한 인간관계에서 윤활유 역할을 하기도 합니다. 괴테는 만년에 낸 《서동시집》에서 "술을 마실 줄 모르는 자는 사랑하지 말아야 한다"고 말한 바 있으며, 카를 마르크스Karl Marx도 "술을 좋아하지 않는 사람을 조심하라"고 경고했습니다. 장 자크 루소도 자신의 소설에서 이렇게 말했습니다. "나는 늘 위선자들일수록 술 한 방울 입에 안 대고 말똥말똥한 것을 눈여겨봐왔다. (…) 그들의 영혼은 이중적이기 일쑤다." 술을 입에도 대지 않는 사람은 진심을 잘 드러내지 않기 때문에 믿을 수 없다는 주장입니다. 술을 마시지 못하거나 즐겨하지 않는 사람이라면 그들의 주장에 동의하기 어렵겠지만, 술이 인간관계를 매끄럽게 만들어주는 윤활유 역할을 하는 것만은 틀림없는 것 같습니다.

사람들이 술을 왜 마시는가에 대한 설명 중에서 가장 끌리는 주장을 한 사람은 독일 소설가 토마스 만Thomas Mann 입니다. 노벨문학상까지 수상했던 그는 매일 저녁에 맥주를 즐겼다고 하는데, 먼저 그의 말을 기분을 음미하면서 한번 들어보겠습니다. "나는 매일 저녁식사에 헬레스Helles Bier, 맥주 이름를 마시곤 했다. 500cc잔으로 3잔이면 어김없이 내 기분이 달라졌다. 긴장이 풀어지고 안락의자에라도 앉은 것처럼 마음이 편안해지면서, '아, 이제 다 끝냈구나!' 하는 마음이 들었다. '하루를 열심히 산 사람이 누리는 저녁의 평안함'이라고 할까. 종종 아주 쓸모 있는 생각을 떠올릴 수 있게 해주는 순간이었다." 퇴근 후 한잔 술로 하루의 스트레스를 풀어본 사람이라면 토마스 만의 이야기에 공감이 될 것입니다. 그의 이야기에서 가장 끌리는 대목은 '하루를 열심히 산 사람이 누리는 저녁의 평안함'입니다. 멋진 표현 아닌가요? 토마스 만이 누리는 '저녁의 평안함'은 단지 술의 힘 때문이 아닙니다. 그날 하루를 열심히 살았던 것에 대한 보상이 더 큽니다. 술(맥주)은 그러한 감정을 고조시키는 수단에 불과합니다. 이러한 느낌은 하루를 열심히 산 사람만 누릴 수 있는 것으로, 하루 종일 빈둥거린 사람은 결코 느낄 수 없는 감정입니다. 토마스 만에게 한 잔의 술이란 하루를 열심히 산 사람에게만 내려지는 신의 은총과도 같은 것입니다.

또 한 가지 눈여겨봐야 할 점이 있습니다. 토마스 만이 "500cc 3잔이면 어김없이 내 기분이 달라졌다"라고 표현한 대목입니다. 아마도 토마스 만은 주량이 조금 센 편에 속했나 봅니다. 그의 주량으로는 500cc 3잔이 긴장이 풀어지고 마음이 편안해지는 상태에 도달하는 정량입니다. 가정을 한번 해보시죠. 토마스 만이 500cc 3잔을 마시고 기분이 좋은 상태에서 계속 맥주를 마셔서 10잔을 채웠다고 칩시다. 그때도 여전히 '저녁의 평안함'을 누릴 수 있을까요? 어쩌면 취해서 쓰러졌을 수도 있습니다. 요컨대, 토마스 만은 기분이 좋을 정도에서 그쳤기 때문에 저녁의 평안함을 누릴 수 있었습니다. 만약 자기 주량을 넘어섰다면 저녁의 평안함은커녕 정신을 잃어버릴지도 모릅니다. 지나친 음주는 평안함의 적이기 때문입니다.

동양의 성인이라 불리는 공자님도 두주불사斗酒不辭의 주당으로 잘 알려져 있습니다. 그의 주량은 앉은 자리에서 술 100병을 비울 정도였다고 합니다. 그럼에도 공자님은 절대 취하는 법이 없었습니다. 공자님의 음주 습관을 알 수 있는 표현이 《논어》에 나옵니다. "유주무량불급난唯酒無量不及亂." '술의 양은 제한하지 않았으나 취해서 난잡하게 되는 일이 없었다'는 뜻입니다. 술은 마시되, 취하지 않을 정도에서 그칠 줄 아는 게 공자님의 음주 자세입니다. 아무리 좋은 술이라도 과하면 뒤끝이 좋지 못합니다. 술은 과한 사람에게 부작용을 남깁니다.

결국 우리가 음주를 통해 삶의 여유와 즐거움을 얻으려면 두 가지의 요건을 갖추어야 합니다. 첫째, 하루를 열심히 살 것. 둘째, 자기 주량에 맞는 적정 음주를 즐길 것. 둘 중 하나라도 갖추지 못하면 술을 음미할 수도 없고, 저녁의 평안함을 만끽할 수도 없습니다. 과유불급過猶不及이란 말처럼, 아무리 좋은 술이라도 적당히 마셔야 제대로 즐길 수 있는 법입니다. 하루를 열심히 산 뒤에 저녁에는 좋은 사람들과 희노애락을 공유하면서 '저녁의 평안함'을 만끽할 정도가 최고의 음주입니다.

한편, 술은 우리에게 한때의 위안은 줄 수 있지만 궁극적인 해결책을 제공해주지 않습니다. 그 결과, "술 마시고 노래하고 춤을 춰 봐도 가슴에는 하나 가득 슬픔뿐"송창식, 〈고래사냥〉인 경우가 많습니다. 따라서 술에 취해서 "꺼져버린 전화를 붙잡고 여보세요 나야 거기 잘 지내니 여보세요 왜 말 안 하니"임창정, 〈소주 한잔〉라며 옛 애인에게 매달리는 일도 삼가야 합니다. '삶이 그대를 속일지라도' 노래가 도피처가 되어서는 곤란합니다. 우리는 '술'의 노래를 들으며 약간의 위로와 각성을 얻을 수는 있지만, 여전히 인생의 문제는 우리 앞에 놓여 있습니다. 안치환의 노랫말처럼 결코 "인생은 나에게 술 한잔 사주지 않"으니까요.

김정구 **〈항구의 선술집〉** 1937
황정자 **〈오동동 타령〉** 1955
송창식 **〈고래사냥〉** 1975
마로니에 **〈칵테일 사랑〉** 1994
전람회 **〈취중진담〉** 1996
안치환 **〈인생은 나에게 술 한잔 사주지 않았다〉** 2008

백설 **〈번지 없는 주막〉** 1940
이장희 **〈한잔의 추억〉** 1974
혜은이 **〈제3한강교〉** 1979
최백호 **〈낭만에 대하여〉** 1994
김건모 **〈서울의 달〉** 2005

Trot × Philosophy 06

사나이

누가
진짜 사나이일까?

　한국인에게 남자란 어떤 존재일까요? 다시 말해 사나이란 무엇일까요? 이 질문에 대해 남성과 여성은 각각 다른 답변을 내놓을 것입니다. 그만큼 한국인에게 남자라는 것은 성性으로서의 의미, 유교적 질서 내에서의 의미, 가장으로서의 의미 등 다양한 형태로 저마다 생각하는 바가 다르겠지요. 그렇지만 모두가 동의하지 않을지 몰라도 한국인에게 남자라는 것은 아마도 '사나이'라는 단어에서 가장 포괄적인 의미를 가지게 되리라고 봅니다. 사나이는 노래 속에서도 시대별로 다양하게 등장합니다.

　'사나이'가 들어간 노래로 우리 국민들에게 가장 크게 히트한 곡은 1961년 한명숙이 부른 〈노오란 샤스의 사나이〉라고 말할 수 있겠습니다. 이 곡은 1960년대 전쟁의 화마를 뚫고 국가재건을 위한 밝은 분위기의 노래가 많이 불리던 시절에 발표된 경쾌한 댄스곡입니다. 작곡가 손

석우는 처음에는 느린 블루스풍으로 만들었다가 맘보와 트위스트 리듬이 인기를 얻자 빠른 스윙 템포로 편곡해놓은 후, 가수 최희준의 소개를 받은 한명숙에게 취입하게 했습니다. 특히 당시의 여성 보컬은 꾀꼬리 같은 음색과 창법이 유행이었는데 한명숙은 허스키 보이스였기 때문에 레코딩이 잘못된 게 아니냐며 반품하는 사태가 일어나기도 했습니다.

가사 중에는 "노오란 샤스 입은 말없는 그 사람이 어쩐지 나는 좋아 / 어쩐지 마음에 들어"라는 표현에서 알 수 있듯 '말없이 무뚝뚝한 남자'를 남성은 남자다운 것으로 생각했다고 볼 수 있습니다.

이 시기에 남성이 무뚝뚝하고, 냉정한 것이 멋지다고 생각한 사회적인 분위기는 여러 노래에서 발견할 수 있습니다. 이시스터즈의 〈목석 같은 사나이〉1965에서도 볼 수 있고, 현미의 〈총각김치〉1964에서는 여성의 구애보다 총각김치가 좋다는 목석 같은 남자를 원망하기도 합니다.

> 말해볼까 울어볼까 하소연해도 / 아무리 당신이 목석이래도 / 뜨거운 나의 볼을 몰라주실까 / 아무리 당신이 바보라 해도 / 매큼한 총각김치 새큼한 그 맛 / 그 이름 총각김치 무엇이 좋다고 / 울면서 매달려도 여자는 싫다네요
>
> 현미, 〈총각김치〉 중에서

한편 한국사회에서 남자는 울지 말아야 한다는 통념이 지배적이었습니다. 특히 "남자는 3번 울어야 한다"는 속설이 있는데 이것은 가부장적인 농경사회에서 비롯된 습성이 오래 배어 나타난 결과물로 해석됩니다. 그래서 한국사회에서는 남자가 눈물을 흘리는 것을 일종의 금기시해오면서, 우는 남자를 남자답지 못하다고 치부했습니다. 그러나 홍

미로운 사실은 의학적으로 눈물을 분비하는 꽈리세포가 여성보다 남성이 더 크므로 남성이 더 눈물이 많다는 것입니다. 그러니까 남성은 오랜 세월 동안 억지로 눈물을 참아온 것이 됩니다. 이런 '참는 눈물'은 여러 노래에서 발견됩니다. 배우 최무룡이 부른 〈사나이 우는 마음〉1963이 있고, 나훈아의 〈사나이 눈물〉1987도 있지요. 무엇보다 박일남의 〈갈대의 순정〉1966이 한국 남성들의 가장 큰 공감을 불러일으켰습니다.

노래 가사는 떠나간 여인을 그리워하는 남자의 슬픈 마음을 기반으로 하고 있습니다. 이 노래가 어떻게 만들어졌는지는 여러 설이 있지만, "사나이 우는 마음을 그 누가 아랴" 하는 첫 가사에서 한국 남자로서 가난 속에서 가정을 책임지고 살아가야 하지만 겉으로 드러낼 수 없는 서러움을 직접적으로 대변해준 것으로 볼 수 있습니다.

사나이 우는 마음을 그 누가 아랴 / 바람에 흔들리는 갈대의 순정 / 사랑엔 약한 것이 사나이 마음 / 울지를 말아라 아 갈대의 순정

박일남, 〈갈대의 순정〉 중에서

1960~1970년의 히트곡에서 남성을 '목석' '눈물을 참는 자'와 같이 다소 즐겁지 않은 표현으로 등장하는데, 모든 히트곡이 그런 것은 아니고 낭만적인 것으로 묘사해 인기를 얻은 곡도 있습니다. 예를 들면 김상희의 〈대머리 총각〉1966은 대머리라서 결혼을 쉽게 하지 못한 남성을 아침 출근길에 보고 가슴 설레는 한 여성의 이야기를 담고 있습니다. 송창식의 〈피리 부는 사나이〉1974는 피리를 불며 전국을 다니는 떠돌이 인생이지만 "멋진 피리 하나 불면서 언제나 웃는 멋쟁이"로 표현하기도 합니다.

남자의 모습은 이른바 '주먹'이라는 것으로도 나타낼 수 있습니다. 프로야구팀 롯데자이언츠의 주제가 〈부산 갈매기〉1982는 가수 문성재가 대전 유성의 한 나이트클럽에서 노래하던 시절, 클럽 사장 '형님'이 "주먹들을 위한 노래를 만들어보라"는 요청을 받아 탄생한 곡이었습니다. 문성재는 제주도 출신이었습니다. 그런데 이 곡이 부산을 대표하는 노래 중 하나가 되어 생명력이 긴 히트곡이 되었으니 부산과는 연고가 없는 문성재에게는 큰 행운이 아닐 수 없었겠지요.

1980년대에는 심수봉의 〈남자는 배 여자는 항구〉1984도 히트했습니다. 여성을 애타게 만들고 떠나간, 기별 하나 남기지 않는 남성의 모습을 담은 애가로서 많은 사랑을 받았습니다. 이 곡에서 여성은 이별의 눈물을 보이고 돌아서면 잊어버리는 상대에게 "남자는 다 그래"라며 원망을 던져버립니다. 이 곡은 남성이 부를 때는 "여자는 다 그래"라며 바꿔 부르는 일도 많았는데 팝이나 가요사에서 보면 '가해자' 노래는 거의 없고, 대부분 '피해자'의 노래가 주류를 이룹니다.

1990년대로 넘어가면 당시 사회상을 알려주는 흥미로운 노래로 김준선의 〈마마보이〉1993가 있습니다. 1990년대 한국사회의 특징 중 하나는 '마마보이'의 등장이었습니다. 매사에 엄마의 허락을 받는 아이에서 벗어나지 못하고 성인이 되어서까지 어머니에게 의존하는 남성이 많아지면서 등장한 용어입니다. 한국사회가 경제적으로 윤택해지면서 어머니들이 애지중지 키운 아들을 마치 자신의 영원한 소유물로 생각하는 것에서 출발한 사회 문제였습니다. 특히 결혼할 배우자의 선택이나 결혼한 이후에도 시어머니가 생활에 관여하는 집안이 많아지면서 이 문제는 더욱 이슈화되었지요. 흥미로운 사실은 마마보이를 젊은 여성들이 매우 혐오했다는 사실입니다. 결혼할 때는 싫지만 자녀를 낳은 후에는 자식을 자신의 곁에 두고 싶어 하는 모성애의 이중적인 모습이 사회에

투영된 것입니다.

> 아직까진 너에겐 모든 일에 엄마가 필요해 / 모든 것을 엄마에게 물어봐야 해 / 네가 어디에서 있든지 어디에서 무엇을 하든지 / 엄마가 도와줄 거라고 생각을 하지
> 잘 자라 우리 아가 내가 널 지켜줄게 / 머리에서 발끝까지 넌 내겐 소중한 거야 / 엄마, 나는 세상에 모든 것이 두려워요 / 엄마, 나는 세상에 모든 것이 두려워요 / 엄마, 언제까지나 내 곁에 있어줘
> 모든 걸 엄마에게 물어봐 사랑하는 사람까지도 / 혼자 할 수 있는 건 없잖아 / 어른이 될 수 없는 마마보이
>
> 김준선, 〈마마보이〉 중에서

노래로 알 수 있는 1990년대 또 하나의 특징으로는 남성의 이미지가 과거의 강한 남자에서 점차 약해지고, 섬세해지고 있다는 것입니다. 특히 여성의 입장에서 남자를 표현한 노래들이 다수 등장하고 있습니다.

노영심이 1992년에 발표한 〈별걸 다 기억하는 남자〉는 일상의 세세한 것들을 챙기는 것은 여성의 몫이라는 한국사회의 인식에 반기를 드는 변진섭의 〈희망사항〉[1987]의 답가 격입니다. 가사에서 남성이 사귀는 여성의 생일을 기억하는 것은 너무나 당연한 것이며, 처음 본 게 무슨 요일이었는지, 8자를 어느 쪽으로 돌려쓰는지, 인도교의 철조 아치가 6개인지 7개인지, 우리 동네 목욕탕 정기휴일은 언제인지, 새끼손가락에는 매니큐어를 칠했는지 봉숭아물을 들였는지, 커피는 설탕 2스푼에 프림 1개인지 설탕 1스푼에 프림 2개인지, 이런 시시콜콜한 것들을 기억하는 남자가 멋진 남자라고 이야기합니다.

또한 스페이스A의 〈섹시한 남자〉1999는 더 노골적으로 자신의 마음을 드러냅니다. 노래 속 그녀는 "섹시한 당신은 나의 남자 잘생긴 당신은 나의 남자 / 이 세상 마지막이 온대도 영원히 이 환상에 젖을래 / 잘 뻗은 당신은 나의 남자 첫눈에 너의 포로되었어 / 가지마 괜찮다면 둘이서 아침을 맞이하면 좋겠"다며 직접적으로 잘생기고 훤칠한 남성에게 구애를 합니다.

1990년대 이후에는 남성이 다소 여성화되어가는 과정에서 과도기적인 모습도 보입니다. 정우성·고소영 주연의 학원폭력 영화 〈비트〉1997가 흥행하면서 이른바 '폼 나는 남자' 신드롬이 생겨납니다. 이 결과로 발표된 노래가 같은 해인 1997년에 젝스키스의 1집 타이틀곡 〈사나이 가는 길(폼생폼사)〉입니다. 노래의 주인공은 "폼에 살고 죽고, 폼 때문에 살고, 사나이가 가는 길에 눈물 따윈 없어, 인생 폼생폼사야"라며 내실보다는 겉멋에 치중하는 모습을 보이기도 합니다. 이것은 약해진 남성들이 기를 펼 자리가 없어진 현실을 외면해버리는 하나의 단면이라고도 해석해볼 수 있겠습니다.

이러한 "에라 모르겠다. 폼 나면 무조건 고"라는 식의 남성의 인식은 싸이의 〈강남스타일〉에서 더욱 구체적으로 나타납니다.

낮에는 너만큼 따사로운 그런 사나이 / 커피 식기도 전에 원샷 때리는 사나이 / 밤이 오면 심장이 터져버리는 사나이 / 그런 사나이

싸이, 〈강남스타일〉 중에서

그러니까 1990년대 이후 남성은 과거에 "남자는 울지도 말아야 하고, 강인해야 하며, 가부장적이고, 마초 같아야 한다"는 통념에서 점차

진정으로 인간다운 모습을 찾아가는 과정에 있다고 봐야 할 듯합니다. 이렇게 과도기적 남성들에게 세상 사는 법을 알려주는 노래가 히트한 일이 있습니다.

    1994년 방영된 MBC 드라마 〈서울의 달〉에서 배우 한석규의 춤 선생으로 출연해 서울, 대전, 대구, 부산 찍고를 유행시키며 이름을 알린 가수 김영배의 〈남자답게 사는 법〉입니다. 이 곡은 남자다운 것이 무엇인지 정확히 알려주지는 않지만 "나 혼자면 어때 하고" "크게 한 번 웃어"보라고 말합니다.

> 오줌 싸지 않기 늦잠자지 않기 남자답게 그렇게 / 말썽피지 않기 허풍 떨지 않기 남자답게 그렇게 / 크게 한번 웃어봐 멀리 앞을 바라봐 / 나 혼자면 어때 하고 생각해 남자답게 그렇게
>
> 김영배, 〈남자답게 사는 법〉 중에서

사나이 노래 들으며 '똥폼' 잡지 말지어다!

고속도로 휴게소의 남성 화장실 소변기 앞에 서면 자주 눈에 띄는 문구가 있습니다. '남자가 흘리지 말아야 할 것은 눈물만이 아닙니다!' 화장실을 관리하는 측에서 이용자들에게 '조준(?)을 잘해서 흘리지 말라'는 뜻으로 쓴 문구이지만, 그 속에는 남자에 대해 이미 전제된 이미지가 있습니다. 그것은 바로 '남자는 눈물을 흘려서는 안 된다'는 전통적인 남성성에 대한 고정관념입니다. 사실 대한민국에서 남성으로 태어난 사람은 알게 모르게 '남자다움'을 갖출 것을 강요받으며 살고 있습니다. 대한민국 남성이라면 누구나 예외 없이 가야 하는 군대는 남성다움을 갖추는 최고의 학교입니다.

그래서일까요? "사나이로 태어나서 할 일도 많지만 / 너와 나, 나라 지키는 영광에 살았다"라는 가사로 시작하는 〈진짜 사나이〉나 "멋있는 사나이 많고 많지만 / 바로 내가 사나이, 멋진 사나이 / 싸움에는 천하무적 / 사랑은 뜨겁게 사랑은 뜨겁게"로 시작되는 〈멋진 사나이〉 등 군대에서 자주 부르는 군가軍歌에는 유독 '사나이'라는 표현이 자주 등장합니다. 사나이는 한창 혈기가 왕성할 때의 남성을 일컫는 용어인데, 실제로는 나이를 불문하고 남자라면 모름지기 그러해야 한다는 남성성에 대한 스테레오타입처럼 여겨지고 있습니다.

수컷(?)들은 누구나 남성성을 지니고 태어나는 것일까요? 여성스러움과 대비되는 '남성다움'이라는 특질은 XY염색체 속에 이미 들어 있는 것이 아니라 태어난 뒤 자라면서 강요되고 각인된 후천적 학습의 결과라고 보는 편이 타당합니다. 이러한 학습은 가정의 가부장적 위계에서부터 학교나 군대, 직장에서 알게 모르게 규범화된 문화로 부지불식간에 이루어집니다. 심지어 TV나 영화, 소설 속의 등장인물을 통해서도 자연스럽게 강조됩니다. 예컨대, 〈진짜 사나이〉MBC, 〈강철부대〉tvN, 〈가짜 사나이〉유튜브 등 군대를 배경으로 하여 남성성을 겨루고 강조하는 방송 프로그램이 인기를 끄는가 하면, 영화 속에도 '람보(실베스터 스탤론)'나 '터미네이터(아놀드 슈왈제네거)', '범죄도시 마석도(마동석)'와 같이 남성성이 물씬 풍기는 주인공을 등장시켜 흥행몰이를 하는 것도 남성에 대한 이미지를 고착화하는 데 일조했습니다.

이러한 현상은 가요계도 예외가 아닙니다. 우리가 흔히 듣는 가요 속에서도 남성성에 대한 스테레오타입을 조장하거나 강화하는 노랫말을 찾는 것은 그다지 어렵지 않습니다. 예를 들어, "사나이 우는 마음 저 달만이 아는가"최무룡, 〈사나이 우는 마음〉라거나 "사나이 우는 마음 그 누가 아랴"박일남, 〈갈대의 순정〉라거나 "뜨거운 눈물, 사나이 눈물"나훈아, 〈사나이 눈물〉 하면서 대부분의 대중가요에서는 남자가 흘리는 눈물마저 뭔가 대단한 게 있는 것처럼 그려내고 있습니다.

게다가 "크게 한번 웃어봐 멀리 앞을 바라봐 / 나 혼자면 어때 하고 생각해 남자답게 그렇게" 김영배, 〈남자답게 사는 법〉라거나 "넌 모르겠지만 사랑했다 / 비정한 척했던 것 사과한다 / 남자란 이유로 널 떠나보내며 / 행복해지기를 바보처럼 기도했었다" 김장훈, 〈난 남자다〉라거나 "사나이 가는 길에 기죽진 마라 / 없어도 자존심만 지키면 / 눈물 따윈 내게 없을 거야 / 잘난 그녀 나를 떠난단 말에 하늘이 무너질 것 같아도 / 남자답게 그녈 보내줬지" 젝스키스, 〈사나이 가는 길폼생폼사〉 하면서 지질한 행동마저 남자다움으로 포장하기도 합니다.

모름지기 남자란 혼자가 되어도, 애인을 떠나보내도, 떠나려는 애인을 잡지 못해도 '남자답게' 쿨한 척해야 하고, 그런 남성의 모습에는 여성들은 이해하지 못하는 뭔가가 있다고 강변합니다. 한마디로 '폼생폼사'의 전형입니다. 이처럼 TV나 영화, 대중가요 속에서 자주 등장하는 남성 이미지는 '남성은 마땅히 남자다워야 한다'는 관념을 별 거부감 없이 수용하게 만들고, 성역할 고정관념을 강화하는 데 기여하게 됩니다.

사실 '여성은 여성다워야 하고 남성은 남성다워야 한다'는 명제는 거부하기 힘든, 지극히 상식처럼 들리기도 합니다. 하지만 그러한 성역할 고정관념 속에는 성차별주의가 배태되어 있습니다. 성차별주의란 하나의 성이 다른 성보다 우월하다는 전제에서 출발한 사상인데, 구체적으로는 남성이 여성보다 뛰어나다는 신념에 기반한 관점입니다. 이러한 관념은 동양에서는 남존여비男尊女卑 사상으로, 서구권에서는 마초이즘machoism으로 구체화되었습니다.

근대 이전의 유교문화권에서는 '남자는 높고 여자는 낮다'는 뜻의 남존여비 사상이 사회적, 문화적 관행으로 자리 잡았습니다. 이러한 사상은 세계를 이분법적으로 설명하는 음양陰陽 이론에서 기원했습니다. 예로부터 동양에서는 남자는 양의 기운을, 여자는 음의 기운을 타고난 것으로 여겼습니다. 동양의 오경五經 중 하나인 《주역周易》에는 "건도乾

道는 남자를 만들고 곤도坤道는 여자를 만든다. (…) 하늘은 높고 땅은 낮은데 그것을 본떠 건괘와 곤괘가 자리 잡는다"라고 나와 있습니다. 즉, 양은 건괘乾卦가 되어 하늘과 남자에 배속되었고, 음은 곤괘坤卦가 되어 땅과 여자에게 할당되었습니다. 그 결과, '하늘은 높고 땅은 낮다'라는 자연현상에서 '남자는 높고 여성은 낮다'라는 사회적 논리가 도출되어 나왔습니다. 이러한 음양의 논리는 사회적 지위나 권리 등 모든 면에서 남성이 여성보다 우위에 있다는 남녀불평등의 근거로 활용되었습니다.

따라서 그 시대에는 남자로 태어나는 것이 무엇보다 중요했습니다. 오죽하면 공자도 남자로 태어나는 것 자체가 하나의 커다란 즐거움이라고 했을까요. 공자의 언행言行과 문인과의 문답問答을 모아둔 《공자가어孔子家語》에는 인생의 세 가지 즐거움, 즉 인생삼락人生三樂을 소개하고 있는데, 그것은 각각 "사람으로 태어난 것, 남자로 태어난 것, 오래 사는 것"입니다. 공자는 동물이 아닌 인간으로 태어나고, 여성이 아닌 남성으로 태어나서 오랫동안 천수를 누리며 사는 것이 인생의 가장 큰 즐거움이라고 보았습니다. 말하자면, 여성으로 태어나는 것은 사람이 아닌 짐승으로 태어나는 것만큼이나 치명적 결함이라고 본 것입니다. 요즘의 시각으로는 쉽사리 이해되지 않지만, 그 당시만 해도 아무리 똑똑하고 아무리 예쁘고 아무리 좋은 집안 출신이라 하더라도 여성으로 태어났다면 남자와 동등한 대접을 받기란 불가능했습니다. 이것도 팔자소관이라고 봐야 할까요?

이처럼 자연의 이치로 합리화된 남존여비 사상은 다양한 사회현상으로 변주되면서 성차별과 남녀불평등의 배경이 되었습니다. 그 결과, 여자는 태어나서는 아버지를, 결혼해서는 지아비를, 남편이 죽으면 아들을 따라야 한다는 삼종지도三從之道나 아내는 반드시 남편을 따라야 한다는 여필종부女必從夫 등의 사상이 사회의 지배관념으로 등장하기에 이

르렀습니다. 이는 여성의 참정권과 투표권을 제한하고 사회적 활동을 금지하는 등 남존여비의 불평등을 고착화시키는 기제로 작용했습니다.

동양에서와 마찬가지로 서양에서도 남성우월주의 사상이 만연했는데, 서구에서는 그것이 마초이즘으로 표출되었습니다. 마초이즘이란 남성적 기질을 지나치게 강조하여 여성을 지배하려고 하거나 남성이 여성보다 우월하다고 주장하는 관념을 말합니다. 예컨대 터프가이, 카우보이, 마초맨과 같은 키워드로 대변되는 미국의 마초이즘은 강하고 터프한 남성성의 표준적 이미지로 자리매김하였습니다. 이러한 남성성의 이미지는 여성을 약자나 보호해야 할 존재로 전락시키는 반작용을 낳았습니다. 남성성의 부각으로 인한 여성성의 비하가 동시에 진행된 셈입니다.

남존여비 사상이나 마초이즘으로 등장한 성차별주의로 인해 상대적으로 우월한 자리를 차지한 남성들은 그로 인해 행복한 삶을 살게 되었을까요? 결론부터 말하면, 절대 그렇지 않습니다. 남녀 간 성별 경쟁에서 승리한 남성은 그로 인해 이른바 '왕관의 무게'를 견뎌야만 했습니다. 얼굴에 마초이즘이라는 영광스러운 가면을 쓴 남성들은 이제부터 남성답게 행동해야만 했습니다. 조금이라도 남성성에 위배되는 행동을 한다면 다른 사람으로부터 손가락질을 받거나 놀림거리로 전락할 위험이 있기 때문입니다. 그 결과, 남성은 우선 가족의 생계를 책임져야 했고, 사회적 경쟁에서도 승리할 수 있는 능력을 길러야 했습니다. 경제적 책임은 기본이고 가장으로서의 위신도 지켜야 하고, 온갖 사회적 의무를 다해야 했습니다. 자신에게 주어진 역할과 의무, 책임을 다하기 위해 불철주야 노력해야 했습니다. 승리의 월계관을 머리에 쓴 채 잠시도 쉴 틈 없이 달려야만 했습니다. 이쯤 되면 '상처뿐인 영광'이라고 봐야 하지 않을까요?

니체는 자신의 저서 《짜라투스트라는 이렇게 말했다》에서 온갖 의무감을 진 채 묵묵히 살아가는 사람을 낙타에 비유했습니다. 니체가 말하는 낙타의 모습은 이렇습니다. "공경하고 두려워하는 마음을 지닌 억센 정신, 짐깨나 지는 정신에게는 무거운 짐이 허다하다. 정신의 강인함, 그것은 무거운 짐을, 그것도 더없이 무거운 짐을 지고자 한다. 무엇이 무겁단 말인가? 짐깨나 지는 정신은 그렇게 묻고는 낙타처럼 무릎을 꿇고 짐이 가득 실리기를 바란다." 니체가 말하는 낙타는 의무감의 상징으로, 무거운 짐을 진 채 꿋꿋하게 걷는 사람입니다. 그렇게 하기 위해서 낙타에게는 강인하고 인내심 많은 정신이 필요합니다. 강인한 정신의 소유자인 낙타는 이미 어깨에 무거운 짐을 싣고 있음에도 더 많은 짐을 지고자 합니다.

　니체는 인간 중에 낙타와 같은 정신의 소유자가 많다고 보았습니다. 강한 인내심으로 자신의 어깨에 무거운 짐을 기꺼이 짊어지는 사람이 많다는 것입니다. 니체가 명시적으로 표현하지는 않았지만, 낙타는 아버지로 대변되는 남성성에 걸맞은 비유입니다. 가족을 위해 기꺼이 희생하려는 아버지의 모습을 생각하면, 니체가 주장한 낙타의 모습이 떠오르는 것은 지나친 비약일까요? 사실 주변을 살펴보면, 자신의 행복보다는 가족의 생계나 자녀교육에 헌신하는 아버지가 참 많습니다. 자신의 건강과 행복은 뒤로한 채 가족을 위해 희생하는 아버지의 모습은 숭고하지만, 한편으로는 애처롭기까지 합니다.

　대중가요에서도 낙타와 같은 아버지의 모습을 노래하는 경우가 많은데, 싸이의 〈아버지〉도 그중 하나입니다. 가사를 들어보면, 노래 속 아버지는 분명 낙타에 비견할 만합니다. 가사는 이렇습니다. "YO 너무 앞만 보며 살아오셨네 / 어느새 자식들 머리 커서 말도 안 듣네 / 한평생 처자식 밥그릇에 청춘 걸고 / 새끼들 사진 보며 한 푼이라도 더 벌고

/눈물 먹고 목숨 걸고 힘들어도 털고 일어나 / 이러다 쓰러지면 어쩌나 / 아빠는 슈퍼맨이야 애들아 걱정 마" 노랫말 속 아버지는 한평생 처자식만을 위해 살아왔습니다. "눈물 먹고 목숨 걸고 힘들어도 털고 일어나" 열심히 사셨습니다. 너무 힘들어 "이러나 쓰러지면 어쩌나" 하고 걱정이 될 정도이지만, 가족들에게는 "아빠는 슈퍼맨이야 애들아 걱정 마" 하면서 짐짓 강한 척합니다. 왜 그랬을까요? 아버지는 '남자'이기 때문입니다. 남자라서 아무리 힘들어도 내색하지 않고 자신의 어깨에 짊어진 무게를 감당하고 있습니다. 이쯤 되면 가련한 마초이즘이라 불러야 하지 않을까요?

마초이즘은 '폼생폼사'의 행태로 표출되기도 합니다. 특히나 이성의 관심을 얻고자 하는 경우에는 남자들끼리 마초이즘 경쟁이 극에 달합니다. 이러한 현상은 인간만이 아니라 동물들의 세계에서도 자주 벌어지는 일입니다. 예컨대, 수컷 공작새는 화려한 꼬리 깃털을 통해 암컷 공작새를 유혹합니다. 하지만 매번 요란한 깃털을 펄럭이며 날아야 하는 일은 수컷에게도 여간 고역이 아닙니다. 그의 화려한 날개는 짝짓기를 위해 어쩔 수 없이 장만한 값비싼 액세서리지만, 일상생활을 영위하는 데는 번거롭고 거추장스러운 물건일 뿐입니다. 게다가 화려한 깃털은 암컷에게는 어느 정도 멋스러움을 뽐내는 수단이 되지만 다른 포식자에게는 손쉬운 사냥감이 되고 맙니다. 따라서 수컷 공작새의 '폼생폼사'는 말 그대로, 목숨을 내걸고 시도하는 모험에 가깝습니다.

왕관의 무게를 견뎌야 하는 수컷의 운명은 큰뿔사슴이라는 동물에게서도 잘 관찰됩니다. 녀석들은 약육강식이 지배하는 초원에서 살아남기 위한 전략으로 위풍당당한 '왕관'을 쓰는 전략을 택했습니다. 그들이 머리 위에 쓴 왕관은 크기도 무게도 어마어마했습니다. 큰 녀석은 뿔의 길이가 무려 12피트(약 3.66미터)에 달했고, 무게도 40킬로그램이 될 정도로 묵직했습니다. '왕관을 쓰려는 자, 그 무게를 견뎌야 한다'는 말이 있긴 하지만 녀석들의 왕관은 지나치게 크고 무거웠습니다. 그들은 왜 무지막지한 크기의 왕관을 쓰려고 했을까요? 생물학자 발레리우스 가이스트의 표현을 빌리면, 뿔은 "시각적인 지배 등급의 상징"이라고 합니다. 그들 세계에서 큰 뿔은 다른 수컷들이 쉽게 알아차리고 복종하도록 만드는 지배의 상징이었습니다. 큰 뿔을 가지고 있으면, 마치 거대한 왕관을 쓴 절대 권력자로 군림할 수 있었습니다. 그로 인해 지배의 위계질서에서 최고 높은 자리에 앉을 수 있었습니다.

왕관은 실제적인 싸움을 예방하는 효과도 있었습니다. 백성(?)들은 왕관을 쓴 권력자에게 감히 대적할 엄두를 내지 못했습니다. 말하자면, 녀석들은 큰 왕관을 과시함으로써 권력을 잡고 싸움을 피할 수 있었습니다. 그래서 수컷들은 너나 할 것 없이 거대한 뿔을 만들기 위해 노력을 아끼지 않았습니다. 왕관은 자손을 번식하는 데도 유리하게 작용했습니다. 왕관이 암컷에게 접근을 용이하게 만드는 도구가 되었고, 암컷의 호감을 얻는 데 유용한 미끼가 되었습니다. 이것만 보면 비싼 대가를 치르더라도 왕관을 장만하고 싶다는 생각이 들 정도입니다.

그렇다면, 머리 위에 '왕관'을 쓰기로 한 큰뿔사슴의 전략은 성공적이었을까요? 그들은 생존경쟁에서 우위를 점하고 대대손손 자손을 번성시켰을까요? 애석하게도 그들의 전략은 의도대로 전개되지 않았습니다. 좀더 정확히 말하면, 그들의 작전은 실패로 끝나고 말았습니다. 그들의 '왕관 전략'은 종족 내에서 다른 수컷을 지배하고, 암컷을 유혹하는 데는 분명 쓸모가 있었습니다. 하지만 종족을 넘어선 바깥 세계에서는 그다지 유용하지 않았습니다. 다른 동물들에게 그들의 뿔은 (왕관이 아니라) 거추장스러운 장식물에 불과했습니다. 암컷을 유혹하는 데 유용했던 왕관은 이동과 생활에 지속적인 부담을 주었습니다. 그들의 왕관은 관목이 우거진 숲속에서는 족쇄가 되었고, 그 결과 약탈자의 손쉬운 타깃이 되고 말았습니다. 결국 그들은 멸종을 피하지 못했고, 지금까지 일부 남겨진 왕관은 수집가의 애장품이 되거나 박물관의 전시용으로 재활용되는 운명에 처하고 말았습니다. '폼생폼사'의 대가치고는 너무나 뼈아팠습니다.

큰뿔사슴은의 사례는 마초이즘을 숭배하는 인간 수컷들에게도 좋은 교훈을 남겼습니다. 남성성을 무기로 성별 경쟁에서 승리한 수컷들은 그로 인해 다소간의 즐거움을 맛보기도 했지만, 왕관의 무게를 견뎌야만 했습니다. 성차별주의로 나타난 성역할 고정관념은 여성에게도 남성에게도 행복을 가져다주지는 못했습니다. 국가 간 전쟁에서 승리한 쪽에서도 전투의 상흔이 남듯이, 성별 전쟁에서도 양쪽 성 모두에게 상처를 남겼습니다. 결국, 인간을 남성과 여성으로 구별하고 각자에게 '남성다움'과 '여성스러움'을 강요하는 체제는 모두에게 고통을 주었습니다.

이제 우리는 어떻게 해야 할까요? '남성다움'을 포기하며 살아야 할까요? 선택은 각자의 마음입니다. 남자답게 살고 싶은 사람은 그렇게 살면 그만이고, 남성성을 따르는 것이 부담스러운 사람은 그냥 자기가 살고 싶은 모습으로 살면 됩니다. 다만 타인에게 성역할 고정관념을 강요하지는 말았으면 합니다. 우리가 '남성(또는 여성)은 모름지기 이러이러해야 한다'는 관념을 획일적으로 강요할 경우 그러한 행동이 누군가에게는 폭력이 될 수도 있습니다. 미국 철학자 주디스 버틀러는 《윤리적 폭력비판》에서 이런 지적을 했습니다. "통일성에 기반한 집단적 에토스는 시대착오적이 될 수밖에 없으며, 보편성을 주장하는 순간 개별자의 권리는 무시하는 폭력으로 변한다." 우리가 남성성, 여성성을 정해놓고 모두가 그렇게 따라야 한다는 통일성을 요구한다면, 이는 시대착오일 뿐만 아니라 개인의 권리를 무시하는 폭력이 될 수도 있습니다.

사실 남성이건 여성이건 간에, 인간은 고정된 그 무엇인가로 존재하는 것이 아닙니다. 우리는 모두 끊임없이 생성 중인 상태로 존재하기 때문입니다. 질 들뢰즈는 인간을 고정된 상태로 보는 태도를 부정했습니다. 그는 이렇게 말합니다. "우리는 지나치게 역사를 매개로 생각합니다. (…) 생성이란 (역사학이 아니라) 지리학에 속하며, 길찾기·방향·출입구에 속합니다. 가령, 여자들 그리고 그들의 과거나 미래와 혼동하지 말아야 할 여성–되기가 있습니다. 여자들은 자신들의 과거와 미래, 자신들의 역사에서 벗어나기 위해 반드시 이 여성–되기라는 생성 속으로 들어가야 합니다." 들뢰즈는 생성 중인 존재는 역사학이 아니라 지리학 관점으로 보아야 한다고 주장했습니다. 그는 또, 자신들의 역사에서 벗어나 '○○–되기'라는 생성으로 나아가야 한다고 강조합니다. 즉, 우리는 남자다움 또는 여성스러움이라는 역사적 관념과 비슷해지려고 하기보다 '남성–되기' 또는 '여성–되기'로 나아가는 생성의 과정을 거쳐야 합니다. 즉, 역사적으로 구성된 성역할 고정관념에 갇히지 말고, 자신이 존재하고 싶은 모습대로 자기를 만들어가야 합니다. 그것이 바로 '○○–되기'라는 생성의 과정입니다.

들뢰즈는 '생성'에 대해 이렇게 부연하였습니다. "생성이란 결코 모방하는 것이 아니며, ○○인 양 처신하는 것도, 모델에 자신을 부합시키는 것도 아닙니다. (…) 출발하고 도착하는 혹은 도달해야 하는 지점이란 없습니다." 결국, 생성이란 특정한 누구를 모방하는 것도, 누구인양 흉내를 내는 것도, 특정 모델에 자신을 맞추는 것도 아닙니다. 자신을 어떤 모습으로 만들어갈지 출발점도 도착지점도 정해진 바 없습니다. 길이 끝없이 이어지듯이, 자신의 모습도 계속해서 변모해나가는 과정으로만 존재할 뿐입니다.

결국 "사나이로 태어나서 할 일도 많지만" 그 할 일이란 게 사회가 정해놓은 '남성다움'을 쫓아가는 것이 아닙니다. 스스로 생성의 과정을 거쳐 '자기–되기'를 찾아가는 것이 올바른 할 일입니다. 따라서 "사나이 눈물"이나 "남자의 인생"_{나훈아}은 실재하지 않습니다. "남자답게 사는 법"_{김영배}이나 "사나이 가는 길"_{젝스키스}은 존재하지 않습니다. 남성이라는 이름에 걸맞은 표준은 어디에도 없습니다. 단지 "그 남자가 사는 법"만 존재할 뿐입니다. 각자 자기 자신으로 사는 것이 진정한 남성다움이기 때문입니다. 따라서 사나이나 남자를 주제로 한 노래를 들으며 '똥폼' 잡지 말았으면 합니다.

Trot × Philosophy 07

여성

여자, 약해지면 안 돼?!

한국인에게 여성은 어떤 존재일까요? 어머니, 아가씨, 아줌마, 아내 등 여성은 다양한 형태로 살아가고 있을 것입니다. 아마도 서양에 비해서 한국사회의 여성은 조금 더 많은 역할을 하고 있지 않을까요?

가요 속에서는 매우 다양한 여성의 모습이 발견됩니다. 가요 100년의 역사에서 여성은 어떤 형태로 우리의 곁에 있었는지 조사해보지 않아도 될 지경으로 많은 노래가 있습니다. 그렇다면 시대별 히트곡을 통해서 어머니이자, 아내, 누나, 친구, 연인으로 존재했던 여성의 모습을 들여다보겠습니다.

우선 한국사회에서 여성은 가부장적인 사회에서 남편을 부양하고 자녀를 키우는 일을 도맡으면서 사생활은 거의 존재하지 않았던 한 많은 일생을 살아왔습니다. 1980년대 이후 여성의 인권은 점차 좋아지기 시작했지만 현재까지도 가정에서 그늘처럼 묵묵히 자신의 역할을 하는 모습을 쉽게 발견할 수 있습니다.

이러한 한국여성의 단면을 말해주는 히트곡이 있는데 바로 1968년에 발표된 이미자의 〈여자의 일생〉입니다. 이 곡은 프랑스 소설가 모파상 Guy de Maupassant의 동명소설을 영화화하면서 주제가로 만들어진 것으로 제12회 부일영화상 특별상, 주제가 작곡상을 수상했습니다. 이 곡은 비록 1968년에 발표되었지만, 하고 싶은 이야기가 있어도 말하지 못하고 오로지 참는 것이 유일한 해결책이었던 여성의 한 많은 인생이 가사에 담겨 있기 때문에 많은 여성들이 공감하여 인기를 얻었습니다.

참을 수가 없도록 이 가슴이 아파도 / 여자이기 때문에 말 한마디 못하고 / 헤아릴 수 없는 설움 혼자 지닌 채 / 고달픈 인생길을 허덕이면서 / 아 참아야 한다기에 눈물로 보냅니다 / 여자의 일생

이미자, 〈여자의 일생〉 중에서

이미자가 부르는 여자의 일생은 한국 어머니들의 고된 삶을 이야기하는 것이라고 볼 수 있습니다. 과거 어머니들은 남편 뒷바라지하랴, 자식 키우랴 자신을 버린 채 일생을 사는 경우가 대부분이었습니다. 그래서 이러한 어머니를 바라보며 자란 자식들은 노래로서 그들의 불효를 대신했습니다.

현인이 부르는 〈비 내리는 고모령〉 1949 은 "어머님의 손을 놓고 돌아설 때엔 부엉새도 울었다오 나도 울었소"라며 자식을 떠나보내는 어머니와 자식의 슬픔을 노래했습니다. 이 곡은 작사가 유호가 레코드사의 작업실 너머에서 불효자라며 한바탕 싸우는 모자의 모습을 보며 괘씸한 마음에 효를 되새기며 쓴 노래로 알려져 있습니다.

어머니 노래는 한 맺힌 삶을 바라보며 뒤늦게 사랑을 깨달은 자녀들이 감사와 용서를 표현하는 것이 대부분입니다. 아마 여러분도 자신만의 어머니 노래가 분명히 있을 것입니다.

히트곡을 보면 나훈아가 먼저 불렀지만 한세일이 취입해 히트한 〈모정의 세월〉1973, TV 프로그램 〈우정의 무대〉로 유명한 강인엽의 〈그리운 어머니〉1991 등이 있고, 1999년에 발표된 지오디의 〈어머님께〉는 2000년대 들어 가장 널리 알려진 곡입니다. 〈어머님께〉와 같은 해에 발표된 한스밴드의 〈어머니의 일기〉는 멤버들이 소속사와의 불화로 활동하지 못하는 바람에 활동이 불가해지자 다음 해에 왁스가 〈엄마의 일기〉로 고쳐 불러 히트했습니다.

시대를 관통하여 계속 발표되고 있는 노래들은 모두 사랑받은 의미 있는 곡들인데 그중에서 모정을 마치 한 편의 회화처럼 노래한 김창완의 〈어머니와 고등어〉1983와 나훈아의 〈홍시(울 엄마)〉2004가 있습니다.

우선 〈어머니와 고등어〉에서 김창완은 자식을 위해 고등어를 절인 후 냉장고에 넣어놓은 어머니의 사랑을 한 편의 시처럼, 한 편의 그림처럼 연주했습니다. 시가 언어의 가장 세련된 형태라면 그 시에 멜로디를 붙인 동심 같은 노래입니다.

시골 마당에 심어진 감나무를 떠올리게 만드는 나훈아의 〈홍시(울 엄마)〉에서는 두 가지가 돋보입니다. 우선 제목과 가사에 '울 엄마'가 사용된다는 것입니다. 자식이 한 살이던 100살이던 엄마는 영원한 엄마라는 것을 알려줍니다. 또한 이 곡이 나훈아의 2004년 히트곡이라는 점입니다. 나훈아는 세월이 흘러도 세상 사람들이 원하는 바가 무엇인지 아는 가수라는 점은 분명한 듯합니다.

한밤중에 목이 말라 냉장고를 열어보니 / 한 귀퉁이에 고등어가 소금에 절여져 있네 / 어머니 코 고는 소리 조그맣게 들리네 / 어머니는 고등어를 구워주려 하셨나 보다 / 소금에 절여놓고 편안하게 주무시는구나 / 나는 내일 아침에는 고등어 구일 먹을 수 있네 / 어머니는 고등어를 절여놓고 주무시는구나 / 나는 내일 아침에는 고등어 구일 먹을 수 있네 / 나는 참 바보다 엄마만 봐도 봐도 좋은걸

김창완, 〈어머니와 고등어〉 중에서

생각이 난다 홍시가 열리면 / 울 엄마가 생각이 난다 / 자장가 대신 젖가슴을 내주던 / 울 엄마가 생각이 난다 / 눈이 오면 눈맞을 세라 / 비가 오면 비젖을 세라 / 험한 세상 넘어질 세라 / 사랑 땜에 울먹일 세라 / 그리워진다 홍시가 열리면 / 울 엄마가 그리워진다 / 눈에 넣어도 아프지도 않겠다던 / 울 엄마가 그리워진다

〈홍시(울 엄마)〉 중에서

노래 속 여성의 다른 모습을 따라가다 보면 남성의 입장에서 바라보는 '아가씨' '여인'의 노래들이 많습니다. 특성을 보면 1950년대는 전쟁의 여파로 인해 탄생한 심연옥의 〈아내의 노래〉가 있습니다. 세월이 흘러 이 곡은 점차 잊히고 있지만 노래 가사는 무척 비애감이 있습니다. 전장으로 떠나는 남편의 모습을 바라보며 슬픔을 가슴에 묻은 여인의 모습이 노래 속에 담겼습니다. 돌아올 수 있을지 모르는 남편을 떠나보내는 아내의 모습이 얼마나 절망적이었을지 생각해보면 공감이 갈 것입니다.

1960년대에는 국가재건을 이유로 정부의 입김이 들어가 다소 흥겨운 노래들이 많이 발표되었는데 가장 대표적인 노래가 남일해의 〈빨

간 구두 아가씨〉1963입니다. 흥겹고 밝은 이 노래에 많은 한국인들이 즐거움을 느꼈고, 당시 빨간색 구두가 품절이 되었다고 합니다.

그렇다면 전체적으로 보면 어떤 노래들이 가장 많이 발표되었을까요? 예상했듯이 떠나간 남성을 기다리는 애끓는 노래들이 많습니다. 그러니까 "나를 버리고 가시는 님"에 대한 그리움을 표시한 노래들이 주류를 이룹니다.

이미자의 〈동백 아가씨〉〈흑산도 아가씨〉1966, 김태희의 〈소양강 처녀〉1970 등이 있습니다. 김태희의 〈소양강 처녀〉는 훗날 한서경이 리메이크하여 알려졌지만 김태희의 노래가 원곡입니다.

과거 대폿집에서 술 한잔하며 부르던 짧은 노래 〈소양강 처녀〉는 춘천 소양강에 살며 떠나간 남자를 기다리는 한 순수한 여성의 모습을 담은 곡으로 단순한 구조 때문에 세월을 따라 잊히지 않고 인기를 얻고 있습니다. 같은 주제의 유사한 노래는 많지만 대히트하거나, 어린이부터 어른까지의 광범위한 인기, 그리고 후대에도 대중들에게 잊히지 않으려면 쉽고 단순해야 한다는 사실을 다시 한 번 깨닫게 됩니다.

물론 다른 이유로도 빅히트할 수 있습니다. 남녀의 이별을 배와 항구로 묘사한 심수봉의 〈남자는 배 여자는 항구〉는 심수봉 특유의 음색, 그녀만의 멜로디를 만들어내는 천재성이 결합되어 인기를 얻은 것이라고 볼 수 있습니다.

1990년대로 가면 유현상의 〈여자야〉1991가 여러모로 기억에 남는 곡입니다. 이 노래는 헤비메탈 밴드 백두산의 멤버 유현상이 트로트 가수로 변신해 히트한 곡입니다. 유현상은 한국사회의 편견 때문에 로커 생활을 청산하고 가수 이지연을 발굴해 키웠지만 그것마저 뜻대로 되지 않았습니다. 그는 결국 생계를 위해 트로트 가수로의 변신을 꾀했는데 그 과정에서 우연히 86아시안게임 수영 금메달리스트 최윤희를 만났습니다. 현재에 비유하자면 최윤희는 피겨스케이팅 선수 김연아와 같은 존재였습니다.

　유현상과 최윤희는 이후 사랑에 빠져 결혼에 골인했습니다. 하지만 당시의 여론은 좋지 않았습니다. 두 사람의 나이 차이가 열세 살이나 났고, 뒷골목 '딴따라' 가수가 국민요정 최윤희와 결혼한다는 것은 상상도 할 수 없는 일이었습니다. 결국 유현상은 최윤희와 헤어지기로 결심하고 집에 돌아와 노래를 만들었는데 그것이 바로 〈여자야〉입니다. 노래에서 남자는 "울고 있구나 여자야 약해지면 안 돼"라며 기다려달라고 호소합니다. 가수는 노래 따라간다는 속설을 증명하듯 끝내 두 사람은 백년가약을 맺었습니다.

　한편 기다림만큼이나 노래 속에서 빠질 수 없는 것이 바로 이별입니다. 비련의 여인은 흥미롭게도 당사자는 비탄에 빠져 있겠지만 바라보는 사람은 멋지게 보이는 모양입니다. 그 좋은 예가 펄시스터즈의 〈빗속의 여인〉1968입니다. 슬픔을 안은 것도 모자라, 비를 맞고 있는 노란 레인코트를 입은 여인을 보고 우산을 잠시 씌워준 것이 전부인데 그녀를 잊지 못하는 것입니다.

　반면에 비련의 남성에게 환상처럼 떠오르는 여인도 있습니다. 조용필의 〈창밖의 여자〉1980가 그렇습니다. 남자는 자꾸 생각나는 떠나간 여인에게 차라리 그 흰 손으로 나를 죽여 달라고 합니다. 조용필은 권혜경의 〈산장의 여인〉1957도 좋아한 것으로 알려져 있습니다.

　2000년대로 가면 흥미로운 현상이 나타납니다. '연상의 여인'의 인기가 높아졌다는 것입니다. 미혼의 나이 많은 여성과 남성을 마치 문제 있는 사람으로만 여기던 1980년대의 고리타분한 풍습은 이제 지나가고 연상의 여인에게 사랑을 고백하며 연하의 남자가 때를 씁니다. 이승기는 그 선봉에 서서 노래를 발표했습니다. 그가 2004년에 발표한

〈내 여자라니까〉는 싸이가 작사·작곡한 것으로 항상 파격을 주도했던 싸이의 냄새가 물씬 풍기는 히트곡입니다.

시대를 대표하는 뛰어난 기획자 싸이는 이승기에게 남동생의 이미지를 느끼고 연상의 여인이 내 여자라고 우기는 이미지를 창조해냈습니다. 세월도 바뀌어 연상, 연하 커플이 이상한 것이 아닌 시대가 되었으니까요.

여자, 남자는 인류의 역사 속에서 늘 있어왔던 가장 오래된 존재임에도 불구하고 우리는 서로를 잘 모르고 지내고 있다는 생각을 다시 한번 떠올리게 됩니다. 여자는 앞으로 어떻게 또 변하게 될까요? 여성의 사회진출 비중이 더욱 높아지고, 직업도 세분화되고 있어 더 많은 역할이 생겨날 것으로 누구나 예상해볼 수 있습니다.

마지막 곡으로 설운도의 〈여자 여자 여자〉 1992 가사를 보며 마무리 하겠습니다. 이 곡에 등장하는 여자와 남자가 결국 이 세상을 살아가는 남녀가 아닐까요?

아픔을 달래는 여자 고개 숙여 우는 그 여자 / 이 세상에 약한 것이 여자 여자 여자 / 당신 내 마음 몰라요 / 내 진정 당신의 사랑이 얼마나 필요한지 몰라요 / 때로는 당신의 마음을 아프게도 하지만 / 그래도 오로지 나만의 남자 남자 남자 / 행복을 꿈꾸는 여자 사랑을 기다리는 여자 / 그런 여자 여자 여자

설운도, 〈여자 여자 여자〉 중에서

여성은
만들어지는 것

"인간은 생각하는 갈대다." 철학자 파스칼이 《팡세》에서 언급하여 유명해진 말입니다. 사람들은 파스칼의 주장을 두고, '인간=갈대'라는 등식을 떠올렸습니다. 그 결과, 파스칼의 주장을 인간은 갈대처럼 연약한 존재라는 식으로 이해했습니다. 하지만 말은 전달 과정에서 왜곡되는 경우가 심심찮게 발생합니다. 많은 경우 중간에 탈락하거나 생략된 부분이 존재하기 때문입니다. 파스칼의 주장도 그런 경우에 해당하는데, 그는 '인간은 생각하는 갈대'라는 주장에서 '갈대'보다는 '생각'에 방점을 두었습니다. 《팡세》에 나오는 해당 부분의 내용은 다음과 같습니다. "인간은 자연에서 가장 연약한 한 줄기 갈대일 뿐이다. 그러나 그는 생각하는 갈대다. (…) 그러므로 인간의 모든 존엄성은 사유(생각)로 이루어져 있다. (…) 그러니 올바르게 사유하도록 힘쓰자."

결국 파스칼이 하고 싶었던 말은, 인간은 갈대처럼 가냘프지만 '생각'을 할 수 있기 때문에 존엄한 존재라는 것입니다. 갈대는 인간의 가냘픔보다는 존엄함을 강조하기 위한 비유였습니다. 작가의 의도와 실제 현실의 사용이 달라진 예입니다. 그러한 현상은 왜 생기는 것일까요? 언어를 사용하기 때문입니다. 인간은 어느 순간엔가 '언어'라는 것을 발명하여 세상을 표현하기 시작했습니다. 그리하여 자연에 존재하는 생명체와 사물에게 이름을 부여하기 시작했습니다. 우리가 서로 자유롭게 소통하고 의사를 주고받을 수 있는 것도 언어를 발명한 덕분입니다.

하지만 인간이 발명한 언어는 완벽하지 않습니다. 현상과 사물을 언어라는 작은 그릇에 완전하게 담을 수 없는 경우가 생겼습니다. 노자老子는《도덕경 道德經》1장에서 이렇게 말했습니다. "도가 말해진다면 더 이상 도가 아니다. 이름이 말해진다면 더 이상 이름이 아니다 道可道非常道 名可名非常名." 도나 사물이 언어로 표현되는 순간 본래 뜻이 제대로 담기지 않는다는 뜻입니다. 인간은 소통의 수단으로 언어를 발명했지만, 그로 인해 단절이나 왜곡을 경험하는 경우도 많습니다. 특히 개념 정의나 전달의 용이성을 위해 언어를 비유적으로 표현하거나 축약하는 경우에는 그런 일들이 더욱 자주 발생합니다.

대표적인 것이 '여성'을 언어로 표현할 때입니다. 예컨대, 여성에 대한 속담에는 유달리 부정적인 표현이 많습니다. 우리나라 속담만 하더라도, "여자 팔자는 두룸박 팔자(여자는 지아비를 어떻게 만나느냐에 따라 팔자가 결정된다는 뜻)"라거나 "암탉이 울면 집안이 망한다"라는 말이 있습니다. 우리나라만이 아닙니다. "여자와 술은 남자의 판단을 망친다"(스페인)거나 "여자는 교회에서 성녀, 거리에서 천사, 집에서는 악마다"(프랑스)라거나 "여자를 만든 것이 알라의 유일한 실수다"(이슬람)라는 속담이 회자되는 것을 보면, 동서양을 막론하고 여성을 낮추어보려는 경향이 있는 것 같습니다.

심지어 폭력적인 속담도 많습니다. "여자와 북어는 사흘이 멀다 하고 패야 한다"는 우리 속담과 비슷한 표현이 다른 나라에도 존재합니다. "맛있는 수프를 먹으려면 아내를 잘 때려야 한다"(러시아)거나 "고양이와 여자는 매질을 하지 않으면 살이 오른다"(일본)는 속담에서도 알 수 있듯이, 여성을 남성과 동등한 인격적 존재로 보지 않는 경우도 있습니다. 공부깨나 했다는 사상가들도 여성을 폄훼하는 발언을 서슴지 않았습니다. "여자의 눈물을 믿지 말라. 마음대로 되지 않을 때 눈물을 흘리는 것이 여자의 천성이기 때문이다"(소크라테스)라거나 "여자는 완성에 가까운 악마다"(읽고)라거나 "여자란 머리카락은 길어도 사상은 짧은 동물이다"(쇼펜하우어)라거나 "한곳에 두 여자를 두면 날씨가 차가워진다"(셰익스피어)라는 등 유명한 사상가나 작가조차 요즘의 상식으로는 쉽게 받아들이기 힘든 발언을 거침없이 쏟아냈습니다. 이를 보면, 역사적으로 여성은 주류가 아닌 비주류로서의 삶을 살았음을 알 수 있습니다.

그래서일까요? 대중가요의 가사 속에도 여성은 언제나 주체보다는 객체로 등장하는 경우가 많습니다. "참을 수가 없도록 / 이 가슴이 아파도 / 여자이기 때문에 말 한마디 못하고"이미자, 〈여자의 일생〉 "남자는 배, 여자는 항구"심수봉, 〈남자는 배 여자는 항구〉 "아 그리워서 애만 태우는 소양강 처녀"김태희, 〈소양강 처녀〉 "이 세상에 약한 것이 여자 여자 여자"설운도, 〈여자 여자 여자〉 "불이 꺼진 부엌에서 나는 봤어요 / 혼자 울고 계신 당신을"왁스, 〈엄마의 일기〉 등 가련하고 연약하며 매사에 수동적인 이미지 일색입니다. 그런데 정말 여성이 그러한가요? 속담이나 노랫말에는 왜 여성들이 천편일률적으로 주체적이고 능동적인 삶을 살지 못하는 약자의 모습으로만 그려지는 것일까요?

"여성은 태어나는 것이 아니라 만들어지는 것이다." 20세기 중반

실존주의 소설가인 보부아르Simone de Beauvoir가《제2의 성》에서 주장했던 말입니다. 실존주의 소설가라는 칭호에서도 알 수 있듯이, 그녀는 매우 주체적인 삶을 살았습니다. 실존주의 철학자인 장 폴 사르트르와의 계약결혼으로 유명한 보부아르는 사회 속 성적 불평등이 존재함을 간파했고, 여성들이 자신의 권리를 위해 싸워야 한다고 주장했습니다.

그녀에 따르면, 속담이나 노랫말에도 자주 등장하는 여성의 수동성은 여성의 본질이 아니라 사회에 의해 강요된 결과입니다. "여성다움의 대표적인 특질인 수동성은 생물학적 여건이 아니라 사회에 의하여 강요되는 숙명이다." 예컨대, 여성이 어릴 때부터 주체적이고 능동적인 행동을 하면 주변 사람들이 '여성답지 못하다, 성격이 드세다, 남자 잡아먹을 팔자다' 하는 식으로 억압했고, 이로 인해 당사자는 "주체이자 능동이자 자유이기를 바라는 선천적 욕구"와 "수동적 객체이기를 요구하는 사회적 요망" 사이에서 갈등하게 됩니다. 그 결과, 여성은 "자신을 하나의 객체로 만들어 자기 자신을 객체로서 자각"하게 되었습니다.

주변에서 자주 듣게 되는 대중가요의 노랫말도 여성으로 하여금 능동적인 주체로 우뚝 서게 만들기보다는 수동적 객체에 머물게 하는 기제로 작용한 측면이 있습니다. 심수봉의 "남자는 배, 여자는 항구"라는 노랫말을 무비판적으로 수용하다 보면, 여성은 남성이 자신을 버리고 떠나도 '배'를 타고 쫓아가기보다는 '항구'처럼 기다려야 하는 존재로 스스로를 객체화하여 그 자리에 머물기 쉽습니다. 여성에 대한 이러한 수동적 정체성은 당연히 그녀의 생물학적 본성에서 비롯된 것은 아닙니다. 알게 모르게 사회의 지배적 관습에 의해 만들어지고 강요된 것에 불과합니다.

어릴 적부터 여성에게 수동적 객체가 되도록 가해진 사회적 요망은 성숙할수록 더욱 노골적으로 변합니다. 성인이 될수록 여성은 더욱

'여자다움'을 갖추도록 강요받는데, 그로 인해 대부분의 여성은 스스로 사회가 요구하는 여성의 스테레오타입에 자신을 맞추기 위해 노력하게 됩니다. 여성에게 주체성이나 독창적인 삶에 대한 필요성을 일깨우는 사람도 없고, 사회가 정한 규범이나 관습을 따라야 한다는 생각을 스스로 내면화하게 됩니다. 그렇게 되면 여성은 어쩔 수 없이 남성의 보호나 사랑을 받으면서 안전하고 안락한 삶을 추구하게 됩니다. 개인의 자아실현보다는 현모양처가 되는 것이 최고의 성취이자 행복이라고 생각하게 되는 것입니다.

여성을 주제로 한 대중가요에는 여성이 사랑에 목을 매거나 목숨을 거는 듯한 경우도 자주 등장하는데, 이러한 배경에는 여성의 사회적 특질인 수동성에 기인한 측면이 있습니다. 무슨 말인가 하면, 스스로를 객체화하는 여성의 수동성은 사랑이나 연애의 태도에도 영향을 미치게 됩니다. 보부아르에 따르면, "연애란 남성의 인생에는 하나의 일시적 관계에 지나지 않지만, 여성에게는 인생 그 자체"입니다. 남성에게 연애란 '잠깐 즐기는 쾌락의 기회'에 지나지 않지만 여성에게는 '인생을 건 도박'일 수 있습니다. 남성에게는 일시적인 관계에 불과한 연애나 사랑이 여성에게는 인생 그 자체이며, 권리의 포기로까지 이어질 수도 있습니다. 잘 나가던 엘리트 여성이 결혼과 동시에 경력을 마무리하는 경우가 여기에 해당합니다.

보부아르는 연애와 사랑이 여성에게는 "하나의 종교가 되는 것이다"라고 표현하기도 했습니다. 어릴 적부터 의존적인 객체이자 남성의 예속물로 자란 탓에, 연애와 사랑에 있어서도 동등한 관계에 서려 하기보다는 종속적 관계에 스스로를 위치시키려 한다는 것입니다. 이처럼 자신의 존재 전체를 남성에게 투척해버린 여성은 이제 애인을 지키는 것이 하나의 성직이 되고 맙니다. 그래서 그녀에게 사랑은 하나의 종교가 됩니다. 그 결과, "여자이기 때문에 말 한마디 못하고"이미자,〈여자의 일생〉 "그리워도 애만 태우는"김태희,〈소양강 처녀〉 유행가 가사처럼 수동적인 태도로 일관하게 됩니다. 어찌 보면 참 안타까운 일입니다.

왜 이러한 현상이 생긴 것일까요? 앞서 여성의 특질인 수동성이 생물학적 본성이 아니라 사회에 의해 강요된 것이라고 말한 바 있습니다. 그렇다면 이러한 사회적 현상은 그것을 만들어낸 남성들에게만 잘못이 있는 것일까요? 보부아르는 남녀불평등의 문제나 여성의 수동성의 원인을 남성들 탓으로만 돌리지 않았습니다. 여성에게도 일정 부분 책임이 있다고 보았습니다. 그녀는 이렇게 주장했습니다. "여성들이 스스로 쟁취한 것이라곤 아무것도 없다. 단지 남성들이 베푸는 것만 받아왔을 뿐이다. 여성들은 단 한 번도 독립된 계급을 형성하지 못하고 그냥 운명에 체념해왔을 뿐이다." 결국, 남녀 간 성적 불평등의 문제는 어느 한쪽 성의 잘못으로만 만들어진 것이 아닙니다. 양쪽 성 모두에게 일정 부분 책임이 있는 문제입니다.

이제 여성은 어떻게 해야 할까요? 계속해서 종속적인 상태에 머물면서 그 속에서 소소한 행복이나 찾아야 할까요? 그렇지는 않습니다. 보부아르는 이렇게 주장했습니다. "현대 여성들이 보다 독립적이고 주체적인 인간이 되기 위해서는 인간으로서 자유롭게 세계를 건설하기 위한 창조자의 포부를 마음속에 키워야 한다." 사회 속에서 남녀 간의 성적 불평등을 간파했던 보부아르는 여성에게 덧씌워진 수동성에서 벗어나 독립적이고 주체적인 인간으로 다시 태어나 남성과 동등한 권리를 확보해야 한다고 주장했습니다. 이를 위한 선결조건으로 그녀는 경제적 자립을 강조했습니다. "여성이 남성과 동등한 권리를 누리기 위해서는 노동을 통한 경제적 자립부터 확보해야 한다."

성적 불평등의 책임이 누구에게 있건 간에 그것에 대한 해결책은 여성이 먼저 찾아야 하지 싶습니다. 기득권을 가진 남성의 각성이나 배려를 통해 문제해결을 기대하는 것은 지나치게 나이브한 생각이며, 이 또한 지극히 수동적인 태도에 불과합니다. 보부아르에 따르면, 여성 해방의 전제조건은 여성의 경제적 자립입니다. "여성이 진정한 자주성을 확보할 수 있으려면 자주적인 일을 가져야 한다. 경제적으로 자립해야 한다." 경제적으로 무능하거나 의존상태에서는 그 어떤 독립적 권리도 완전하게 쟁취하는 것은 불가능합니다.

문학작품 중에서 여성이 사회적 굴레를 벗어던지고 주체적인 삶을 찾아 나선다는 모티프를 가진 소설이 꽤 있습니다. 대표 작품이 노르웨이 극작가 헨리크 입센의 희곡 《인형의 집》입니다. 《인형의 집》은 은행가의 아내인 주인공 노라가 남편의 권위에 복종하고 어머니로서 가족에게 봉사하는 삶을 살다가 더 이상 인형 역할은 하지 않겠다고 선언한 뒤 집을 떠나는 것으로 막을 내립니다. 말하자면, 새장 안에서 현모양처로 살던 가정주부가 마침내 주체적 인간으로서 개인적 자유를 찾아 떠난다는 줄거리입니다. 말하자면 '인형'처럼 수동적이고 종속적인 삶을 살던 주인공이 드디어 주체적인 삶으로 나아간다는 이야기로, 이로 인해 노라는 여성해방 운동의 아이콘이 되었습니다.

소설은 주인공이 집을 떠난 것으로 끝났지만, 여기서 조금 더 상상력을 발휘해보기로 하겠습니다. 주인공 노라는 집을 나간 뒤 어떻게 되었을까요? 자신이 원하던 자유를 찾은 뒤 행복하게 살았을까요? 입센의 《인형의 집》은 워낙 유명한 소설이다 보니 많은 작가들이 뒷이야기를 남겼는데, 중국의 대문호인 루쉰도 그중 한 사람입니다. 루쉰은 《노라는 집을 나간 뒤 어떻게 되었을까》라는 1923년의 강연에서 노라가 집을 나간 뒤 오히려 불행해졌을 것이라고 예상하였습니다. 관련된 루쉰의 말을 들어보시죠.

"인생에서 가장 고통스러운 일은 꿈에서 깼지만 갈 길을 찾지 못하는 것입니다. 꿈을 꾸고 있는 사람은 그래도 행복합니다. 아직 갈 길을 발견하지 못했다면 그 사람을 깨우지 않는 것이 차라리 낫습니다." 루쉰에 따르면, 노라는 현실에 대한 각성에는 성공했지만 홀로 살아갈 준비가 되지 않은 상태에서 집을 나갔다고 보았습니다. 그녀는 꿈에서 깨어나는 데에는 성공했지만 집을 나간 뒤 자신만의 길을 찾지는 못했을 것이라는 분석입니다. 그 결과, 그녀는 '인형의 집'에서 살 때보다 더 불행하고, 어쩌면 괜히 뛰쳐나왔다며 후회를 할지도 모른다는 것입니다. 루쉰은 그녀의 행동에 대해 "각성한 마음 이외에 노라는 또 무엇을 갖고 갔는가?"라고 반문하면서, 꿈에서 깨어나 자신의 길을 찾으려면 '각성한 마음' 외에도 현실적으로 필요한 것이 있다고 주장하였습니다.

집을 나간 노라에게 추가로 필요한 것이 무엇일까요? 이에 대해 루쉰은 다음과 같이 주장하였습니다. "인형이 되지 않기 위해서는 지금 사회에서는 경제권이 가장 중요합니다. (…) 돈으로 자유를 살 수는 없지만 돈 때문에 팔 수는 있습니다." 루쉰은 노라가 집을 나간 뒤 자신만의 길을 가려면 경제력(돈)이 필요하다고 보았습니다. 왜냐하면 돈이 있다고 해서 자유를 살 수는 없지만 돈이 궁하면 자유를 팔아버릴 수는 있기 때문입니다. 루쉰의 진단은 매우 현실적입니다. 자유를 찾아서 집을 떠난 노라가 경제적인 어려움에 빠지면 또다시 어딘가에 자유를 내다팔 수도 있다고 본 것입니다. 이 대목은 여성 해방의 전제조건으로 '경제적 자립'을 강조했던 보부아르와도 공명하는 지점입니다. 결국, 남녀 간의 사회적 불평등을 척결하고 진정한 여성해방을 이루기 위해서는 여성의 경제적 자립이 매우 중요한 요소라 하겠습니다.

이런 의미로 보자면, 현대에 들어서면서 경제적 자립을 획득한 여성들이 점점 늘어나는 추세는 매우 바람직한 현상입니다. 오늘날에는 과거와 달리 '골드미스(높은 학력과 경제력을 갖춘 미혼 여성)' '알파걸(저돌적인 도전정신을 가진 강한 여성)' '나오미족(안정적 경제력을 기반으로 20대의 라이프스타일을 유지하는 30~40대의 기혼여성)' 등 전통적인 스테레오타입을 완전히 벗어버린 새로운 여성들이 속속 등장하고 있습니다. 이들 신新여성은 경제적 자립을 바탕으로 기존에 여성에게 덧씌워진 수동성을 거부하고 스스로 주체가 되어 행복을 추구하는 등 적극적인 행동에 나섭니다. 이들에게는 《제2의 성》에서 언급한 수동적인 여성상을 더 이상 찾아보기 힘듭니다.

그래서일까요? 요즘은 여성을 주제로 한 대중가요 가사도 과거와는 사뭇 다릅니다. "나를 잘 알지도 못하면서 내 겉모습만 보면서 / 한심한 여자로 보는 너의 시선이 난 너무나 웃겨"미쓰에이, 〈bad girl good girl〉라거나 "네가 떠나면 남겨진 내가 / 눈물로 수없이 많은 밤을 지샐거라 / 너는 믿고 있겠지만 / 난 괜찮아 나를 동정하지는 마"진주, 〈난 괜찮아〉라거나 "나에게는 더 이상 순애보는 없어 / 난 널 그냥 떠나버릴 거야"박미경, 〈이브의 경고〉라거나 "I don't care 그만할래 네가 어디에서 뭘 하던 / 이제 정말 상관 안 할게 비켜줄래 / 이제와 울고불고 매달리지마"2NE1, 〈I don't care〉와 같이 사랑과 연애에서도 의존적이지 않고 당당함을 표출하는 경우도 많습니다.

"무소의 뿔처럼 혼자서 가라." 소설가 공지영의 소설 제목이기도 한 이 표현은 부처님이 돌아가시기 직전에 이제부터 스스로의 힘으로 세상을 살아가라면서 제자들에게 유언으로 남긴 말입니다. 공지영은 책에서 여성에 대한 환상과 편견 때문에 혼란과 고통을 겪고 있는 여성의 안쓰러움을 드러내면서 "무소의 뿔처럼 혼자서 가라"는 말로 자신의 삶을 살아낼 것을 역설했습니다. 만약 부처님이 환생한다면, 현대를 살아가는 여성들을 향해 이렇게 말할지도 모르겠습니다. "이제 여성들도 남성의 그늘에서 벗어나 당당한 주체로 살아가야 합니다. 무소의 뿔처럼 혼자서 가시오"라고 말입니다. 지금까지는 여성의 정체성을 사회가 만들어왔다면, 앞으로는 여성들 스스로가 자신의 정체성을 만들어가야 하지 않을까 싶습니다. 주체성이나 자유는 타인에 의해 주어지는 것이 아니라 스스로 쟁취하는 것이니까요.

현인 《비 내리는 고모령》 1949	심연옥 《아내의 노래》 1952
금사향 《항항(홍콩)아가씨》 1954	권혜경 《산장의 여인》 1957
남일해 《빨간 구두 아가씨》 1963	이미자 《흑산도 아가씨》 1966
이미자 《여자의 일생》 1968	김태희 《소양강 처녀》 1970
한세일 《모정의 세월》 1973	조용필 《창밖의 여자》 1980
심수봉 《남자는 배 여자는 항구》 1984	유현상 《여자야》 1991
설운도 《여자 여자 여자》 1992	왁스 《엄마의 일기》 2001
나훈아 《홍시(울 엄마)》 2004	이승기 《내 여자라니까》 2004

Trot × Philosophy 08

고독

고독이 몸부림칠 때

고독이라는 단어가 유행하던 시절이 있었습니다. 1970~1980년대에는 '고독을 즐긴다'는 말을 주로 하곤 했습니다. 홀로 남겨진 고통을 즐긴다고 말할 수 있는 낭만이 있었나 봅니다. 그런데 1990년대 이후 고독이라는 단어는 이제 사라지고 없습니다. 고독하지 않은 것인지, 고독할 겨를이 없는 것인지 정확히 알 수는 없지만 미디어가 발달하여 홀로 남겨진 느낌을 가질 틈이 없는 것은 사실인 듯합니다. 특히 코로나19 이후에 비대면 라이프스타일이 확장하면서 홀로 무엇인가를 쉽게 할 수 있도록 세상은 변하는 것 같습니다.

하지만 반대로 생각해보면 오히려 고독하기 때문에 홀로라도 무엇이든 하려 든다고 생각할 수도 있습니다. 또한 1990년대 이후 소비의 시대, 인터넷의 시대로 들어서면서 우리 생활이 편리해진 것은 좋지만 고독에 대해서 연습이 덜 되었기 때문으로도 볼 수 있습니다. 고독은 사색할 시간을 주는 좋은 매개체인데 사색을 통해 철학을 하지 못하고 있으니 사회는 성숙되지 못하고 불특정 다수에게 남 탓을 하는 각박하고 양보 없는 사회가 되고 있는 것입니다.

고독을 표현한 다양한 노래들이 많습니다. 고독의 유사한 표현으로는 '외로움' '쓸쓸함' 등이 있습니다. 아마도 각자 한두 곡씩은 이런 제목이 들어간 노래들을 흥얼거릴 수 있을 것입니다. 그만큼이나 우리는 고독과 가까이 지내고 있습니다. 그런데 흥미로운 사실은 100년 가요사에서 고독과 관련된 노래는 많은데, 주로 1980년대에 히트곡이 몰려 있다는 것입니다. 왜일까요?

우선 1960년대에는 히트곡들은 아니지만 '쓸쓸하다'는 표현의 노래가 많이 등장합니다. 〈쓸쓸한 밤〉〈쓸쓸한 여관방〉〈쓸쓸한 크리스마스〉〈쓸쓸한 사나이〉〈쓸쓸한 고향〉 등이지요. 물론 그 와중에서 빅 히트곡이 등장했는데 바로 패티김의 〈초우草雨〉입니다.

박춘석이 작사·작곡한 〈초우〉는 이별을 경험한 사람이 비를 보며 고독과 슬픔을 한탄하는 내용으로 큰 사랑을 받았습니다. 초우는 여러 뜻이 있습니다. 1966년에 동명으로 개봉한 영화 〈초우〉로 유추해보면 나무와 풀 위에 떨어지는 비를 보며 느끼는 쓸쓸한 이별의 감정 정도로 생각하면 될 듯합니다.

가슴속에 스며드는 고독이 몸부림칠 때 / 갈 길 없는 나그네의 꿈은 사라져 비에 젖어 우네 / 너무나 사랑했기에 너무나 사랑했기에 / 마음의 상처 잊을 길 없어 빗소리도 흐느끼네

패티김, 〈초우〉 중에서

1970년대로 넘어가면 나훈아의 〈찻집의 고독〉1971을 꺼내야 합니다. 1972년 나훈아가 테러 사건을 당할 때 부르던 노래이기 때문에 더욱 유명세를 탔던 이 곡은 핸드폰이 없던 시절, 무작정 찻집이나 커피숍에서 상대를 기다려야만 했던 시대상을 말해주기도 하기에 역사적입니다. 가사는 한 남성이 그녀를 만나기 위해 다방에 들어섭니다. 막 들어갈 때는 가슴이 두근거렸지만 그녀는 오지 않습니다. 그러자 남성은 싸늘하게 식은 찻잔을 보며 고독을 느끼면서 잊히지 않는 그녀를 생각하며 조이는 가슴을 느낍니다. 꼭 연인과의 사건이 아니더라도 이런 경험은 한 번쯤은 해보았을 것입니다.

그 다방에 들어설 때에 / 내 가슴은 뛰고 있었지 / 기다리는 그 순간만은 / 꿈결처럼 감미로웠다 / 약속시간 흘러갔어도 / 그 사람은 보이지 않고 / 싸늘하게 식은 찻잔에 / 슬픔처럼 어리는 고독

나훈아, 〈찻집의 고독〉 중에서

이제 1980년대로 넘어가서 본격적으로 '고독을 느껴보도록' 하겠습니다. 유독 1980년대에는 고독과 관련된 히트곡이 많습니다. 1970년대까지는 경제발전을 위해 일하느라고 고독할 겨를도 없었지만 1980년대에 들어 살림살이가 조금 낳아져 그런 것일까요? 아니면 군사정권의 탄압이 없어지지 않으니 사람들이 체념한 채 고독에 빠져든 것일까요?

먼저 1982년 산울림이 부른 〈회상〉은 모호하고 시적인 표현 때문에 상당히 철학적인 해석을 해볼 수 있습니다. 길을 걷던 화자는 무작정 가다보니 같이 가던 사람이 떠나고 없다는 사실을 알아버립니다. 화자는 떠나간 그가 생각나지만 왜 떠나느냐고 묻지도 않았습니다. 그냥 슬

플 뿐이었고 오히려 자책해버리고 맙니다. 이 곡은 1982년에 만들어졌으나 세월이 흐른 뒤에 들어도 인간의 내면에 담긴 사람에게 의존하려고 하는 본능과 쓸쓸함을 시 노래로 표현한 수작입니다.

한편, 다음 해에 발표된 김정호의 〈고독한 여자의 미소는 슬퍼〉는 그의 마지막 히트곡으로 개인적인 경험을 기반으로 만들어진 노래였습니다. 평소 〈이름 모를 소녀〉 같은 비애감 있는 노래를 불렀고, 폐결핵으로 일찍이 요절한 김정호는 인천 결핵요양원에 입원했을 당시 송도해변을 걷는 여인을 보고 〈고독한 여자의 미소는 슬퍼〉를 만든 것으로 알려져 있습니다.

여인이 아니더라도 누구나 바닷가를 홀로 걷고 있으며 왠지 슬퍼 보이는데, 그 이유를 생각해보면 바다라는 넓은 자연 아래서 인간은 한낱 미물로서 즐거움보다는 폭풍우 같은 것의 희생양에 지나지 않기 때문으로 봅니다. 바다가 노래 속에서 즐거움보다는 이별의 소재로 많이 사용된 것은 그 이유 중 하나입니다. 남진의 〈가슴 아프게〉에서는 "당신과 나 사이에 저 바다가 없었다면"이라고 외치는가 하면, 조미미의 〈바다가 육지라면〉은 제목처럼 바다를 원망하며 떠나간 님을 그리워하고 있습니다.

다소 우울한 이야기를 했지만 재미있는 사연도 있습니다. 이재성의 〈고독한 DJ〉1986는 음악다방 DJ를 소재로 한 히트곡입니다. 이 곡은 음악다방에서 신청곡을 틀어주던 DJ의 추억이 있던 노래로서 의미가 있습니다. 마음대로 음악을 듣지 못한 시절 DJ가 선곡한 노래를 듣는 것은 큰 즐거움이었습니다. DJ 중 몇몇은 스타 못지 않았습니다. 선망의 대상이 되기도 했고요. 1980년대까지만 해도 고독이 뭔가 멋져보이던 시절이었기 때문에 DJ는 박스 안에서 고독한 척하며 말없이 음악을 틀어주곤 했습니다. 그렇게 탄생한 〈고독한 DJ〉는 정작 DJ들에게는 금지곡이었습니다. 이 노래를 들으면 우울해진다는 것이 이유였습니다.

1980년대에 가장 돋보이는 노래는 변진섭의 〈홀로 된다는 것〉입니다. 1980년대 한국형 발라드의 시대를 열었다고도 볼 수 있는 변진섭의 이 곡은 성인가요와 팝송의 사이에서 기술적인 발전을 이룬 발라드 곡으로 평가할 수 있습니다. 변진섭의 부드러운 음색과 더불어 여성들의 깊은 공감을 이끌어내며 사랑받았습니다. 노래의 가사는 보다 세련된 발라드지만 이별의 끝은 결국 자책이라는 한국적 한으로 고독을 형상화했다는 것이 공감 받은 이유라고 볼 수 있습니다.

이외에도 1980년대는 히트곡이 상당히 많습니다. 김완선의 〈나 홀로 뜰 앞에서〉1987, 〈나 홀로 춤추긴 외로워〉1988, 바람꽃의 〈비와 외로움〉1989, 김성호의 〈회상〉1989 등입니다.

모두가 훌륭한 곡이지만 바람꽃의 〈비와 외로움〉은 1980년대의 일상의 외로움을 잘 표현했습니다. 비가 오면 선술집에서, 카페에서, 가로등에서 헤어진 연인을 생각하며 쓸쓸함이 쌓인다는 내용인데 고독의 가장 가까운 짝은 비라는 생각을 다시 한 번 해보게 됩니다.

> 아주 담담한 얼굴로 나는 뒤돌아섰지만 / 나의 허무한 마음은 가눌 길이 없네 / 아직 못 다한 말들이 내게 남겨져 있지만 / 아픈 마음에 목이 메어와 아무 말 못 했네
>
> **변진섭, 〈홀로 된다는 것〉 중에서**

1990년대에도 고독에 관한 명곡들이 다수 발표되었습니다. 그중 양희은의 〈사랑 그 쓸쓸함에 대하여〉1991는 2000년대에도 후배 가수들에게 지지를 받으며 리메이크되었습니다.

이 곡은 양희은이 1987년 남편과 함께 미국으로 이민을 떠나 그곳에서 슈퍼마켓을 운영하며 살다가 다시 앨범을 내야 한다는 계획을 세웁니다. 그러던 중, 자신의 데뷔 20주년이자 나이 마흔이 되는 1991년에 발표합니다.

양희은은 듀오 어떤 날로 활동하다 오스트리아에 유학을 떠난 이병우에게 함께 녹음하자는 연락을 취했습니다. 이병우가 흔쾌히 허락한 후 8곡을 들고 미국으로 날아가 녹음을 시작하게 된 음반입니다. 이 음반의 수록곡들은 모두 이병우의 기타 한 대로만 반주되었다는 특징이 있습니다. 1990년대의 가요계의 상황은 컴퓨터 음악이 주류를 이루면서 전자사운드가 각광을 받았지만 양희은과 이병우는 역으로 포크음악으로의 귀환을 알리려는 듯 매우 특별한 시도를 한 셈입니다.

이 음반에서는 다른 노래보다 〈사랑, 그 쓸쓸함에 대하여〉가 크게 히트했습니다. 쓸쓸함, 고독을 표현한 수많은 노래가 있지만 이렇게 호소력 있는 목소리와 한 대의 기타 소리로 여백의 미를 통해 깊은 인상을 남긴 노래는 많지 않을 것입니다. 이 음반에는 〈가을 아침〉도 수록돼 있습니다. 이 곡은 훗날 2017년 가을 아이유가 리메이크하여 다시 히트했습니다.

1990년대 또 하나의 흥미로운 노래는 김자옥의 〈공주는 외로워〉1996입니다. 1990년대는 소비의 시대이자 20대가 자기주장을 적극적으로 하기 시작하는 X세대가 등장한 것이 특징입니다. 또한 서울 강남이 경제의 중심지로 떠오르면서 품격을 갖추지 못한 졸부를 비롯해 부를 노골적으로 과시하는 오렌지족이 등장하는 등 자본주의의 변화를 겪은 시대였습니다. 이 시대의 어두운 면 중에 하나는 공주병과 마마보이의 등장입니다. 이중 공주병은 스스로를 공주로 착각하는 과대망상증 여성의 이야기입니다.

이러한 분위기에 김자옥은 〈공주는 외로워〉를 취입합니다. 이 곡과 공주 캐릭터가 빅히트하며 중견배우 김자옥이 코믹한 공주로 새롭게 주목받는 계기가 되었습니다. 당시 김자옥은 부모를 갑작스레 여의고 우울증을 겪는 등 어려움을 겪었지만 노래의 히트와 신드롬처럼 번진 현상에서 스스로의 고독과 우울증을 치유하게 되었습니다.

과대망상 나르시시즘이 고독의 원인이 되었다는 이야기를 역설적으로 코믹하게 그려 히트한 것이 재미있습니다. 이 곡이 크게 인기를 얻었다는 것은 과도한 자기중심적 사회로 변하고 있다는 것을 말해주기도 합니다. 한동안 김자옥의 코미디 프로그램 출연과 노래로 즐거웠지만 한편으로는 인간다워지지 못한 사회로 더 다가간 것이기에 씁쓸하기도 합니다. 이럴 바에야 차라리 고독이 몸부림 칠 때가 더 그립다고나 할까요?

거울 속에 보이는 아름다운 내 모습 / 나조차 눈을 뗄 수 없어 / 세상 어떤 예쁜 꽃들이 나보다 더 고울까 / 난 정말 완벽한 여자예요 / 때로는 날 보는 여자들의 질투 어린 시선이 / 여리고 순수한 내 마음을 아프게도 하지만 / 누가 누가 알아줄까 혼자라는 외로움을 / 예쁜 나는 공주라 외로워

김자옥, 〈공주는 외로워〉 중에서

고독은
인생의 좋은 동반자

생명체에게 가장 무서운 형벌은 무엇일까요? 아마도 무리와 떨어져 홀로 남겨지는 것이 아닐까 싶습니다. 아프리카의 세렝게티 초원에서는 해마다 수백만 마리의 누 떼들이 새로운 목초지를 찾아서 1,000킬로미터에 달하는 거리를 이동하는데, 이때 무리와 떨어진 녀석에게는 큰 위험이 도사리고 있습니다. 사자나 치타 등 초원의 포식자들에게 혼자 남겨진 덩치 큰 동물은 가장 선호하는 먹잇감이기 때문입니다. 약육강식의 법칙이 지배하는 정글에서 무리와 떨어져 혼자가 된다는 것은 곧 죽음을 의미합니다.

과학기술과 문명의 발달로 인해 정글의 생존법칙에서 벗어난 인간에게도 다른 사람과 떨어져 홀로 남겨진다는 것은 결코 반길 만한 일은 아닙니다. 정글의 동물들처럼 생존에 직접적인 위협을 받지는 않지만, 집단과 떨어져서 혼자가 되면 고독과 외로움이라는 무시무시한 형벌이

기다리고 있기 때문입니다. 그래서일까요? 가수 변진섭은 '홀로 된다는 것'의 감정을 이렇게 노래했습니다. "이별은 두렵지 않아 / 눈물은 참을 수 있어 / 하지만 홀로 된다는 것이 나를 슬프게 해" 애인과의 이별도 두렵지 않고 눈물도 참으면 그만인데, 홀로 된다는 그 사실이 당사자를 슬프게 만든다는 고백입니다.

가수 패티김은 〈초우〉에서 고독이 찾아오는 상태를 "가슴속에 스며드는 고독이 몸부림칠 때"라며 시적인 표현으로 묘사했습니다. 고독이 몸부림친다? 어떤 느낌인지 감이 오시나요? 노래 속 주인공은 사랑하는 연인이 떠난 뒤로 극심한 고독이 가슴속으로 스며들었고, 그것은 결국 당사자를 몸부림치게 만들었습니다. 고독이 준 마음의 상처가 너무 깊어서 가만히 있을 수가 없었나 봅니다. 이어지는 가사는 이렇습니다. "갈 길 없는 나그네의 꿈은 사라져 / 비에 젖어 우네." 갑작스런 연인의 이별 통보로 인해 주인공(화자는 자신을 정처 없이 떠도는 "나그네"라고 지칭했습니다)의 꿈도 산산조각이 나서 사라져버렸습니다(아마도 화자는 연인과 결혼까지 꿈꾸었나 봅니다). 때마침 하늘에서는 비가 내렸고, 홀로 남겨진 주인공은 비에 젖어 울고 있습니다. 지금 그의 볼을 타고 흘러내리는 것이 눈물인지 빗물인지 알 수가 없습니다. 빗속에서 홀로 울고 있는 주인공은 어쩌면 후회를 하고 있을지도 모릅니다. "너무나 사랑했기에 / 마음의 상처 잊을 길 없어" 온 마음을 다 바쳐 사랑했기에 이별의 상처가 더욱 컸나 봅니다. 오죽하면 빗소리도 흐느껴 울 정도겠습니까.

사람은 왜 홀로 남겨지는 것을 싫어할까요? 인간은 기본적으로 사회적 동물이기 때문입니다. 다른 동물들과 달리 신체적으로 열등하게 태어난 인간은 집단을 형성하여 위험에 대비하는 전략을 택했습니다. 인간 개개인은 연약하지만 집단의 힘은 강했기에 공동체의 구성원이 된 인간은 불안과 공포로부터 어느 정도 벗어날 수 있었습니다. 하지만 그로 인해 반대급부도 생겼습니다. 집단의 일원이 되기 위해서는 타인과의 관계에도 신경을 써야 했습니다. 집단의 규율도 따라야 하고, 사적인 인간관계에도 정성을 쏟아야 합니다. 그로 인해 개인적 욕구와 자유를 일정 부분 포기해야만 했습니다. 만약 이를 무시하고 제멋대로 행동한다면, 집단에서 추방되거나 개인적 관계에 금이 갈 수도 있습니다.

그런데 현대로 오면서 이러한 인간의 소속 본능이 점점 퇴화하는 것처럼 보이기도 합니다. 요즘은 집단에 소속되어 구성원으로서의 안정감을 찾기보다는 개인적 자유를 추구하려는 사람이 점점 많아지는 추세입니다. 흔히 '혼밥족' '혼술족'이라 불리는 사람들이 증가하는 현상이 그 증거입니다. '혼○족'이라 불리는 사람들은 집단 본능보다는 사적 본능을, 관계보다는 개인적 자유를 선택한 자들입니다. 이들은 수백만 년 동안 인간의 유전자 속에 각인된 소속 본능을 거부하고 새로운 DNA를 장착한 신인류라 하겠습니다. 아니면 그냥 '독고다이'라 불러야 할지도 모르겠습니다.

하지만 신인류의 삶도 쉽지만은 않습니다. '혼○족'으로 살려면 감내해야 할 것이 있기 때문입니다. 무엇일까요? 무리를 떠난 '독고다이'들이 필히 겪게 되는 감정인 고독과 외로움을 견디는 것입니다. 영국의 작가 대니얼 디포의 소설 《로빈슨 크루소》의 주인공처럼, 무인도에서 홀로 살아갈 힘과 능력을 갖추어야 합니다. 그러니 남들이 한다고 해서 무작정 '혼○족' 흉내를 내서는 곤란합니다. 만약 평소에 패티김의 〈초우〉나 변집섭의 〈홀로 된다는 것〉을 즐겨들으며 공감했거나 눈물을 흘린 적이 있는 사람이라면 아마도 '로빈슨 크루소 코스프레'에 실패할 가능성이 높습니다. 혼자가 된다는 것, 고독과 외로움을 견딘다는 것이 말처럼 쉬운 일은 아니니까요.

한편, 우리는 홀로 남겨진 사람들이 흔히 겪게 되는 감정인 '고독'

과 '외로움'을 구분할 필요가 있습니다. 그 둘은 얼핏 보기에는 비슷해 보이지만, 엄연히 다른 감정 상태입니다. 고독과 외로움은 어떻게 다를까요? 고독孤獨은 '홀로 떨어져 있는 것'을 말합니다. 반면, 외로움은 '마음이 쓸쓸한 상태'를 말합니다. 주로 군중과 떨어져 혼자가 되면, 다시 말해 고독한 상태가 되면 외로움을 느끼는 경우가 많습니다. 그러니까 고독과 외로움은 관련성이 있긴 하지만 그렇다고 해서 동일한 감정은 아닙니다. 둘을 구분하자면, 고독은 세상과 떨어져서 홀로 있는 것이고 외로움은 홀로 되어 마음이 쓸쓸한 상태입니다. 말하자면, 고독은 세상과의 단절 때문에 생긴 것인 반면, 외로움은 관계가 단절된 상태입니다.

로빈슨 크루소처럼 무인도에 혼자 있으면 고독한 상태가 됩니다. 하지만 외로움을 느끼지 않을 수도 있습니다. 반대로 군중 속에 있으면 고독하지는 않지만 외로움을 느낄 수는 있습니다. 군중 속에 있어도 다른 사람과 관계가 단절된 경우에는 외로움을 느끼기도 합니다. 예컨대, 부부가 같은 집에 살아도 하루 종일 한마디도 하지 않으면 외롭습니다. 집단에서 따돌림을 당하는 사람은 홀로 떨어진 고독한 상태는 아니지만, 관계의 단절로 인한 외로움은 느낄 수 있습니다(흔히 사람들은 '군중 속의 고독'이라는 표현을 사용하기도 하는데, 정확히는 '군중 속의 외로움'이라는 표현이 더 적확합니다).

이 대목에서 한번 생각해봅시다. 고독이나 외로움이라는 감정은 좋은 것일까요, 안 좋은 것일까요? 대체로 사람들은 고독과 외로움을 동일한 것으로 보고 둘 다 부정적인 감정으로 생각하는 경향이 있는데, 이는 잘못된 판단입니다. 우선 외로움은 부정적인 감정이 맞습니다. 타인과의 관계가 끊어져서 외로움을 느낀다면 이는 분명 좋지 않은 상황입니다. 하지만 고독은 이와 다릅니다. 고독은 단지 세상과 떨어져서 홀로 있는 상태잖아요. 반드시 나쁜 것만은 아닙니다. 사람은 한 번씩 세상과 떨어져서 혼자 있을 필요가 있습니다. 삶에서 때로는 고독의 시간도 필요합니다. 정확히 말하면, 현대인들에게 문제가 되는 것은 고독이 아닌 외로움입니다.

현대인들이 자주 겪는 고독 현상은 무인도에 홀로 남겨진 로빈슨 크루소의 경우와는 다릅니다. 도시에 사는 현대인들은 대체로 고독하지는 않습니다. 항상 주변에 사람이 넘쳐나거든요. 그런데 마음은 외로움을 느낄 때가 많습니다. 이는 주위에 사람이 없어서가 아니라 마음을 주고받을 사람이 없기 때문입니다. 다시 말해, 세상과 떨어진 것이 아니라 관계의 단절로 인한 외로움 때문에 고통스러운 것입니다. 요컨대, 현대인들을 진짜 괴롭히는 문제는 고독이 아니라 외로움입니다.

사실 고독은 나쁜 것도 아니고, 피해야 할 상태도 아닙니다. 독일 철학자 하이데거Martin Heidegger는 고독은 인간 존재에게 주어진 근본 감정이라고 보았습니다. 그는 이렇게 주장했습니다. "타인의 지배 아래에 놓인 일상세계로부터 떨어져나온 유한하고 고독하며 불안으로 가득 찬 세계, 그곳이야말로 우리의 본래적인 세계이며, 그곳에서 비로소 우리는 존재의 의미를 밝힐 수 있다." 하이데거에 따르면, 타인과 어울리는 일상적인 세계는 '본래적 삶'이 아니며, 일상세계로부터 떨어져 나와 고독한 세계가 '진짜 삶'입니다. 예컨대, 직장이나 모임에서 다른 사람들과 웃고 떠들 때가 자신의 모습이 아니라 집에 와서 조용히 혼자 있을 때가 진짜 자신의 모습이라는 뜻입니다. 술 마시고 흥청망청할 때가 아니라 혼자서 조용히 일기를 쓸 때가 진짜 자신을 드러내고 자신과 만나는 시간입니다.

하이데거는 또 인간이 홀로 떨어져 고독을 느낄 때 진정한 자기 자신을 찾을 수 있다고 주장했습니다. 일상적인 세계와 홀로 떨어져 고독한 시간이 되면 사람들은 자신에 대해서 돌아보고 성찰할 시간을 갖는다는 의미입니다. 사람은 언제 자신을 돌아보면서 성찰할까요? 주로 명상이나 기도, 일기를 쓸 때입니다. 이런 활동에는 공통점이 있습니다. 바로 혼자서 한다는 것입니다. 타인과 어울리면서 명상이나 기도를 할 수는 없습니다. 일기도 마찬가지입니다. 사람은 항상 혼자 있을 때만 일기를 씁니다. 주변에 사람이 많거나 다른 사람과 수다를 떨면서 일기를 쓰는 경우는 없습니다. 이처럼 타인과 어울리는 세계에서는 진정한 자신과 대면할 수 없습니다. 명상이나 기도, 일기는 조용히 혼자 있을 때, 다시 말해 고독한 시간에만 할 수 있는 활동입니다. 세상과 떨어져서 홀로 되어야 비로소 조용히 자신을 돌아볼 수 있기 때문입니다. 그래서 하이데거는 고독의 시간이 있어야 자기 존재의 의미를 밝힐 수 있다고 본 것입니다. 따라서 가끔씩은 고독의 시간을 가질 필요가 있습니다.

    폴란드 출신의 사회학자인 지그문트 바우만 Zygmunt Bauman도 고독이 반드시 필요하다고 강조했습니다. 그는 더 나아가 현대인들이 고독의 시간을 잃어버린 것이 문제라고 주장했습니다. 그가 쓴 책 《고독을 잃어버린 시간》에서 그는 이렇게 주장합니다. "결국 외로움으로부터 멀리 도망쳐 나가는 바로 그 길 위에서 정작 당신은 스스로 고독을 누릴 수 있는 기회를 놓쳐버린다. 놓쳐버린 그 고독은 바로 사람들로 하여금 생각을 집중해서 신중하게 하고, 반성하게 하며, 더 나아가 인간끼리의 의사소통에 의미와 기반을 마련해줄 수 있는 숭고한 조건이기도 하다." 바우만에 따르면, 고독은 단순히 외로움의 시간이 아닙니다. 고독은 사람들로 하여금 "생각을 집중해서" 타인과의 소통에 의미와 기반을 만들어주는 숭고한 시간입니다. 고독의 시간을 가져야 타인과의 관계에서 질적 수준을 높일 수 있습니다. 혼자서 생각하고 성찰할 시간을 가져야 다른 사람과 깊이 있는 대화도 가능하다는 말입니다.

    바우만은 요즘 증가하고 있는 소셜네트워크서비스 SNS에 의한 소통 방식에 대해 부정적입니다. 그는 종달새가 지저귄다는 뜻의 트위터 twitter 에 빗대어 이렇게 주장했습니다. "어깨에 걸친 '가벼운 외투'를 벗어버리듯, '새들의 지저귐' 속에 자신을 방임하는 동안 우리는 고독을 누릴 수 있는 기회를 놓쳐버린다." 그가 SNS 상의 소통을 부정적으로 보는 이유는 그곳에서는 너무 가벼운 말만 주고받음으로써 진심을 나누는 질적 관계가 나빠졌다고 보기 때문입니다. SNS를 사용하면서부터 소통의 횟수나 정보의 양은 증가했지만 질적인 수준은 도리어 낮아졌다고 본 것입니다. 그 결과, SNS에 집중하면 할수록 관계의 질은 높아지지 않고 고독의 기회만 놓친다는 것입니다.

바우만의 주장에 동의하시나요? 유명한 사람의 주장이라고 해서 전부 동의할 필요는 없습니다. 아마 바우만의 주장에 수긍하지 못하는 사람도 있을 것입니다. 하지만 현대인 중에는 SNS에 수많은 팔로워나 친구들이 있음에도 불구하고 여전히 외로움을 느끼는 사람이 많은 걸 보면, 바우만의 주장이 전혀 일리가 없는 것만은 아닙니다. 사실 요즘에는 페이스북이나 인스타그램, 카카오톡 등 사람들이 많이 사용하는 SNS의 대화를 보면 진심을 주고받는다는 느낌이 덜 들 때가 많습니다.

SNS가 보여주는 세계는 대체로 요지경인 경우가 많습니다. 그곳 세계에서는 사람들이 대부분 멋지고 행복하게 삽니다. 그곳 사람들은 항상 여행을 다니고, 언제나 맛있는 음식을 먹고, 대부분 멋진 옷만 걸치고 나옵니다. 그곳에서는 잠이 덜 깬 부스스한 얼굴을 하거나 무릎 부분이 튀어나온 트레이닝복을 입고 나오는 경우는 거의 없습니다. 다들 평소와는 다른 멋진 모습으로만 등장합니다. 예전에 남성들 사이에서는 우스갯소리로 "속지 말자 화장빨! 다시 보자 조명빨!"이라는 말이 회자되기도 했는데, 그 표어는 SNS 세계에 더 필요한지도 모르겠습니다. 이처럼 SNS 세계는 진실한 세계가 아닙니다. 그곳에서는 실제 모습이 아니라 잘 꾸며진 연출된 모습만 보여주기 때문입니다. 그 결과 진심을 주고받는 소통이 더욱 어렵습니다.

바우만이 온라인상의 소통에 부정적인 또 다른 이유가 있습니다. 뭔가 하면, SNS를 통해 스스로 개인의 프라이버시를 지워버리기 때문입니다. 현대인들은 별다른 고민 없이 SNS에 자신이 어디에서 무얼 하고 있는지를 익명의 대중에게 실시간으로 생중계하기도 합니다. 마치 짐 캐리가 출연했던 영화 〈트루먼쇼〉를 스스로 주인공이 되어 찍고 있는 셈입니다. 그렇게 되면, 스스로가 자신의 사적 비밀공간을 없애버리는 꼴이 됩니다. 그 결과, 더더욱 자신을 성찰하고 음미하고 반성할 시간을 갖지 못하게 됩니다. 요컨대, 현대인들은 SNS 때문에 타인의 시선을 더욱 많이 의식하게 되고, 자신에게는 솔직하지 못하게 되는 것입니다. 한마디로 고독을 잃어버린 삶을 살고 있는 셈입니다.

그럼, SNS를 하지 말아야 할까요? 글쎄요. 이미 그렇게 하기는 힘들지 않나 싶습니다. SNS가 이미 우리의 일상 깊숙이 들어와 자리를 잡고 있어서 이제는 SNS가 없는 일상을 상상조차 하기 힘듭니다. 그럼에도 불구하고 지나친 SNS로 인해 고독의 시간마저 잃어버리지는 말았으면 합니다. 바우만의 지적처럼, 현대인들은 고독의 시간을 잠시도 즐기지 못하고 SNS를 통해 가벼운 외투를 걸치듯 지저귀는 사이에 자신의 사적인 시간과 공간을 지워버리고 자신만의 삶을 살지 못하고 있는지도 모릅니다. 각자 나는 SNS에 얼마나 노출되어 있는지를 점검할 필요가 있겠습니다.

요즘은 누구나 최첨단 통신수단인 스마트폰을 손에 들고 있는 탓에 언제 어디서든 다른 사람과 연결이 가능한 시대입니다. 우리는 손가락질 몇 번이면 사랑하는 사람이나 지인과 소통할 수 있는 상황입니다. 별다른 통신수단이 없던 과거에 비하면 무척이나 편리해진 세상입니다.

하지만 그런 탓에 고독의 시간을 즐기지 못하는 사람이 의외로 많아졌습니다. 우리가 첨단 정보통신 기술에 익숙해지면서 고독의 시간을 보내는 경험과 습관을 들이지 못했기 때문입니다. 그 결과, 이제는 혼자만의 시간이 주어지면 고독을 즐기기는커녕 금세 지루함을 느끼고 불안해합니다. 자신과 대면하는 시간이 줄어들고 성찰의 기회도 갖지 못합니다. 따라서 스마트폰과 SNS의 사용이 증가할수록 고독의 시간을 확보하는 것이 더욱 중요해졌습니다.

고독의 시간이 필요한 이유는 내면적 성찰만을 위함이 아닙니다. 성공이나 성취를 이루기 위해서도 필요합니다. 대한민국의 철학자 박이문 선생이 이런 말을 남겼습니다. "혼자만의 시간을 견뎌야 한다. 혼자만의 시간과 공간을 견딜 수 없는 이들로부터 위대한 창조적 업적을 기대할 수 없다." 사실 역사상 위대한 업적을 남긴 사람은 대부분 혼자만의 시간, 고독의 시간을 만들어 즐긴 사람들입니다. 혼자 있는 시간을 힘겨워하거나 스스로 고독의 시간을 없애버린 사람은 결코 새로운 것을 창조하거나 위대한 성취를 이룰 수 없습니다. 창조적 업적이나 탁월한 성취로 역사에 이름을 올린 사람들은 대부분 '혼자 놀기의 달인'이었습니다. 대체로 위대한 성취는 고독이 베푼 선물입니다. 따라서 내면을 풍부하게 하기 위해서도 고독이 필요하지만 새로운 창조나 위대한 성취를 위해서도 고독의 시간은 반드시 필요합니다.

그럼, 이제부터는 패티김의 〈초우〉나 변진섭의 〈홀로 된다는 것〉과 같이 고독이나 외로움을 노래하는 가요는 듣지 말아야 할까요? 그렇지 않습니다. 시끄러운 소음에서 벗어나 아무도 없이 혼자가 되었을 때 잔잔히 울려 퍼지는 음률에 몸과 마음을 잠시 맡겨두는 것도 좋은 방법입니다. 고독 관련 노래를 들으면서 고독을 즐기는 연습도 필요합니다. 다만 지나치게 감정이입하여 외로움에 몸부림치는 일만은 없었으면 합니다. 혼자가 되었다는 사실만으로 "비에 젖어 울"거나 "홀로 된다는 것이 나(자신)를 슬프게" 하는 상태로는 가지 말았으면 합니다. 가급적 외로움은 피하되 고독은 가까이 할 필요가 있습니다. 때로는 고독이 인생의 좋은 동반자가 되기도 하니까요.

패티김 **〈초우〉** 1966	나훈아 **〈찻집의 고독〉** 1971
산울림 **〈회상〉** 1982	이재성 **〈고독한 DJ〉** 1986
여운 **〈홀로된 사랑〉** 1987	변진섭 **〈홀로 된다는 것〉** 1988
김완선 **〈나 홀로 뜰 앞에서〉** 1987	김완선 **〈나 홀로 춤추긴 외로워〉** 1988
김성호 **〈김성호의 회상〉** 1989	양희은 **〈사랑 그 쓸쓸함에 대하여〉** 1991
조용필 **〈고독한 RUNNER〉** 1992	김자옥 **〈공주는 외로워〉** 1996
장필순 **〈나의 외로움이 널 부를 때〉** 1997	

Trot × Philosophy 09

불륜

바람 피우는 게 죄냐?

우리는 주위로부터 누가 양다리를 걸쳤다, 불륜을 저질렀다가 이혼했다는 이야기를 심심치 않게 듣곤 합니다. 그만큼 이런 일이 자주 일어난다는 반증이지요. 그런데 다수의 사람들은 당사자들을 손가락질을 하거나 '뒷담화'를 늘어놓습니다. 사실 그들도 도덕적으로 완전하게 자유롭지는 못할 수도 있는데 말입니다. 오죽하면 "내가 하면 로맨스, 남이 하면 불륜"이라는 말까지 유행하게 되었을까요.

왜 이렇게 우리가 이중적인 태도를 취하는지 생각해보면 인간은 언젠가부터 성性에 대한 본능적 욕망을 도덕이라는 이성적 장치로 제어하려는 시도를 했을 것으로 보입니다. 하지만 마음에 드는 사람을 사랑하려는 욕구는 쉽게 제어할 수 없는 것이기에 그 욕망이 도덕을 넘어서는 현상이 다각도로 나타난다고 볼 수 있겠습니다. 이러한 인간의 욕망은 오랫동안 노래로도 만들어져서 불렀습니다. 어쩌면 너무나 당연한 일일지도 모르겠습니다.

그렇다면 한번 생각해봅시다. 불륜의 정의는 무엇일까요? 사랑하던 사이였는데 갑자기 다른 이성에게 관심이 생겨 쳐다만 봐도 불륜일까요? 아니면 육체적인 관계를 가져야 불륜일까요? 기준을 따지는 것은 무척 어려운 문제이겠지요.

불륜에 대한 철학적 해석을 해보기 전에 가요 속에 나타난 불륜의 모습을 보면 한국 사람들이 불륜에 대해서 시대별로 어떻게 생각하고 있는지 알 수 있습니다. 그리고 이것을 토대로 우리가 이 문제를 어떻게 처리하고 있고, 앞으로 어떻게 행동하는 것이 현명할지 판단할 수 있을 것입니다. 그렇다면 노래 속 불륜은 어떤 모습일까요?

1956년에 발표된 현인의 〈꿈속의 사랑〉을 먼저 보겠습니다. 이 곡은 중국가수 공치우샤의 〈몽중인夢中人〉을 번안한 것입니다. 번안한 노래의 가사는 사랑할 수 없는 사람을 사랑하게 된 한 사람의 이야기입니다.

현재의 관점에서 보면 이런 소재의 노래는 관심 가질 일이 아니지만, 1950년대 유교적 도덕관념이 투철하던 사회 분위기를 생각해보면 매우 파격적입니다. 특히 이 곡은 "사랑해선 안 될 사람을 사랑하는 죄라서"라는 모호한 가사를 통해 여러 가지 상상을 하게 해준다는 점이 매우 흥미롭습니다. 도대체 사랑해선 안 될 사람이란 누구일까요? 이미 애인이 있다는 의미일까요? 결혼한 사람을 사랑한단 뜻일까요? 이 곡이 히트한 1950년대를 돌이켜보면 전쟁 직후의 고달프고 가난했던 삶 속에서도 꿈속에서만이라도 사랑하고 싶은 사람이 많았던 모양입니다.

사랑해선 안 될 사람을 사랑한 죄라서 / 소리 없이 내 가슴은 이 밤도 울어야 하나 / 잊어야만 좋을 사람을 잊지 못한 죄라서 / 말 못하는 이 가슴

은 이 밤도 울어야 하나

현인, 〈꿈속의 사랑〉 중에서

1960~1980년대로 넘어가면 바람이나 삼각관계, 불륜에 관한 빅히트곡은 찾아보기 어렵습니다. 아마도 공연윤리위원회의 사전검열 때문이겠지요. 유교질서가 뿌리 깊은 사회다보니 가수나 레코드사들도 사회적인 비난을 감당하면서까지 노래를 발표할 이유는 없었을 것입니다.

다만 1985년에 김범룡이 불러서 히트한 〈바람 바람 바람〉은 바람 피우는 사람에 대한 중의적인 의미를 가진 노래로도 해석할 수 있겠습니다. 가사에서 님을 기다리는 화자가 상대를 "왔다가 사라지는" 바람으로 묘사하고 말지만, 그 바람처럼 사라지는 사람은 아마도 선수일 테지요. 순진한 화자는 이용만 당하고 망연자실하는 것으로 해석할 수 있겠습니다.

이 때문인지 2018년에 개봉한 이성민·신하균·송지호·이엘 주연의 영화 〈바람 바람 바람〉은 노래 제목을 영화 제목으로 차용한 작품으로 김범룡의 노래 제목을 바람 피우는 사람으로 해석한 것으로 볼 수 있습니다. 불륜관계가 웬만한 막장드라마 이상으로 복잡한 코미디였습니다. 이렇게 불륜은 주위에서 항상 벌어지는 일이지만 1980년대까지만 해도 공공연하게 이야기하기를 쉬쉬하는 사회문화에서 우리는 살았던 것입니다.

하지만 1990년대부터 불륜이라는 소재는 노래, 영화, 드라마 등 미디어에서 다양한 형태로 봇물처럼 터져 나왔습니다. 1980년대 장유유서가 미덕인 시대를 벗어나 1990년대에 자기주장을 올곧게 펼치는 것이 가치 있다고 여긴 X세대의 등장, 자유로운 의사 표시가 어느 정도

가능해진 시대에 사람들은 일반적인 도덕관념에 도전장을 내민 노래들을 지지하기 시작한 것입니다.

그중 포문을 열었던 빅히트작은 조관우의 〈늪〉1994이었습니다. 조관우는 1992년 데뷔음반을 낼 때만 해도 국악을 전공한 평범한 가수에 불과했습니다. 그는 작곡가 하광훈을 만나 함께 대구 팔공산에 들어가 소리에 대해 단련을 하면서 가성을 극대화하는 현재의 창법을 개발하고 1994년 〈늪〉을 발표하게 됩니다. 〈늪〉은 첫눈에 반한 어떤 여성이 유부녀였지만 포기하지 않고 사랑한다는 내용으로 유부녀를 사랑하는 소재는 당시의 사회적 분위기로서는 잘 등장하지 않는 것이었습니다. 또한 조관우의 소리는 마치 늪에 빠진 듯 헤어 나오지 못하는 한 남성의 짝사랑을 이전에 없었던 애절한 가성으로 불러 깊은 슬픔을 묘사했습니다. 과거 가요계에서는 노래 중간에 가성을 사용해서 부르는 경우는 많았지만 이렇게 처음부터 끝까지 가성으로 부르는 가수는 없었기 때문에 중년남녀의 열렬한 지지를 받았습니다.

> 내가 그녀를 처음 본 순간 / 이미 그녀는 다른 남자의 아내였지 / 하지만 그건 내게 별로 중요하지 않았어 / 왜냐하면 진정한 사랑은 언제나 / 상상 속에서만 가능한 법이니까 / 난 멈출 수가 없었어 이미 / 내 영혼은 그녀의 곁을 맴돌고 있었기 때문에
>
> 조관우, 〈늪〉 중에서

〈늪〉은 결혼한 여성을 혼자 남몰래 사랑하는 것이므로 엄밀히 얘기하면 불륜으로 보기에는 어려운 면이 있습니다. 다만 이 곡의 대중적 히트 이면에는 사람들이 어느 남성의 금지된 사랑을 몰래 들여다보는

행위를 통해서 동질감과 관음증적인 쾌감을 느끼고 있다고도 볼 수 있습니다.

〈늪〉은 혼자만의 사랑에 그치지만 그로부터 2년 후인 1996년에는 유동근·황신혜 주연의 MBC 드라마 〈애인〉이 히트하면서 불륜이 본격적으로 양지로 나와 공론의 장에 오르게 됩니다. 가정이 있는 30대 두 남녀 정운오(유동근 분)과 윤여경(황신혜 분)은 급작스럽게 만나 서로의 사랑을 확인하지만 아름다운 불륜을 잠시 경험한 후 각자의 가정으로 돌아갑니다. 〈애인〉은 가정의 중요성을 해친다는 이유로 방송위원회로부터 경고를 받았는데 이 사건이 1996년의 사회적 통념을 단적으로 보여줍니다. 이 드라마에서는 독일의 혼성듀오 캐리 앤 론 Carry & Ron 의 〈I.O.U〉가 빅히트하여 큰 사랑을 받았습니다.

1990년대는 〈늪〉이나 〈애인〉처럼 진지한 이야기 외에도 젊은 시절의 양다리나 삼각관계에 관한 가벼운 이야기가 많이 등장하는 것도 특징입니다. 예를 들면 혼성그룹 쿨의 운명을 바꿔놓은 노래 〈운명〉1995은 양다리를 걸치면서 같은 영화, 같은 이야기를 반복적으로 하다가 편지를 서로에게 잘못 보내 탄로가 난 이야기고, 같은 해에 한국 가요계를 강타한 김건모의 〈잘못된 만남〉은 삼각관계에서 버림 받은 한 남자의 이야기를 역설적으로 흥겨운 댄스로 담은 곡으로, 두 곡 모두 빅히트했습니다.

이렇게 중고등학교 때 교육을 통해 배운 우정이나 도리를 따르지 않고 일탈하여 발생한 남녀 관계가 1990년대에 본격적으로 등장해 히트하게 됩니다. 드디어 한국인들이 성, 사랑, 관계에 대해서 보다 타인을 의식하지 않고, 느슨하게 바라보고 있다는 것을 알려주는 것이지요.

1990년대에 조금 자유로워졌으니 2000년대로 넘어가면 어떻게 변할지 이미 예상이 되지요? 더 자극적이고 일상에서는 쉽게 벌어지지 않은 일들이 노래에 등장하기 시작합니다. 물론 드라마도 마찬가지입니다. 이른바 막장 드라마가 인기를 얻었는데 비판받으면서도 높을 시청률을 기록하는 역설적인 현상 때문에 지속적으로 불륜 콘텐츠들이 늘어나기 시작했습니다.

2000년대의 3류 애정소설 같은 자극적인 노래들을 봅시다. 2002년 신화가 발표한 〈너의 결혼식〉은 친동생의 결혼식에 등장한 신부가 자신의 이상형이라는 내용입니다. 동생의 신부를 사랑하는 상상을 해대며 "시간을 돌리고 싶어 단 몇 일만이라도 Do you loving me and come with me"라고 외칩니다. 또한 같은 해에 발표한 쿨의 〈Blue Eyes〉는 결혼을 앞둔 신부가 결혼식 전날 과거에 사랑했던 남자와 마지막 밤을 보내는 내용으로 불륜의 범주에 넣을 수는 없겠지만 결혼 당사자인 신랑이 알았다면 파혼할 이야기였을 것입니다.

한편 1999년부터 2014년까지 KBS에서 방영된 드라마 〈부부클리닉 - 사랑과 전쟁〉은 다양한 이혼 사례를 드라마화하여 방영하면서 많은 이들의 공감을 받았습니다. 이 드라마는 가정법원의 가사분쟁조정위원회를 중심으로 각자의 입장에서 생각할 거리를 던져주며 위기에 처한 부부의 이야기를 공론의 장으로 끌어냈습니다. 이를 통해 자아를 성찰할 수 있는 기회를 줌으로써 오락에 치중한 막장 드라마들과는 다른 평가를 받았습니다.

〈부부클리닉 - 사랑과 전쟁〉은 15년간 방영되며 오랜 사랑을 받은 만큼 노래로도 발표되었습니다. 2008년 혼성듀오 다비치가 〈사랑과 전쟁〉을 노래했고, 2011년부터 시작된 시즌2에서는 바비킴, 란, 우은미 등이 OST를 불렀습니다. 같은 해 방탄소년단의 '아버지' 방시혁이 작사한 틴탑의 〈향수 뿌리지마〉가 발표되었습니다. 여자 친구가 있는 남자가 연상의 누나를 몰래 만나면서 여자 친구에게 걸릴 수 있으니 향수를 뿌리지 말라는 내용이었습니다.

> 두 번 다시 바람 피지 마 / 네가 매달려 만난 거잖아 / 어떻게 날 두고 다른 여자를 만날 수 있니 / 내게 더 정말 멋진 남자들 / 가끔은 내게 다가와 흔들릴 때도 있어 / 넌 몰라 이젠 제발 정신 좀 차려 / 어제 너 누구랑 있었어 / 친구에게 전화가 왔어 / 네가 다른 여자와 있었다고 / 솔직히 너 한 번 말해봐 / 나보다 더 매력 있니 / 아니면 이젠 내가 너는 지겨운 거니
> (…)
>
> 다비치, 〈사랑과 전쟁〉 중에서

    이제 불륜 노래의 역사를 마무리해야 할 텐데 마지막으로 2000년대를 종합해보면 바람, 불륜 등의 소재를 상당히 가볍게 여기고 있다는 것입니다. 그러니까 관계의 배신감을 분노와 증오로 표현하기보다는 기분은 나쁘지만 죽을 정도는 아니며 하나의 현상 정도로 바라보는 시선이라는 점입니다. 그래서인지 2020년 전후의 트로트 열풍에서 스타로 떠오른 가수 영탁의 〈니가 왜 거기서 나와〉는 2018년에 발표되었지만 역주행하여 히트했습니다. 이 곡은 몸이 아파 쉬겠다는 여자 친구가 몰래 클럽에서 다른 남성과 만나 술을 마신 후 나오는 모습을 목격하는 내용을 코믹한 댄스트로트로 풀어낸 노래입니다.

    누구에게는 충격과 고통이었을 사건을, 사람들은 별일 아닌 듯 노래를 통해 웃어넘기고 맙니다. 과거로 돌아가 비교해보면 이제 사람들은 더 이상 1994년 조관우의 〈늪〉에서 느낀 은밀한 상황을 몰래 관찰하기보다는 불륜을 도덕적인 문제가 아니라 한 개인의 사생활로 받아들이고 있다고 해석할 수 있습니다.

미국 클린턴 대통령의 백악관 비서와의 불륜사건이나 샤르코지 프랑스 대통령이 재임 중 이혼하고 모델 카를라 부르니와 결혼한 것을 미국과 프랑스의 국민들은 각자의 사생활로 생각하는 여론이 많았다는 것과 유사하듯이 말입니다.

(남) 어디야? / (여) 집이야. 피곤해서 일찍 자려고. / (남) 아 그래? 잠깐 볼랬더니. 오늘 피곤했나 보네. 얼른 자. / (여) 어 끊어.
근데! 네가! / 네가 왜 거기서 나와 네가 왜 거기서 나와 / 사랑을 믿었었는데 발등을 찍혔네 / 그래 너 그래 너 야 너 네가 왜 거기서 나와.
피곤하다 하길래 잘 자라 했는데 / 혹시나 아픈 건가 걱정도 했는데 / 뭐 하는데 여기서 뭐하는데 도대체 / 너네 집은 연신내 난 지금 강남에 / 시끄런 클럽을 무심코 지나는데 / 이게 누구십니까
(…)

영탁, 〈니가 왜 거기서 나와〉 중에서

바람둥이,
이성에 대한 불감증 환자

　대한민국 TV 드라마 역사에서 최장수 프로그램은 무엇일까요? 바로 MBC에서 방송된 전설의 국민 농촌 드라마 〈전원일기〉입니다. 이 프로그램은 1980년부터 2002년까지 22년 2개월 동안 총 1088회에 걸쳐 방영된, 그야말로 장수 드라마입니다. 농촌마을의 유지인 김회장네 집과 복길네로 대표되는 그 이웃들의 이야기가 옴니버스식으로 소개되어 다양한 일상과 에피소드를 소개하는 프로그램으로 많은 사람의 사랑을 받았습니다. 특히 산업화로 인해 고향을 떠나온 도시인들의 향수를 달래주기에 좋은 소재여서 〈전원일기〉의 인기는 충분히 이해될 만합니다.
　KBS 드라마 중에는 도무지 그 인기의 배경을 말로 설명하기 어려운 프로그램도 있습니다. 드라마 〈부부클리닉 – 사랑과 전쟁〉입니다. 이혼 위기에 처한 부부의 사례를 리얼하게 재구성하여 보여주는 이 드라마는 1999년부터 2009년까지의 '시즌 1'과 2011년부터 2014년까지의 '시즌2'를 합쳐 총 603부작으로 방영된 장수 프로그램입니다. 〈전원일기〉의 장수비결이야 쉽게 납득이 되지만 〈부부클리닉 – 사랑과 전쟁〉의 인기는 도무지 이해불가입니다. 모두가 비난하는 불륜이 주된 소재인데, 왜 그렇게 인기를 끈 것일까요? 이것도 막장 드라마의 인기와 유사한 논리로 이해하면 되는 것일까요?

  드라마 제목에서도 알 수 있듯이, 사랑은 결혼의 상징이지만 전쟁은 불륜의 결과입니다. 대체로 사람들은 결혼한 부부의 사랑은 어떤 일이 있어도 영원해야 하며, 불륜은 부도덕한 짓이라고 여깁니다. 그럼에도 불륜을 주제로 한 드라마가 많은 인기를 얻었다는 사실은 아이러니가 아닐 수 없습니다. 이성적으로 따져보면, 결혼이 사랑의 결과인 것처럼 불륜 또한 사랑의 일종인 것만은 분명해 보입니다. 다만 불륜은 공인되지 않은 사랑일 뿐입니다. 사랑 없는 통정通情은 매춘입니다. 결국, 결혼과 불륜의 차이는 사랑의 여부가 아니라 공인성의 유무에 따라 갈립니다. 불륜은 결혼이라는 인류의 공인된 관습과 규범에 대한 위반입니다. 그래서 불륜은 사랑의 일종임에도 비난의 대상이 됩니다. 유사한 사랑의 감정임에도 대접은 천양지차라 하겠습니다. 결혼이 천국의 사랑이라면 불륜은 지옥의 사랑이라고 해야 할까요? 《불륜, 오리발 그리고 니체》의 저자인 루이즈 디살보Louise DeSalvo는 결혼과 불륜에 대해 이렇게 썼습니다.

  나는 우리 문화가 불륜을 부정적으로만 생각하도록 강요하고 있다고 믿는다. 불륜은 '결혼은 이런 것이다'라는 통념을 위협한다는 게 그 이유다. 불륜에는 위험과 변화, 자율이 따르게 마련이다. 경험이 여실히 보여주었듯이 불륜과 맞닥뜨리면 누구나 어찌할 바를 모르고 종종 모든 염려에 대해 도무지 예측할 수 없는 정서적 상태를 보일 수 있다. 우리는 다른 사람이 되고 만다.

디살보는 불륜을 부정적으로만 보지 않았습니다. 관습으로 공인된 결혼에는 의외로 사랑의 감정을 거세하는 복병이 많습니다. 결혼 이후의 사랑은 감미로움보다는 건조함으로 변하는 경우가 많습니다. 건조한 부부관계, 잦은 말다툼, 퉁명스러움, 돈 걱정, 쓰레기 버리기, 의무감이 지배하는 섹스 등으로 채워지는 메마른 천국이기 십상입니다. 반면, 불륜에는 건조함 대신 감미로움과 낭만이 가득합니다. "섹스, 열정, 음식, 술, 기쁨, 권태" 등이 그것입니다.

사람들은 애정이 깊어지면 그들의 사랑을 영원한 천국으로 올려놓기 위해 결혼을 선택하지만, 막상 결혼생활은 '메마른 천국'이기 일쑤입니다. 결혼을 선택한 시점의 느낌과 결혼 이후 지속되는 일상의 감정은 어긋나기 마련입니다. 결혼 이후까지 연애시절의 감정이 지속되기란 낙타가 바늘구멍을 통과하는 것보다 어렵습니다. 사랑이 이상이라면 결혼은 현실이기 때문입니다. 그래서 사람들은 이상과 현실 사이의 샛길에 관심을 두기도 합니다. 그 샛길이 바로 불륜입니다. 천국이라 믿고 올라간 곳이 메마르고 척박한 사막이라면 그때는 새로운 오아시스를 찾아 나설 수도 있습니다. 설령 그것이 '남의 땅'에 있는 것이라고 해도 말이지요.

니체가 이런 말을 했습니다. "도덕적 현상이란 존재하지 않는다. 현상에 대한 도덕적 해석만 있을 뿐이다." 어떤 행위가 도덕적인지 여부는 행위 그 자체로 판단할 수 있는 것이 아니라 해석 여하에 달렸다는 뜻입니다. 불륜에 대한 판단도 마찬가지 아닐까요? 사회관습이나 규범의 틀에서 보자면 윤리의 부정이자 배우자에 대한 배신이겠지만, 당사자로시는 젖과 꿀이 흐르는 오아시스를 찾아 떠나는 '새로운 윤리의 생성'일 수도 있습니다. 결혼이라는 척박한 사막에서 질식하여 죽기보다는 약간의 비난을 감수하고서라도 삶을 이어가려는 '생의 의지'라고 평가하는 것은 지나치게 관대한 해석일까요? 여기서 결론을 내리기보다는 각자의 판단에 맡기겠습니다.

그럼에도 정도의 차이는 있습니다. 시도 때도 없이 새로운 '오아시스(?)'를 찾아 떠나는 행위를 마냥 긍정적으로 이해하기는 어렵습니다. 특히나 기존 사랑의 땅이 메마르거나 척박하지 않음에도 자꾸 새로운 우물을 찾는 사람을 포용할 수는 없는 노릇입니다. 사람들은 배우자나 사귀고 있는 이성을 두고 다른 이성과 교제를 즐기는 상황을 '바람이 났다'거나 '바람을 피우다'라고 표현합니다. 또, 이런 행위를 자주 하는 사람을 두고 호색한好色漢이라거나 바람둥이라며 손가락질합니다. 어느 정도 색을 밝히는 것이야 인간의 본성이라 어쩔 수 없지만 그 정도가 지나치면 아무래도 문제가 됩니다.

바람둥이나 호색한 중에는 역사에 이름을 남긴 이도 적지 않습니다. 대표적인 바람둥이로는 '카사노바'와 '돈 후앙'이 있습니다. 카사노바는 이탈리아의 문학가이자 엽색가로 잘 알려진, 그야말로 바람둥이의 대명사입니다. 그는 화려한 여성편력을 자랑하다가 말년에 자서전을 남겼는데, 그 자서전에는 무려 122명이나 되는 여성과의 연애 경험을 남겼다고 합니다. 반면, '돈 후앙(돈 주앙)'은 실존 인물인지는 분명치 않습니다. 14세기 혹은 그전에 살았다고 알려진 그는 1630년경 스페인 작가 티르소 데 몰리나Tirso de Molina의 비극《세비야의 호색가》에 소개된 후, 모차르트의 오페라〈돈 조반니〉로 널리 알려지게 되었습니다. 사람들이 '돈 후앙' '돈 주앙' '돈 조반니'라고 부르는 명칭은 모두 동일인을 지칭하는 다른 표현인데, 여기서는 편의상 돈 조반니로 통일해서 부르겠습니다. 돈 조반니의 여성편력도 만만치 않았습니다.

퀴즈를 하나 내겠습니다. 돈 조반니와 카사노바 중 여성편력은 어느 쪽이 화려했을까요? 둘 중에서 누가 더 심한 바람둥이일까요? 이성을 만난 숫자로만 보면 돈 조반니의 손을 들어주어야 할 것 같습니다. 모짜르트 오페라에 나오는 돈 조반니의 여성편력은 그의 하인이 불러주는 〈카탈로그의 노래〉에 잘 나오는데, 여기서 카탈로그란 돈 조반니가 '데리고 논 여자들의 명단'을 의미합니다. 말하자면, 돈 조반니가 만난 여성의 수는 하도 많아서 그 명단을 카탈로그로 관리해야 할 수준이었습니다. 돈 조반니의 카탈로그에는 '이탈리아 여성 640명, 독일 여성 231명, 프랑스 여성 100명, 스페인 여성 1,003명' 등 엄청난 숫자의 여성을 만난 것으로 나옵니다. 기록으로만 놓고 보면, 카사노바보다 돈 조반니가 한 수 위가 아닌가 싶습니다.

이처럼 화려한 여성편력을 가진 카사노바나 돈 조반니를 보면 어떤 느낌이 드시나요? 여성들이야 이들의 행각에 대해 엽기적이라며 치를 떨 가능성이 높을 것입니다. 하지만 남성들의 평가는 약간 다를 수 있습니다. 도덕적 문제를 논외로 두고 본다면, 남성들은 이들을 '능력자'라고 부르면서 부러워하기도 하고, 어떤 사람은 존경심을 표하기도 합니다. 그런데 카사노바나 돈 조반니 정도는 아니더라도, 바람 피우는 이야기는 소설에 자주 등장하는 주제기도 합니다.

가령, 톨스토이의 소설 《안나 카레니나》에서도 주인공 안나가 멀쩡한 백작 남편을 두고 젊은 장교와 바람을 피우는 이야기가 나옵니다. 우리나라 사람들이 좋아하는 밀란 쿤데라의 소설 《참을 수 없는 존재의 가벼움》에서도 남자 주인공 토마시는 연인인 테레자와 함께 살면서도 끊임없이 바람을 핍니다. 문학판 〈사랑과 전쟁〉이라고 해야 할까요? 아무튼, 이를 보면 배우자나 애인이 있음에도 다른 이성에게 끌리는 현상은 어쩌면 모든 인간에게 조금씩은 내재되어 있는 본성인지도 모릅니다. 아무래도 매력적인 사람을 보면 끌리는 것은 인간이라면 누구나 갖는 자연스러운 본능에 가깝습니다.

밀란 쿤데라는 《참을 수 없는 존재의 가벼움》에서 바람둥이의 유형을 크게 두 가지로 구분합니다. '서정적 바람둥이'와 '서사적 바람둥이'인데요. 이들은 한곳에 정주하기를 거부하고 매번 새로운 '오아시스'를 찾는다는 점에서는 공통점이 있지만 스타일에는 큰 차이가 있습니다. '서정적 바람둥이'라는 표현에서 '서정적'이란 '감정을 담뿍 담고 있는'이란 뜻으로 시적인 사랑을 뜻합니다. 이를 바람둥이에 적용하면, 서정적 바람둥이는 이성의 특정한 감정에 꽂히는 사람을 말합니다. 새로운 이성을 만나는데, 매번 유사한 스타일의 이성만을 고집하는 유형입니다. 따라서 서정적 바람둥이의 작업 멘트는 주로 이런 식입니다. "당신을 보니까 문득 오래전에 돌아가신 어머님의 모습이 떠오르네요!" 말하자면, 서정적 바람둥이는 자기 이상형과의 유사성을 강조하면서 접근합니다. 매번 상대가 바뀌지만 동일한 스타일만을 고집하고, 쿤데라는 이런 유형의 바람둥이를 '낭만적 호색한'이라 불렀습니다. 바람둥이긴 하지만 낭만적이라고 보는 것입니다.

반면, 서사적 바람둥이는 동일성보다는 차이를 추구합니다. 그래서 상대가 바뀔 때마다 이전과는 전혀 다른 스타일의 이성을 만납니다. 말하자면, 서정적 바람둥이는 매번 동일한 스타일로 상대를 고집하는 반면, 서사적 바람둥이는 매번 새로운 스타일로 상대를 만나는 유형입니다. 편식을 싫어하는 스타일이지요. 쿤데라는 이 유형을 '바람둥이형 호색한'이라 불렀습니다.

사람들은 동일성을 추구하는 서정적 바람둥이와 차이에 집착하는 서사적 바람둥이 중 누구를 더 나쁘게 생각할까요? 대체로 사람들은 매번 동일한 스타일을 고집하는 서정적 바람둥이에 대해서는 조금 덜 나쁘게 보는 경향이 있습니다. 사람들은 이들을 '낭만주의자'라 평가하기도 하고, 이들의 바람기를 '이상형을 찾아가는 과정'이라며 좋게 해석하는 경우도 있습니다. 반면, 매번 다른 스타일을 추구하는 서사적 바람둥이에 대해서는 색을 밝히는 '호색한'이라 부르면서 경멸하는 경우가 많고, 그들의 행동을 용납하지 못합니다. 카사노바나 돈 조반니, 그리고 《참을 수 없는 존재의 가벼움》에 나오는 남자 주인공 토마시도 모두 서사적 바람둥이에 해당하는 인물들입니다. 이런 유형의 바람둥이들은 기존 배우자나 연인에 만족하지 못하고 매번 새로운 이성을 찾아 나섭니다. 또, 그 과정에서 배우자나 연인에게 별다른 죄책감을 갖지도 않고 자신의 욕망을 채울 뿐입니다.

카사노바나 돈 조반니 같은 바람둥이는 매번 새로운 상대를 만나면서 만족감이나 행복감을 느낄까요? 정신분석학적 관점에서 보자면 바람둥이는 결코 만족감을 느낄 수 없다고 합니다. 왜 그럴까요? 그 이유를 알기 위해서 우리는 정신분석학자인 자크 라캉Jacques Lacan의 도움을 받기로 하겠습니다. 라캉은 모든 인간에게는 무의식적으로 이끌리는 대상이 있다고 보았습니다. 예컨대 자동차 수집광은 특정한 자동차에 눈이 가고, 예술가는 특정한 작품에 이끌립니다. 또, 연인들은 특정한 이성에게 무의식적으로 이끌리기도 합니다. 사람들이 흔히 '첫눈에 반했다'고 말하는 경우가 여기에 해당되는데요.

라캉은 이처럼 무의식적으로 끌리는 대상을 '대상 A'라 명명하면서, 이 '대상 A'가 사람을 무엇인가로 이끄는 욕망의 원인이라고 보았습니다. 말하자면, '대상 A'는 자기도 모르게 끌리는 대상이라는 뜻입니다. 즉 모든 인간에게는 자기도 모르게 끌리는 대상이 존재한다는 뜻입니다. 인생을 살다보면, 누군가에게 이유 없이 호감을 느낄 때가 있지 않던가요? 처음 만난 이성에게도 왠지 눈길이 가고, 처음 본 물건임에도 서슴없이 지갑을 열어서 신용카드를 내밀 때가 있습니다. 왜 그런지 말로 설명할 수 없지만 어쨌거나 마음을 빼앗긴 것입니다. 이처럼 사람에게는 이유 없이 무의식적으로 끌리는 대상이 있는데, 라캉은 그것을 '대상 A'라고 칭했습니다.

한편, 라캉에 따르면 인간의 욕망은 기본적으로 타자의 욕망입니다. 내가 무엇인가를 욕망하는 것은 내가 그것을 좋아해서가 아니라 다른 사람들이 그것을 욕망하기 때문에 나도 좋아하게 된다는 것입니다. 가령, 아기는 태어날 때 아무런 욕망이 없는 상태로 세상에 나옵니다. 하지만 아기가 엄마 배 속에서 나온 세상에는 이미 기존의 상징적 질서가 존재하고 있습니다. 따라서 아기는 어쩔 수 없이 기존 질서를 받아들일 수밖에 없습니다. 라캉은 이러한 기존의 상징적 질서를 '상징계'라고 표현했습니다. 이러한 논의로 보자면, 지금 내가 욕망하는 대상은 사실은 내가 원해서가 아니라 상징계의 질서, 그러니까 기존에 이미 누군가가 만들어놓은 질서를 무의식적으로 받아들인 결과일 뿐입니다. 예를 들어, 오늘날 자본주의 경제체제에서 태어난 남자아이는 '얼굴이 작고 이목구비가 뚜렷하면서 몸매가 모델처럼 날씬한 여성'에게 끌리기 쉽습니다. 왜냐하면 기존의 사회적 질서가 그런 여성을 욕망하도록 구조화해두었기 때문입니다.

한번 생각해볼까요? 지금으로부터 1만 년 전인 원시 농경사회에서 태어난 남자아이도 오늘날의 남성들이 선호하는 스타일의 여성을 좋아했을까요? 장담할 수 없습니다. 아마도 그 시대에는 지금과는 전혀 다른 스타일의 여성을 좋아할 수도 있습니다. 이러한 사실은 우리의 욕망이 자신이 원해서가 아니라 자신이 태어난 세계의 상징적 질서를 받아들인 결과라는 것을 보여줍니다. 즉, 나의 욕망은 타자의 욕망을 무의식적으로 수용한 결과라는 뜻입니다.

한편 라캉에 따르면, 인간의 욕망은 기본적으로 '무엇인가에 대한 결여' 때문에 생깁니다. 바람둥이가 새로운 이성을 찾는 이유도 기존 상태로는 채워지지 않은 결여 때문입니다. 그런데 문제는 우리가 새로운 대상을 아무리 욕망해도 그 결여가 완전히 채워지는 경우는 없고, 항상 '빈틈'이 생긴다는 데 있습니다. 새로운 대상은 욕망을 불러일으킨 '대상 A'에 대한 불완전한 대체물이기 때문입니다. 우리가 이상형과의 완전한 사랑을 꿈꾸면서 새로운 대상을 선택해도 그 사람은 항상 '자기가 꿈꾸는 이상형의 불완전한 대체물'에 불과합니다.

이런 이유 때문에 바람둥이는 매번 새로운 이성을 만나지만 한 번도 만족감을 느끼지 못합니다. 안타까운 일이죠. 그렇기 때문에 이제부터 바람둥이를 보면, 능력자라면서 부러워할 이유가 없습니다. 바람둥이는 먹이를 찾아 헤매는 하이에나처럼 언제를 새로운 이성을 찾아 나서지만, 어느 누구에게도 만족감을 느끼지 못하는 불쌍한 인간입니다. 결국, 바람둥이가 계속 바람을 피우는 이유는 이성에 대한 욕망이 커서가 아니라 아무리 많은 이성을 만나도 완전한 만족감을 얻지 못하기 때문입니다. 이런 점에서 보자면, 바람둥이는 이성에 대한 불감증 환자인지도 모릅니다. 결코 부러워할 사람이 아닙니다.

대중가요에도 새로운 이성 때문에 고민하는 장면이 자주 등장합니다. 현인의 〈꿈속의 사랑〉에서처럼 "사랑해선 안 될 사람을 사랑한 죄"로 "소리 없이 내 가슴은 이 밤도 울어야" 하는 경우도 있고, "내가 그녀를 처음 본 순간 이미 그녀는 다른 남자의 아내였었지"로 시작되는 조관우의 〈늪〉에서도 '사랑의 늪'에 빠진 자신의 처지를 안타까워합니다. 그리고 〈친구의 친구를 사랑했네〉라며 고백하는 이승철의 노래나 친구에게 애인을 빼앗긴 심정을 노래하는 김건모의 〈잘못된 만남〉, 친구의 애인에게 마음이 흔들렸던 홍경민의 〈흔들린 우정〉 등 주체할 수 없는 바람기를 두고 어떻게 할지 고민하는 노래가 많습니다. 그들은 모두 자기도 모르게 누군가에게, 라캉이라면 '대상 A'라고 지칭했을 상대에게 마음을 빼앗겼습니다. 하지만 분명한 것은 그 상황에서 어떤 선택을 하더라도 완전한 만족감에는 이를 수 없다는 점입니다. 새롭게 욕망하게 된 그 대상도 어차피 자신이 꿈꾸던 완전한 이상형은 아니니까요.

이런 의미로 보자면, 인생도 어렵지만 사랑 또한 쉬운 일은 아닙니다. 사람은 누구나 완전한 사랑을 꿈꾸지만, 현실의 사랑은 언제나 불완전합니다. 인간은 매번 자신의 이상형을 찾아 나서지만 평생 동안 만나지 못한 채 생을 마감하고 맙니다. 지상에는 이데아가 없듯이, 이상형도 현실에는 존재하지 않기 때문입니다. 본디 천사와 같은 이상형은 하늘에서 살고 있습니다. 가끔씩 현실세계에서 천사와 같은 이성을 발견하기도 하지만 그것은 허상에 불과합니다. 그러니 사랑의 기쁨을 맛보기 위해서는 하이에나처럼 새로운 이성을 찾기보다는 자신의 무분별한 욕망을 먼저 다스려야 하는지도 모릅니다. 사랑, 참 어려운 주제입니다.

현인 〈꿈속의 사랑〉 1956	조관우 〈늪〉 1994
김건모 〈잘못된 만남〉 1995	박진영 〈난 여자가 있는데〉 2001
JK김동욱 〈미련한 사랑〉 2002	신화 〈너의 결혼식〉 2002
다비치(Nar 하하) 〈사랑과 전쟁〉 2008	영탁(Narr 고은아) 〈니가 왜 거기서 나와〉 2018

Trot × Philosophy 10

편지

백지라도 고이 접어
보내주세요

1990년대 중반 전 세계에 인터넷 열풍이 불었습니다. 세상이 변화하는 거대한 혁신이었습니다. 월드 와이드 웹 world wide web 이라고 하는 인터넷 세상은 많은 부분에서 우리의 삶을 편리하게 해주었죠. 그중 하나는 편지가 이메일로 대체되는 것이었습니다. 특히 해외에 보내는 편지는 비용과 시간을 단축시켰습니다. 빨간색과 파란색으로 디자인된 겉봉투에 'Air Mail'을 쓴 후 외국으로 편지를 보낸 경험을 해본 분도 있으리라 생각합니다. 이렇게 이메일은 우편이라는 것을 새롭게 재편하면서 우리 삶을 더욱 빠르고 편리하게 해주었습니다. 그런데 왠지 모를 공허함도 느껴집니다. 편지와 엽서의 낭만이 없어진 아쉬움이라고 할까요? 이제는 이메일도 필요 없습니다. 문자와 메신저가 이메일마저 대체하고 있기 때문입니다. 그런데 이상하게도 기술이 발전할수록 불편하게 편지를 보내던 시절이 더욱 그리워진다는 이야기를 많이 듣습니다. 편리성

만이 인간의 삶을 풍요롭게 만들지는 않는다고 생각합니다.

편지와 관련된 노래가 많습니다. 자신의 생각을 누군가에게 말하려는 욕구는 본능적입니다. 그런데 멀리 있는 누군가에게 의사를 전달하려면 우편이라는 시스템이 필요했겠지요. 가요 속 편지 노래를 보면 가장 먼저 눈에 띄는 것이 1950년에 발표된 유춘산의 〈향기 품은 군사우편〉입니다. 6·25전쟁으로 부모, 자식, 남편, 부인 등으로부터 편지를 애타게 기다렸던 역사가 있습니다. 그래서 전화 한번 제대로 해보지 못했던 시절 우체부는 매우 중요한 존재였습니다.

이후 전쟁이 끝나고 한숨을 돌릴 시기였던 1970년대가 되자 가을마다 항상 듣게 되는 최양숙의 〈가을편지〉1971가 등장합니다. 최양숙은 당시 이름을 날리던 음악평론가 최경식의 동생이었으며 최양숙 본인도 서울대학교 성악과를 다니고 있었습니다. 최경식은 포크음악의 성지였던 서울 명동의 YMCA 청개구리홀에서 김민기를 알게 되었습니다. 그는 고은의 시 〈가을편지〉를 포크송으로 만들어 소개하려고 김민기에게 곡을 의뢰하였고, 오늘날 우리가 가을이면 듣게 되는 〈가을편지〉가 탄생하게 됩니다.

> 가을엔 편지를 하겠어요 / 누구라도 그대가 되어 받아주세요 / 낙엽이 쌓이는 날 외로운 여자가 아름다워요
>
> 최양숙, 〈가을편지〉 중에서

이로부터 2년 후에 발표된 장미리의 〈말 전해다오〉도 히트했습니다. 이 곡은 안개가 자욱한 밤에 갑작스레 왔다가 금방 떠나가는 님에게 사랑한다며 말을 전해달라고 안개에게 호소하는 내용입니다. 새벽안개

에게 말을 전한다는 내용이 낭만적인데, 안타까운 마음을 전할 길이 없는 그 시절 속 끓던 사람들의 마음을 대변해주는 듯합니다. 흥미로운 것은 1960~1970년대에는 정훈희의 〈안개〉처럼 유독 안개를 주제로 하거나 가사 속에 안개가 등장하는 노래가 많았습니다. 그나마 안개를 생각할 낭만은 있었기 때문일까요?

장미리는 삼남매였는데 그녀의 데뷔 이후 1979년에는 오빠인 장재남이 〈빈 의자〉, 막내 장은아가 〈고귀한 선물〉〈이 거리를 생각하세요〉를 불러 히트하면서 한국 최초 삼남매 가수가 탄생했습니다.

또한 어니언스의 〈편지〉1973가 빅히트했고, 백남숙의 〈꽃잎편지〉1977, 김세화의 〈눈물로 쓴 편지〉1977가 좋은 반응을 얻었습니다. DJ 이종환이 운영하던 음악감상실 '쉘부르'에서 노래를 부르던 임창제와 이수영이 결성한 어니언스의 〈편지〉는 이별을 직접 말하지 못하고 편지로 전해야만 하는 1970년대의 순수한 사랑의 단면을 엿볼 수 있습니다.

임창제는 데뷔 전, 요절한 가수 김정호와 북한산에서 함께 지낸 인연으로 그에게서 〈작은 새〉를 받았고, 이 노래가 히트하면서 주류 가요계에 진출해 포크듀오로 큰 인기를 얻었습니다. 무엇보다 어니언스는 포크음악의 대중화를 이끌었다는 점에서 중요한 그룹입니다. 1970년대 포크음악은 엘리트라고 볼 수 있는 대학생들이 주로 생산하고 소비했지만 보편적인 장르로서 대중에게 인식되는 과정에서 〈편지〉가 중요한 역할을 했습니다. 이후 젊은이들 사이에서 전국 펜팔 붐을 일으키기도 했습니다.

한편 김세화의 〈눈물로 쓴 편지〉는 영화 〈겨울여자〉1977의 삽입곡이었습니다. 〈영자의 전성시대〉1975를 만들어 히트한 김호선 감독은 다음 작품으로 〈겨울여자〉를 내놓았습니다. 당시 기구한 여성 이화로 분한 장미희는 스타덤에 올랐고, 호스티스 영화가 흥행가도를 이어나갔습니다. 영화를 개봉한 단성사에서는 133일간 53만 5천 명의 관객이 들면서 빅히트했습니다.

말없이 건네주고 달아난 차가운 손 / 가슴속 들려주는 눈물 젖은 편지 하얀 종이 위에 곱게 써 내려간 / 너의 진실 알아낸 후 난 그만 울어버렸네 / 뻥 뚫린 내 가슴에 서러움이 물 흐르면 / 떠나버린 너에게 사랑 노래 보낸다

어니언스, 〈편지〉 중에서

1980년대로 넘어가면 1981년 두 개의 히트곡이 등장합니다. 우선 김태정의 〈백지로 보낸 편지〉는 어니언스의 〈편지〉와 같이 속마음을 노골적으로 드러내지 않는 것을 미덕으로 생각했던 한국의 유교 관념이 잘 드러납니다. 노래의 화자는 떠나간 연인에게 언제라도 생각이 나면 편지라도 달라고 하며 혹시 할 말이 많다면 백지라도 보내달라며 역설적으로 이야기합니다.

김태정은 이후 스타로 떠올라 하루에 300통이 넘는 팬레터를 받았습니다. 지금이야 아무것도 아닐지 모르지만 당시로서는 상당히 많은 우편물이었습니다. 그런데 팬레터의 상당수는 아무것도 적혀 있지 않은 백지였습니다.

〈백지로 보낸 편지〉와 히트한 같은 해에는 나훈아의 〈대동강 편지〉도 함께 발표되었습니다. 이 곡은 제목과 첫 구절 "대동강아 내가 왔다 을밀대야 내가 왔다"에서 보듯 북을 고향으로 하는 실향민의 마음을 달래주었습니다.

언제라도 생각이 생각이 나거든 / 그 많은 그리움을 편지로 쓰세요 / 사연이 너무 많아 쓸 수가 없으면 / 백지라도 고이 접어 보내주세요 / 지워도 지워도 지울 수 없는 / 백지로 보내신 당신의 마음 / 읽어도 읽어도 끝이 없을 거예요

김태정, 〈백지로 보낸 편지〉 중에서

대동강아 내가 왔다 을밀대야 내가 왔다 / 우표 없는 편지 속에 한 세월을 묻어놓고 / 지금은 낯설은 나그네 되어 / 칠백리 고향길을 찾아왔다고 / 못본 체 마라 못본 체 마라 반겨주려마

나훈아, 〈대동강 편지〉 중에서

1990년대로 넘어가면 신해철의 〈나에게 쓰는 편지〉를 언급하지 않을 수 없습니다. 만 23세의 신해철은 나약해질 때마다 자신을 다잡기 위해 스스로에게 편지를 썼습니다. 이 곡은 1990년대 23세의 고민이라고 보기 어려운 철학적인 질문으로 점철되어 있습니다. 그는 성인이 되어 물질문명에 물든 나머지 먼 미래를 보지 못하는 사람들에게 그것이 과연 행복이냐며 반문하고 있습니다. 그는 청춘들에게 우리는 결국 같은 길을 가고 있으니 불안해하거나, 두려워하지 말고 앞으로 나아가라고 말합니다. 20대 철학자 신해철을 보며 숙연해지는 노래가 아닐 수 없습니다. 왜 하늘은 그를 먼저 데리고 갔는지 안타깝기 그지없습니다.

난 잃어버린 나를 만나고 싶어 / 모두 잠든 후에 나에게 편지를 쓰네 / 내 마음 깊이 초라한 모습으로 / 힘없이 서 있는 나를 안아주고 싶어 / 난 약

해질 때마다 나에게 말을 하지 / 넌 아직도 너의 길을 두려워하고 있니 / 나의 대답은 이젠 아냐

언제부턴가 세상은 점점 빨리 변해만 가네 / 나의 마음도 조급해지지만 / 우리가 찾는 소중함들은 항상 변하지 않아 / 가까운 곳에서 우릴 기다릴 뿐

신해철, 〈나에게 쓰는 편지〉 중에서

 이후에도 편지에 관련된 히트곡이 무척 많이 등장됩니다. 1990년대 후반부터는 이메일이 세상을 점령하고 말았는데도 편지를 주제로 한 노래는 계속 발표되어 히트했습니다. 김광석의 〈이등병의 편지〉[1993], 윤도현의 〈가을 우체국 앞에서〉[1994], 조성모의 〈TO HEAVEN〉[1998], 박정현의 〈편지할게요〉[1999], 김광진의 〈편지〉[2000], 아이유의 〈밤편지〉[2017] 등입니다.

 종이로 쓰는 편지는 거의 사라졌는데도 2000년대 한국 가요계의 최고의 스타 중 하나인 아이유의 〈밤편지〉까지 나와 히트한 것을 보면 편지에 대한 그리움은 나이를 막론하고 남아 있는 모양입니다. 이메일, 문자, 전화기가 있는데도 뭔가 남다르게 자신의 의사를 표시하려고 하는 생각은 앞으로도 지속되지 않을까요? 심지어 전국 곳곳에 있는 느린 우체통이 존재하는 것도 그런 이유라고 생각됩니다. 1년 후에 자신에게 보내는 편지는 그야말로 매력적이고 사색적입니다. 미래의 나에게 편지를 보내려고 하고 있으니까요

 편지하면 무엇보다 가을이라는 계절이 떠오르는 것은 저만의 생각은 아닐 것 같습니다. 아직도 없어지지 않은 우체통도 공중 전화기처럼 유물이 되어가고 있습니다. 하지만 제가 출연하고 있는 라디오 프로

그램에는 아직도 손으로 쓴 어르신들의 편지가 종종 도착하곤 합니다. 사연과 신청곡을 동봉해서 말입니다. 이승환의 노래 〈눈물로 시를 써도〉1989의 주인공은 사연이 너무 많아 편지를 찢어버리기도 하지만 아무리 세월이 흘러도 편지의 낭만을 잊지 말고 살아갔으면 하는 바람입니다.

누구라도 '그대'가 되어
받아줄게요

　'유리병 편지'라는 말을 들어본 적 있나요? 유리병 편지란 빈 유리병에 사연을 적은 편지를 넣고 마개를 꽁꽁 막은 다음 바다에 띄워 보내는 편지입니다. 유리병 편지가 보통의 편지와 다른 점이 있다면 수신자나 전달 경로가 특정되어 있지 않다는 점입니다. 그냥 누군가에게 사연을 전하고 싶을 뿐, 대상이 누구든 상관없습니다. 그래서 유리병 편지의 운명은 그야말로 오리무중입니다. 누구에게 전달될지, 언제쯤 전달될지, 심지어 전달되지 않을 수도 있습니다. 그런 상황에 굳이 편지를 보내야 할까 싶지만, 오죽하면 유리병 편지라도 보낼까 하는 마음에 편지의 사연이 더욱 궁금해지기도 합니다.

　유리병 편지의 역사도 꽤나 깁니다. 최초의 유리병 편지는 기원전 310년경 그리스 철학자 테오프라스토스가 보냈다고 알려져 있습니다. 철학자 아리스토텔레스의 제자인 그는 대서양 물결이 지중해로 흐르는 것을 실험하기 위해 유리병 편지를 띄웠다고 합니다. 통신수단이 미비한 당시로서는 불가피한 선택이었을 것입니다. 일반 편지에 비해 전달 가능성이 불확실한 유리병 편지는 아무래도 위급한 상황이나 다른 수단을 사용할 수 없는 경우에 주로 사용되었습니다. 신대륙을 발견한 콜럼버스는 스페인으로 돌아가는 길에 큰 태풍을 만났습니다. 자칫 잘못되면 자신의 탐험 성과를 세상 사람들에게 알리지도 못한 채 허망하게 죽을 수도 있겠다고 판단한 그는 자신의 탐험 기록을 적은 편지를 유리병에 담아 파도가 넘실거리는 바다 속에 던졌다고 합니다. 배가 침몰하여 자신이 죽더라도 신대륙 발견에 대한 기록은 남겨야 했기 때문입니다.

1912년 4월 14일, 영국을 떠나 미국 뉴욕으로 향하던 호화유람선 타이타닉호가 거대한 빙산에 부딪쳐 침몰하는 사고가 발생했습니다. 이듬해 아일랜드 던케틀 해변에서는 그 배에 타고 있던 승객이 보낸 유리병 편지가 발견되었습니다. 편지에는 "타이타닉에서 보냄. 모두들 안녕"이라고 적혀 있었습니다. 갑작스런 배의 침몰로 죽음을 앞둔 상황에서도 자신의 유언을 유리병 편지에 담아 누군가에게 전달하고 싶은 마음에서 쓴 마지막 기록이었습니다. 비록 유리병 편지는 망망대해에 던져졌지만 언젠가 누군가에게 전달될지 모른다는 희망을 품고 있었지요.

가장 극적인 것은 2차 세계대전 막바지에 아우슈비츠에 수감 중이던 유태인 시인 이작 카체넬존이 남긴 유리병 편지입니다. 그는 절망적인 상황에서도 자신들이 겪은 일을 시어로 담았고, 깨알같이 베껴 6부를 만든 후 유리병에 담아 수용소 마당 아래 파묻었습니다. 얼마 후 카체넬존은 가스실로 끌려가 죽음을 맞았지만, 그의 편지는 기적적으로 세상에 알려졌습니다. 그의 시는 수용소 나무 아래와 그곳을 간신히 빠져나온 한 유태인 소녀의 가방 손잡이에서도 발견되었습니다. 그중 한 권은 망망대해를 건너온 유리병 편지로 발견되기도 했습니다. 이를 보고 독일 시인 파울 첼란은 "시詩란 유리병 편지와 같다"고 말하기도 했습니다. 이렇듯 유리병 편지는 자신의 마음이 누군가에게 닿기를 간절히 바라는 희망의 산물입니다.

유리병 편지의 절절한 사연에서 알 수 있듯, 인간은 절망적인 상황에서도 누군가에게 자신의 마음을 전하고 싶어 하는 존재입니다. 이러한 본성은 편지를 주제로 한 대중가요에도 자주 발견됩니다. "가을엔 편지를 하겠어요 / 누구라도 그대가 되어 받아주세요"라고 말하는 최양숙의 〈가을편지〉에도, "말없이 건네주고 달아난 차가운 손 / 가슴속 들려주는 눈물 젖은 편지"라며 노래하는 어니언스의 〈편지〉에도, "언제라도 생각이 생각이 나거든 / 그 많은 그리움을 편지로 쓰세요"라며 조언하는 김태정의 〈백지로 보낸 편지〉에도 편지로 자신의 마음을 전하고픈 간절함이 절절하게 묻어납니다. 김태정은 심지어 "사연이 너무 많아 쓸 수가 없으면 / 백지라도 고이 접어 보내주세요"라며 아무런 사연조차 없는 빈 편지라도 받고 싶은 심정을 노래했습니다. 이렇듯 편지란 말로는 못다한 가슴속 깊은 사연을 전하는 수단입니다.

사람들은 왜 굳이 편지를 주고받는 것일까요? 그냥 말로 해도 될 텐데 말입니다. 그 이유는 말(구두)로는 전할 수 없는 것이 있기 때문입니다. 이 논리를 이해하기 위해서는 영미 철학자 비트겐슈타인Wittgenstein의 주장을 참고할 필요가 있습니다. 그는 《논리철학논고》에서 다음과 같이 주장했습니다. "말할 수 없는 것이 있다. 이것은 드러난다. (…) 말할 수 없는 것에 대해서는 침묵해야 한다." 비트겐슈타인에 따르면, 인간사에는 '말할 수 있는 것'이 있고, '말할 수 없는 것'이 있습니다. 그가 보기에 사람들이 '말할 수 없는 것'에 대해 굳이 말하기 때문에 여러 문제가 발생한다고 보았습니다.

말할 수 있는 것과 없는 것은 어떻게 구분될까요? 비트겐슈타인에 따르면, 말할 수 있는 것은 자연과학의 명제들입니다. 대개 과학으로 증명될 수 있는 일들은 말할 수 있는 것에 해당합니다. 예컨대, 태양이 지구보다 크다거나 물은 위에서 아래로 흐른다는 것은 말할 수 있는 것입니다. 반면, 말할 수 없는 것은 철학과 관련된 것들입니다. 윤리적, 종교적 혹은 미적인 문제와 같이 주로 인간의 내면에 관련된 주제들은 말할 수 없는 것에 속합니다. 가령, 어떤 사람을 두고 예쁜가 아닌가 하는 것은 미적인 문제이므로 '말할 수 없는 것'에 해당됩니다. 누군가를 얼마만큼 사랑하는지도 말할 수 없는 것에 속합니다. 그것은 인간의 내면과 관련된 영역이기 때문입니다. 그럼에도 사람들은 누군가와 사랑을 시작하면 상대방이 자신을 얼마나 사랑하고 있는지에 대해 궁금증이 생길 때가 있습니다. 예컨대, 다음과 같은 경우입니다. 한 여성이 애인의 사랑을 확인하고 싶어서 "자기는 나를 진짜로 사랑하긴 하는 거야? 자기는 나를 얼마나 사랑해?"라고 묻습니다. 이에 남성이 다음과 같이 대답합니다. "그걸 말이라고 물어? 당연히 하늘만큼 땅만큼 사랑하지!"

이런 경우라면, 그녀를 향한 사랑이 하늘이나 땅만큼이나 크다고 말하는 남성의 말을 곧이곧대로 믿어도 될까요? 믿고 안 믿고는 여성의 마음이겠지만, 그것이 사랑의 증거는 될 수 없습니다. 상대방에 대한 사랑의 크기는 말로는 표현할 수 있는 성질의 것이 아니기 때문입니다. 물론 그렇다고 연인끼리 '사랑한다'는 말조차 하지 말라는 뜻은 아닙니다. 애인이 사랑을 확인하고 싶어 한다면 가급적 상대방이 듣고 싶어 하는 대답을 해주는 것이 상책입니다. 하지만 비트겐슈타인의 관점에서 보자면, '사랑한다'는 표현을 아무리 많이 하더라도 그것이 '진심으로 사랑하고 있다는 사실'을 증명해주는 것은 아닙니다. 사랑은 본질적으로 말할 수 없는 것에 해당하기 때문입니다.

실제로도 이른바 '제비족'이라 불리는 사람이나 바람둥이는 마음이 없음에도 입으로는 사랑한다는 말을 남발하는 경우가 많은데, 이것을 보더라도 사랑은 말로 표현되는 것이 전부가 아님을 알 수 있습니다. 게다가 상대방에 대한 사랑의 감정이 전혀 없음에도 기계적으로 사랑을 입에 올리기도 합니다. 예를 들면, 어떤 회사의 고객서비스센터에 전화를 걸면, 그쪽에서는 담당자가 전화를 받으면서 "사랑합니다. 고객님"이라는 멘트로 대화를 시작합니다. 이때 직원은 진짜로 고객을 사랑해서 그렇게 말하는 것일까요? 절대 아닙니다. 그냥 접대성 멘트일 뿐입니다. 요컨대, 사랑한다는 표현이 실제 감정의 증거는 아닙니다.

그렇다면 사랑의 감정은 어떻게 보여줄 수 있을까요? 앞에서 비트겐슈타인이 언급했던 말의 앞부분을 다시 한 번 상기해봅시다. 그는 이렇게 말했습니다. "말할 수 없는 것이 있다. 이것은 드러난다." '사랑한다'와 같이 내면과 관련된 주제는 기본적으로 말할 수 없는 것입니다. 하지만 말을 하지 않는다고 상대방에게 전달조차 되지 않는 것은 아닙니다. 그것은 '드러나기' 때문입니다. 즉, 말하지 않아도 자연히 드러나기 때문에 굳이 말할 필요가 없는 것입니다.

생각해보면, '말할 수 없는 것은 드러난다'는 비트겐슈타인의 주장은 일리가 있습니다. 만약 남성이 여성에게 사랑한다는 표현을 명시적으로 하지 않았지만, 평소 남성의 태도나 행동에서 '나를 사랑하고 있다'고 느끼는 상태라면 굳이 "자기는 나를 진짜로 사랑하긴 하는 거야?"라고 질문을 던질 필요가 있을까요? 그렇지 않습니다. 상대가 말하지 않더라도 사랑의 감정이 느껴진다면 그런 질문을 할 이유가 없습니다. 그녀가 사랑에 대한 질문을 한다는 것은 상대의 사랑이 드러나지 않았다고 느꼈기 때문입니다. 따라서 여성의 질문에 남성이 '사랑한다'고 대답해도 그것이 진심이라는 증거가 되지는 못합니다. 결국, 사랑은 말로 표현하는 것이 아니라 행동이나 태도로 드러나게 해야 합니다.

이런 이유 때문인지 연인끼리는 편지를 자주 주고받습니다. 말로는 전하지 못한 사랑이 많기 때문입니다. 그래서 어니언스의 〈편지〉에는 "가슴속 들려주는 눈물 젖은 편지"라는 가사가 나옵니다. 애인이 눈물로 쓴 편지에 가슴속 진심이 들어 있다는 뜻입니다. 이어지는 가사도 의미심장합니다. "하얀 종이 위에 곱게 써 내려간 / 너의 진실 알아낸 후 난 그만 울어버렸네" 말로는 표현하지 못한 진실을 하얀 종이 위에 써 내려갔고, 비로소 그 진실을 알게 되자 그만 울고 말았다는 뜻입니다.

이렇듯 편지는 연인 사이의 관계에서 말로는 표현하지 못하는 진심을 주고받는 수단입니다. 얼굴을 마주 보고서는 차마 전하지 못한 마음을 편지에 담아서 전할 수 있기 때문입니다. 그런 의미로 보자면, 편지를 주고받는 사이라면 사랑이 깊을 확률이 높습니다. 편지는 말할 수 없는 것조차 진심을 담아서 전달할 수 있는 매체이기 때문입니다. 그런 의미로 보자면, 가수 전영록의 〈사랑은 연필로 쓰세요〉 1984 라는 가사도 매우 타당한 주장입니다. 따라서 사랑을 더욱 깊고 진하게 만들고 싶다면 지금이라도 애인에게 편지를 쓸 것을 추천합니다.

한편, 편지는 사람과 사람을 연결하는 수단이기도 합니다. 이러한 사실은 군대를 다녀온 남성이라면 대부분 공감하는 일일 텐데요. 군대에서 연인에게 정성스런 손 편지를 받으면 상대를 향한 애정의 강도가 더욱 깊어집니다. 지면을 통해 전달되는 애인의 감정이 더욱 진하게 다가오기 때문입니다. 평소 데면데면한 사이라도 편지를 교환하는 순간, 각별한 사이로 발전하기도 합니다. 편지는 제 3자였던 상대를 '그대'라는 지위로 격상시키는 엄숙하고 경건한 행위이기 때문입니다. 이러한 점은 고은 시인이 노랫말을 쓰고, 김민기가 작곡한 가수 최양숙의 〈가을편지〉에도 잘 나타나 있습니다. "가을엔 편지를 하겠어요 / 누구라도 그대가 되어 받아주세요 / 낙엽이 쌓이는 날 / 외로운 여자가 아름다워요" 시인은 가을에 외로움을 느끼는 사람이라면 편지를 하라고 조언합니다. 그 편지를 받는 사람은 누구라도 '그대'라고 부를 만큼 각별한 존재가 되기 때문입니다. '편지를 받으면 누구라도 그대가 된다'는 시인의 주장이 억지스럽다고 느낄지 모르겠습니다. 하지만 그것은 엄연한 진실입니다.

편지를 받는 사람은 왜, 어떻게 '그대'가 되는 걸까요? 편지를 통한 대화에는 대면 소통에 없는 특별한 무언가가 있기 때문입니다. 그게 무엇일까요? 우리가 편지로 대화를 할 때는 언제나 머리말에서 상대방의 이름을 부른 후 시작합니다. '사랑하는 영자 씨에게'라거나 '그리운 영철 씨에게' 하는 식으로 말이지요. 반면, 상대의 면전에서는 상대방의 이름을 부를 일이 거의 없습니다. 상대를 호명하는 의식은 서로의 관계를 특별한 위치로 격상시켜줍니다. 이러한 사실은 김춘수 시인의 유명한 시 〈꽃〉에도 잘 나타나 있습니다. "내가 그의 이름을 불러주기 전에는 / 그는 다만 / 하나의 몸짓에 지나지 않았다 / 내가 그의 이름을 불러주었을 때, / 그는 나에게로 와서 / 꽃이 되었다." 내가 이름을 불러주기 전까지 상대는 나에게 별다른 존재가 아니었습니다. 그냥 "하나의 몸짓"에 불과했지요. 하지만 내가 그의 이름을 불러주자, 그는 나에게 특별한 존재가 되었습니다. "나에게로 와서 꽃이 되었"습니다. 이처럼 상대의 이름을 불러준다는 것은 특별하면서도 의미 있는 리츄얼Ritual 입니다.

편지를 받은 상대가 '그대'가 된다는 것은 무슨 의미일까요? '그대'는 2인칭(You, 당신)을 지칭하는 표현으로, 3인칭의 '그 / 그녀 / 그것(He /She /It)'과 대비되는 개념입니다. 결국 편지에서 상대방의 이름을 불러주는 행위는 3인칭을 2인칭의 관계로 격상시키는 동시에 상대방이 자신에게 매우 의미 있고 소중한 존재임을 고백하는 것입니다. 나에게 별 의미도 없고, 소중하지도 않은 대상에게는 굳이 편지를 쓸 이유가 없습니다. 그냥 문자메시지 정도면 충분합니다. 우리가 누군가에게 정성스런 편지를 쓴다는 것은 상대가 나에게 소중한 존재이라는 반증입니다.

　이처럼 편지는 단순한 정보교환이나 의사소통 수단이 아닙니다. 서로의 관계를 특별하게 격상시키는 신성한 의식입니다. 따라서 상대방과 특별한 관계를 만들고 싶다면 편지를 써야 합니다. 말로는 전하지 못한 가슴속 깊은 마음을 담아서 '그대'에게 전해야 합니다. 편지를 쓸 사람조차 없다면 유리병 편지라도 보내야 합니다. 운이 좋으면, 그것을 받는 사람은 '누구라도 그대가 되어' 줄지도 모르니까요.

Trot × Philosophy 11

애가

한국인의 마음에는
애가가 있다

　한국 대중음악 100년사를 돌이켜보건대 히트한 노래들을 나열하면 사랑과 이별 노래가 대부분임을 알 수 있습니다. 비단 우리 가요뿐만 아니라 팝송이나 프랑스의 샹송, 이탈리아의 칸초네도 마찬가지입니다. 이유가 무엇일까요? 노래는 감정을 표현하려는 동물의 욕구 중 청각으로 호소하는 인간만이 가진 가장 효과적이고 직접적인 도구이기 때문입니다.

　그런데 대부분을 차지하는 사랑과 이별을 다룬 노래들은 국가나 지역마다 공통적인 특성이 있습니다. 예를 들면 쿠바를 비롯한 휴양지 카리브해 국가의 노래들은 낭만적입니다. 미국 캘리포니아 출신의 보이그룹 비치보이스의 노래도 마찬가지이지요.

　그렇다면 우리 가요 속에 사랑과 이별은 어떤 형태로 나타나 있을까요? 가요를 연구해온 다수의 평론가들은 한국가요의 특성을 애가哀歌

라고 불렀습니다. 애가는 글자 뜻으로만 보면 '슬픈 노래'라고 해석할
수 있지만 단어 속에는 사랑할 애, 슬플 애, 애끊는 애 등을 모두 표현하
는 포괄적인 의미가 담겨 있습니다. 이중에서 "애끊는다"는 말에 더 공
감하는 분들이 많을 것이라고 생각합니다. 도대체 한국인에게 애끊는다
는 것은 무엇을 의미하는 것일까요? 한국을 대표하는 민요 〈아리랑〉에
서 "나를 버리고 가시는 님은 십 리도 못 가서 발병 난다"는 감정이 우
리 모두가 느껴온 애끊는 감정을 함축한 대표 사례입니다. 우리의 현대
사 속에서 히트했던 애가를 통해서 무엇이 우리를 그렇게 애끊게 만들
었는지 알아보겠습니다. 첫 번째는 가족의 애가입니다.

　　1900년대 초부터 일제강점기를 거쳐 1953년 6·25전쟁이 있기까
지의 한국의 상황은 전쟁의 화마 속에서 겪었던 나라 잃은 슬픔, 가난과
가족, 연인과의 이별이었습니다. 그래서 이러한 고통의 상황을 대변한
노래들이 다수 등장합니다. 그중 이난영의 〈목포의 눈물〉이 대표적인
히트곡이라고 볼 수 있습니다. 특히 이난영을 중심으로 남편 김해송, 오
빠 이봉룡, 그들의 딸들인 김시스터즈의 극적인 스토리는 당시의 한국
인이 겪었던 격동의 애가의 역사를 모두 포함하고 있습니다.

> 사공의 뱃노래 가물거리며 / 삼학도 파도 깊이 숨어드는데 / 부두의 새아
> 씨 아롱 젖은 옷자락 / 이별의 눈물이냐 목포의 설움
> 삼백 년 원한 품은 노적봉 밑에 / 임 자취 완연하다 애달픈 정조 / 유달산
> 바람도 영산강을 안으니 / 임 그려 우는 마음 목포의 노래
> 깊은 밤 조각달은 흘러가는데 / 어찌다 옛 상처가 새로워진다 / 못 오는
> 임이면 이 마음도 보낼 것을 / 항구에 맺은 절개 목포의 사랑
>
> 이난영, 〈목포의 눈물〉 중에서

이난영은 1916년 전남 목포에서 태어나 어려서부터 음악에 재능을 보였습니다. 그녀는 제주도와 일본을 거쳐 곡절 끝에 1935년에 문일석 작사, 손목인 작곡의 〈목포의 눈물〉을 취입하게 되었는데 이 곡은 현재까지 한국인의 대표적인 애가가 되었습니다.

〈목포의 눈물〉은 사연도 많습니다. 그중 하나는 "삼백 년 원한 품은 노적봉"에서 '삼백 년'은 임진왜란의 원한을 뜻하는 것이어서 일제의 검열을 통과하지 못했습니다. 그래서 '원한'을 '원앙'으로 바꾸어 금지곡의 위기를 넘겼다는 일화가 있습니다. 노래 가사 또한 항구 목포에 살고 있는 한 아가씨의 애환을 통해 사랑하는 님을 잃은 상처, 나라 잃은 슬픔 모두를 포함하는 애가 중의 애가라고 해도 과언이 아닙니다. 게다가 이난영의 애달픈 음색을 듣고 슬픔을 공감하지 않은 한국인은 아마도 없었을 것입니다.

이난영은 〈목포의 눈물〉이 히트한 후 당대 유명 KPK악단장 김해송과 결혼하여 4남 3녀를 두었습니다. 하지만 김해송은 안타깝게도 6·25전쟁 때 납북되어 현재까지 생사를 알지 못하고 있습니다. 과거 김해송이 북에서 살아 있다는 주장이 제기되었지만 증거자료는 없습니다. 이때부터 이난영은 집안의 생계를 직접 책임져야 했습니다. 그녀는 가요계 경험을 살려 딸들 애자, 숙자, 사촌 민자를 훈련시켜 김시스터즈를 탄생시켰습니다. 김시스터즈는 어린 시절부터 노래와 더불어 색소폰, 비브라폰 등 다양한 악기를 훈련받았습니다. 마치 현재의 아이돌 가수들의 양성과 같았습니다. 당시로 돌아가보면 노래 부르는 10대 가수를 넘어서서 곡마단의 묘기에 가까웠습니다. 결국 미8군에서도 인정을 받아 김시스터즈는 미국에 진출했습니다. 당시 최고만 출연할 수 있던 〈애드 설리반 쇼〉에 출연하는 등 큰 성공을 거두었습니다. 〈목포의 눈물〉로 거둔 결실이었습니다.

일제강점기의 애가는 〈목포의 눈물〉처럼 남녀 간의 애정의 산물보다는 가족의 슬픈 이야기가 많습니다. 그런데 이 과정에서 여성이 희생자가 된 이야기들이 크게 히트했습니다.

우선 1936년 7월 임선규의 희곡을 바탕으로 상연된 연극 〈사랑에 속고 돈에 울고〉의 삽입곡인데요. 연극의 줄거리는 이렇습니다. '홍도'가 오빠의 학비를 벌기 위해 기생이 됩니다. 홍도는 다행히 부잣집 아들 광호를 만나서 결혼을 하며 새로운 삶을 꿈꿉니다. 하지만 얼마 가지 않아 남편이 다른 여자와 약혼을 하며 버림을 받고 맙니다. 그러자 홍도는 배신감에 남편의 약혼녀를 살해해버립니다. 한편 홍도의 오빠는 동생의 지원을 받아 순사가 됩니다. 그런데 홍도는 안타깝게도 살인자가 되었고 자신의 희생으로 순사가 된 오빠에게 잡혀간다는 이야기입니다. 〈사랑에 속고 돈에 울고〉는 당시 동양극장에서 공연되어 큰 사랑을 받았고, 훗날 오랜 시간 동안 영화와 드라마로 여러 차례 리메이크되었습니다.

이 작품은 당시에 영화로도 만들어져 음반이 발매되었는데 그중 김영춘이 부른 〈홍도야 우지 마라〉1939가 빅히트했습니다. 이 곡은 후렴구에서 "홍도야 우지 마라 오빠가 있다" 하는 부분이 가장 상징적입니다. 이 노래의 인기는 가난과 나라 잃은 슬픔, 뿐만 아니라 남아선호사상에 의해 여성이 희생하며 처절하게 파괴되는 삶의 모습을 그렸습니다. 그래서인지 여성들에게 열렬히 지지를 받았습니다. 물론 지지의 형식은 통한의 눈물이었습니다.

〈홍도야 우지 마라〉 속에서 발견되는 가족의 슬픔을 여성의 처절한 삶으로 투영하는 애가의 이미지는 일제강점기에서 그치지 않고 1992년에 방영된 MBC 드라마 〈아들과 딸〉에서 다시 되살아나기도 했습니다. 남아선호사상이 우월하던 시대에 이란성 쌍둥이로 태어난 귀남(최수종

분)이와 후남(김희애 분)이가 있습니다. 이중 후남이는 이란성 쌍둥이 중 여성으로 태어났다는 이유로 더욱 차별을 받습니다. 그 이유로 제대로 된 교육도 받지 못하고 스스로 삶을 개척해 국어교사이자 작가가 됩니다. 드라마를 둘러싼 가족구성원들의 모습을 보며 한국인들은 우리 정신 속에 내재된 시대의 애환을 다시 한 번 느낄 수 있었습니다.

드라마 속에서 화제가 된 장면이 있는데 한량 아버지 이만복(백일섭 분)이 대포 한잔한 후 집에 돌아오는 귀가 장면이었습니다. 만복은 얼큰하게 취해 "아 글씨, 홍도야 우지 마라. 오빠가 있다"를 부릅니다. 가끔은 발을 헛디뎌 넘어지기도 하지요. 당시에는 코믹한 설정으로 웃음을 자아냈지만 이 웃음 속에 역설적인 애가의 슬픔이 자리 잡고 있다고도 볼 수 있습니다. 〈홍도야 우지 마라〉는 1930년대에는 상처를 공감하고 어루만져주는 것이었지만, 1992년 드라마를 보며 우리가 웃던 미소 속에는 세월이 흘러 상처마저 어느 정도 아물었기 때문에 가능한 것이었을 겁니다. 가족의 사랑과 이별에 대한 두 번째 애가는 황정자의 〈처녀 뱃사공〉 1959 입니다.

> 낙동강 강바람이 치마폭을 스치면 / 군인 간 오라버니 소식이 오네 / 큰 애기 사공이면 누가 뭐라나 / 늙으신 부모님을 내가 모시고 / 에헤야 데헤야 노를 저어라 삿대를 저어라
>
> 황정자, 〈처녀 뱃사공〉 중에서

〈처녀 뱃사공〉은 6·25전쟁 때 군대에 간 오빠를 기다리는 여동생의 실제 이야기를 기반으로 하여 더욱 뜻 깊습니다. 가사 속에는 나루터가 등장하는데 노래가 배경이 되는 실제 장소는 낙동강이 아니라 경남

함안군 대산면의 악양나루터라고 합니다.

가사는 늙은 부모님을 모시고 뱃사공을 하며 하루하루를 보내며 오빠를 기다리는 여동생의 애끓는 마음을 묘사했습니다. 당시 뛰어난 희극인으로 이름이 자자했던 윤부길이 악양나루터에 들렀다가 처녀 뱃사공의 이야기를 듣고 가사를 썼다고 알려졌습니다.

이 노래에서 늙은 부모는 "오라비 제대하면 시집을 보내마"라고 말하며 고된 뱃사공일을 하는 딸을 달래보지만 하루, 이틀, 사흘이 지나도 오빠는 소식이 없습니다. 당시 한국인들은 〈처녀 뱃사공〉을 통해 일제강점기에서 6·25전쟁으로 이어지는 역사의 소용돌이 속 돌아오지 못한 가족과의 이별을 깊이 헤아리고 공감했을 것입니다. 그런데 이 곡은 역설적으로 매우 경쾌하게 만들어졌습니다. 슬프고도 슬픈 애환이 내재되어 있지만 가수이자 작곡가 한복남은 〈빈대떡 신사〉1947를 불러 히트한 경험을 살리려 했는지 이 곡을 오히려 흥겹게 탄생시켰습니다.

이 곡은 1976년 오승근과 임용진(1기는 홍순백)이 활동한 듀오 투에이스가 리메이크하여 다시 히트를 이어나갔습니다. "낙동강 강바람이 치마폭을 스치며"로 시작하는 투에이스의 한층 세련된 토속적인 흥겨움은 애가도 기쁘게 승화할 수 있는 노래의 위대함을 다시 보여줍니다. 이 곡은 2000년대에 트로트 오디션이 크게 인기를 끌며 후배 가수들이 대거 등장했을 때도 여러 가수들이 부를 정도로 이별의 슬픔을 밝은 이미지로 변화시킨 트로트 애가입니다.

참고로 〈처녀 뱃사공〉을 작사한 윤부길은 부인 성경자와의 사이에서 윤항기와 윤복희를 낳았습니다. 그들이 겪은 가족의 이별과 윤항기의 병환, 윤복희가 겪은 기구한 인생 스토리를 보면, 애가가 왜 탄생할 수밖에 없는지 알려주는 듯합니다.

이렇게 사랑과 이별을 노래한 애가가 흥겨운 멜로디로 히트한 사례는 여러 차례 발견이 됩니다. 1979년 발표된 〈연안부두〉의 경우에는 김트리오의 가족이 가요계에 다시 복귀할 수 있게 된 이야기도 함께 가지고 있습니다. 김트리오는 1950~1960년대 미8군 클럽에 우리 가수들을 공급했던 화양주식회사의 전무 베니 김(김영순)과 〈단장의 미아리고개〉1956를 부른 이해연의 자녀들로, 그들은 1973년 미국으로 이민을 떠났습니다.

부부는 김단, 김파, 김선 삼남매를 두었고, 미국에서 자녀들에게 어릴 때부터 악기와 노래를 가르쳐 뛰어난 음악 실력을 갖추게 했습니다. 이들은 1979년 3월, 7년 만에 귀국하여 김트리오를 결성하고 음반을 준비했습니다. 이들은 윤수일과 솜사탕의 〈사랑만은 않겠어요〉, 최헌의 〈오동잎〉, 조용필의 〈돌아와요 부산항에〉를 제작한 안치행과 계약하고 1979년 7월 첫 음반을 발표했습니다. 김트리오는 미국에서 음악을 공부한 만큼 당시 가요계에서는 쉽게 볼 수 없는 세련된 사운드의 노래들을 수록하면서도 흥행을 위해 유일하게 한 곡의 트로트를 녹음했는데 그 곡이 조운파 작사, 안치행 작곡의 〈연안부두〉였습니다.

이 곡은 록밴드 사운드가 트로트와 결합하여 히트한 좋은 사례이기도 했습니다. 이런 스타일을 일명 '트로트고고'라고도 합니다. 〈연안부두〉의 가사는 인천의 연안부두를 오가는 배를 소재한 곡으로 항구에 정박했다가 출항하는 배를 통해 소식을 보내거나 애타게 기다리는 사람들의 애환을 담았습니다. 그런데 이 곡이 흥겨운 김트리오의 밴드 사운드로 태어나 히트한 것입니다. 만약 이 노래가 느린 템포의 트로트였다면 어땠을까요?

이 곡은 밝은 리듬 덕분에 훗날 재발견되었습니다. 바로 인천을 연고로 하고 있는데 프로야구팀 SSG 랜더스(전 SK 와이번스)의 공식 주제가로 사용되었기 때문입니다. 야구 경기가 홈팀의 승리로 무르익을 때쯤이면 팬들은 후렴구 "말해다오, 말해다오 연안부두 떠나는 배야"를 외칩니다.

한편, 이미자는 트로트 역사를 이야기할 때 가장 대표적인 여성가수라고 해도 과언이 아닙니다. 그녀의 음악 인생에는 루머가 무척 많습니다. 그렇기 때문에 무엇이 진실인지 알 길이 없습니다. 개인적으로 수많은 음악가들을 인터뷰를 하며 느낀 것은 애초에 진실은 존재하지 않는다는 것이었습니다. 그래도 본인이 직접 언급한 것을 들어보는 것이 가장 진실에 가깝지 않을까 합니다. 그녀가 발표한 자서전 《인생 나의 40》에 의하면 그녀의 인생은 이렇습니다.

이미자는 1941년생으로 서울 한남동에서 태어났습니다. 그녀는 어린 시절 어머니에 대한 기억이 거의 없었고 아버지와 할머니의 손에서 뭣도 모르고 즐겁게 자랐습니다. 그런데 6·25전쟁이 터져 남하하는 과정에서 한강을 간신히 건넌 후 할머니마저 생을 마감하여 아버지와 단둘이 남게 되었습니다. 그리고 얼마 후 아버지도 재혼을 했습니다. 그런데 이미자는 새어머니와 잘 맞지 않아 작은아버지 집에서 살게 됩니다. 그러면서 뛰어난 노래 실력으로 두각을 나타내기 시작했습니다.

이미자가 가수로서 내디딘 첫발은 고등학교 시절 KBS 라디오에서 열린 노래자랑에 나가 1등을 차지하면서였습니다. 당시 교복을 입고 갔다가 퇴짜를 맞은 이미자는 다음 날 엄마 옷으로 갈아입고 다시 찾아가 1등을 했습니다. 이후 여러 대회에서 1등을 하자 그녀의 모습을 본 작곡가 나화랑(가수 조규찬의 부친)이 만남을 요청했습니다. 곧바로 이미자는 나화랑에게 〈열아홉 순정〉을 받아 첫 히트곡을 냅니다.

이 시기 이미자는 악단의 콘트라베이스 연주자 정진흡과 만나게 됩니다. 그는 깔끔한 외모의 소유자였고 이미자에게 친절함과 다정한 웃음도 건넸습니다. 이것은 외로웠던 이미자에게 호감으로 다가왔고 둘은 결국 결혼에 골인했습니다. 그리고 8개월 만삭이었던 1964년 〈동백 아가씨〉를 녹음한 후 딸 정재은을 낳았습니다.

그런데 그 즈음 남편 정진흡은 이미자가 〈동백 아가씨〉로 번 돈을 모두 날려버렸을 뿐 아니라 다른 여자까지 만나고 있었다고 합니다. 이미자는 단호하게 남편과 이별을 종용했고, 딸 재은을 키우기 원했지만 남편이 허용하지 않아 할 수 없이 딸과도 헤어질 수밖에 없었습니다(이 부분에 대해 주변인들의 진술은 엇갈리고 있습니다). 그렇게 얼마간 시간이 흐른 후 딸 재은에 대한 소식을 듣게 됩니다. 전남편이 재은을 이미자의 딸로 소개하며 어린이 가수를 시킨다는 소문이었습니다. 이후 이미자는 공연을 갈 때마다 얼마 전에 딸이 다녀갔다는 소식을 종종 듣게 되었습니다.

1964년생 정재은은 9세인 1973년에 앨범을 발표한 일이 있었고, 1981년에는 〈항구〉로 KBS가요대상 여자신인상을 수상한 후 유명세를 타기 시작했습니다. 하지만 이미자는 딸을 자주 볼 수 없었고, 심지어 〈KBS 가요무대〉에 정재은이 자주 출연하다가 갑자기 보이지 않았는데 이미자가 압력을 행사하여 나오지 못했다는 루머도 있었습니다. 이미자는 자신의 자서전을 통해 사실이 아니라고 밝혔습니다.

그렇다면 두 모녀의 관계는 어떻게 되었을까요? 이미자의 자서전과 정재은의 회고에 따르면 두 사람은 어린 시절 할머니가 데리고 와 4일 정도 지낸 일이 있고, 성인이 되어서 공항에서 우연히 마주친 일이 있었다고 합니다. 당시 "안녕하세요?"라며 정재은이 인사하자 "그래"라는 답변만이 오고간 것이 전부였습니다.

이미자는 자서전에서 이렇게 회고했습니다. "나의 삶에 다른 사람들의 이해를 바라지는 않는다. 다만 비정하다고 해도 내게는 그게 현실이었다. 어쩔 수 없이 어긋난 길, 우리는 계속 길을 갈 것이다. 그게 나의 운명이고, 또 그 아이의 운명이다." 이미자의 히트곡만큼이나 슬픈 모녀의 사연입니다.

흥미로운 사실은 위에서 이미자가 할머니에게 키워져 자신의 모친에 대한 기억이 없다고 언급했는데, 그녀가 〈동백 아가씨〉를 취입한 후 강릉에 공연을 갔을 때 친어머니를 22년 만에 만났다는 것입니다. 이미자가 그때 모친에게 들은 이야기는 집안의 일로 쫓겨나듯 나왔다고 합니다. 이미자의 모친, 이미자, 그리고 딸 정재은까지 기구한 운명이 아닐 수 없습니다.

우리의 가요의 역사에서 〈목포의 눈물〉〈홍도야 우지 마라〉〈처녀 뱃사공〉 등 가족이 전쟁이나 가난 등 원하지 않는 요인으로 이별을 하거나 해체되는 경우가 무척 많았습니다. 그러한 경험은 가족의 결속을 강화하는 형태로 우리 사회를 변화시켰다고 볼 수 있습니다.

예를 들면 부모가 자녀의 학업이나 결혼에 개입하는 우리의 생활방식은 1990년대까지 만연했습니다. 이렇게 부모가 자녀를 자신의 삶의 일부로 생각하는 풍습은 조선시대 이전부터 내려져온 선조들의 사상입니다. 그런데 전쟁과 같은 외부의 원인으로 가족을 잃은 슬픔이 너무나 큰 충격으로 다가왔기 때문에 한국인은 가족의 결속을 더욱 강화하는 형태로 생활습관을 바꿔나갔습니다. 때문에 다소 과할 정도로 부모와 자식 간의 유대에 대한 전통을 이어나간 것이지요.

그러나 1990년대 들어 전쟁을 겪지 않은 세대는 자유로운 삶을 주장하며 부모의 지나친 간섭을 매우 나쁜 전통으로 받아들이며 비판해왔습니다. 하지만 가족에 관한 애가의 역사를 보건대 자녀들을 학업, 취업, 결혼 등을 지나치게 보호하고 간섭하려는 부모의 습성은 일제강점기와 6·25전쟁을 겪으며 그것을 견뎌낸 우리 조상들의 극복과정으로 이해하는 것이 더 타당하지 않을까 합니다.

한은 한국인의
대표정서가 아니다?

"한 많은 이 세상 야속한 님아 정을 두고 몸만 가니 눈물이 나네 / 아무렴 그렇지 그렇구말구 한오백년 사자는데 웬 성화요"라는 가사로 시작되는 〈한오백년〉1983은 한국인의 대표 정서인 한을 표현한 민요입니다. 강원도 지방에서 불렸던 이 곡은 가수 조용필에 의해 동명의 제목으로 리메이크되면서 대중에게 널리 알려졌습니다. 한恨이란, 무엇인가에 대해 몹시 원망스럽고 억울하여 슬퍼하는 감정 상태를 말합니다. 한국인은 왜 한이 많은 것일까요? 무엇이 한국인의 가슴속 깊이 한이라는 정서가 자리하게 만든 것일까요?

한이라는 감정이 생겨난 이유는 개인마다 다를 것입니다. 하지만 대중가요의 가사를 살펴보면, 공통적인 요소를 발견할 수도 있습니다. 가령, 이난영의 〈목포의 눈물〉이나 김영춘의 〈홍도야 우지 마라〉 등 일제 강점기의 노래들은 나라 잃은 슬픔과 그로 인한 개인적 비극이 원망과 억울함을 자아냈습니다. 이해연의 〈단장의 미아리고개〉나 황정자의 〈처녀 뱃사공〉은 6·25전쟁으로 인한 아픔을 노래하고 있습니다. 〈단장의 미아리고개〉에서는 전쟁으로 인해 가족이 끌려가서 생사조차 확인하지 못하는 슬픔을 '단장斷腸', 즉 창자가 끊어질 정도의 고통이라고 표현했습니다. 이처럼 한국인의 대표 정서인 한은 당사자의 잘못이나 실수 때문에 생겨난 것이 아닙니다. 본인의 의지와는 무관하게 외부 환경이 당사자로 하여금 극한의 슬픔에 빠지게 만든 것입니다.

21세기 대한민국에서 살아가는 젊은이들은 한국인의 정서가 한이라는 사실에 쉽사리 공감하지 못할 수도 있습니다. 고도의 성장을 거친 후 세계무대에서 당당히 자리매김한 21세기 대한민국의 젊은이들은 나라 잃은 슬픔도, 전쟁의 고통도, 이산의 아픔도, 보릿고개의 배고픔도 모르기 때문입니다. 말하자면, 오늘날 사람들의 마음속에는 공통의 고정된 정서가 들어 있지 않습니다. 개인마다 다르고, 상황이나 시점마다 다릅니다.

현대인들의 정서는 마치 롤러코스터와 비슷합니다. 이것은 일직선으로 이어진 철도를 안전하게 달리는 일반 열차와는 전혀 다릅니다. 지상에서 공중까지 정신없고 무질서하게 연결된 롤러코스터를 타면, 잠시도 가만히 있질 못하고 오르락내리락하면서 내달리게 됩니다. 이는 마치 현대인들이 매일 경험하는 감정 상태와도 비슷합니다. 현대인들의 감정 기복은 하루에 희로애락이 수도 없이 교차하면서 기분이 오르락내리락하기 때문입니다. 말하자면, 오늘날 현대인들이 경험하는 감정은 일반열차가 아니라 롤러코스터에 가깝습니다.

롤러코스터를 탄 것처럼 감정 기복이 심하다고 해서 안전한 일반 열차로 갈아탈 수도 없습니다. 인간은 기본적으로 감정을 가진 동물인지라 감정을 떼어버릴 수가 없기 때문입니다. 만약 감정이 없다면 그는 인간이 아니라 로봇이라고 봐야 합니다. 그렇다고 감정이 제멋대로 활개치도록 방치해서도 곤란합니다. 마음이 격앙되어 감정을 주체하지 못하면 수습할 수 없는 극단적인 상황으로 치달을 수도 있습니다. 반대로 지나치게 감정표출을 억제하는 것도 바람직하지 않습니다. 사람들은 희노애락을 느낄 만한 상황에서도 감정 변화가 없는 이를 두고 '냉혈한冷血漢'이라 부르면서 인간 취급을 하지 않는 경우도 있습니다. 그래서 감정은 날뛰게 내버려두어서도 지나치게 억제해서도 안 됩니다. 조심스럽게 다루어야 할 골치 아픈 녀석입니다.

대부분 경험하는 일이겠지만 인간의 감정은 하루에도 수십 번씩 수시로 바뀝니다. 웃다가 울기도 하고, 불같이 화를 내다가도 측은한 생각이 들 때도 있습니다. 잠시도 가만있질 못하고 이리저리 요동치기 일쑤입니다. 동일한 행동에도 상대가 누군지에 따라 감정의 방향이 달라지기도 합니다. 이런 상황을 한번 생각해볼까요? 가령, 퇴근을 하려고 직장을 나서는데 건물 앞에서 애인이 꽃다발을 들고 기다리고 있으면 기분이 어떨까요? 끝내주는 기분일 것입니다. 이런 경우라면 어떨까요? 평소 자신을 쫓아다니는 스토커가 꽃다발을 들고 기다리고 있다면 아마도 그때의 기분은 끔찍할 것입니다.

감정이란 우리가 어떤 현상이나 사건을 접했을 때 마음에서 일어나는 느낌이나 기분을 말합니다. 즉 감정은 우리 내부에서 자발적으로 생겨나는 것이 아니라, 외부의 자극에 따라서 수동적으로 일어나는 정념입니다. 얼핏 비슷해 보이는 자극에도 이에 반응하는 감정의 방향은 서로 다를 수 있습니다. 앞서 예를 들었듯, 애인이 꽃다발을 들고 기다릴 때는 기쁘겠지만 스토커가 그런 행동을 하면 기분이 나빠집니다.

이러한 감정적 차이는 왜 발생하는 것일까요? 그 이유는 자기 자신을 보존하려는 본성 때문입니다. 인간은 누구나 자기 자신을 보존하려는 욕구를 가지고 있는데, 철학자 스피노자는 이를 '코나투스conatus'라고 명명했습니다. 스피노자는 신을 제외한 모든 인간과 사물은 '유한한 양태'라고 보았습니다(스피노자는 신을 '존재', 인간을 '양태'라고 불렀습니다). 유한한 양태이기 때문에 인간은 항상 외부 자극에 영향을 받을 수밖에 없습니다. 이때 외부 자극에 대해서 자신을 지켜야 하는데, 이러한 본성이 바로 코나투스입니다. 즉 코나투스는 어떤 개체가 자신을 보존하려는 무의식적인 의지나 욕망을 말합니다.

우리가 코나투스를 가졌다는 것은 모든 인간은 자신을 보존하려는 욕망을 지니고 있다는 뜻입니다. 이 코나투스라는 욕망의 충족 여부가 당사자의 감정에 큰 영향을 미칩니다. 예컨대, 코나투스가 충족되면 자기보존의 욕망이 실현되기 때문에 당사자의 내부에 기쁨의 감정이 생겨납니다. 반대로 코나투스가 저지당하면 자기보존의 욕망이 좌절되어 슬픔의 감정이 발생하게 됩니다. 여기서 눈여겨볼 대목은 코나투스의 생성 과정입니다. 코나투스는 인간의 내부에서 자발적으로 생기는 것이 아니라 외부 자극에 의해 수동적으로 발생하는 정념입니다. 즉 코나투스는 외부 자극에 따라 저절로 증가하거나 감소하는 것으로 무의식적인 욕망의 게이지같은 것입니다.

인간의 감정은 코나투스가 증가하는가, 감소하는가와 깊은 관련이 있습니다. 자신에게 좋은 것이 다가오면 코나투스가 증가하면서 기쁨의 감정이 생깁니다. 반대로 자기가 싫어하는 것이 다가오면 코나투스가 감소하면서 슬픔의 감정이 발생합니다. 가령, 자기가 좋아하는 애인이 찾아오면 코나투스가 증가되어 기쁨의 감정이 생기지만, 반대로 자기가 싫어하는 스토커가 찾아오면 코나투스가 감소되어 부정적 감정에 휩싸이게 됩니다. 이처럼 코나투스의 게이지가 높아지는가, 낮아지는가에 따라 기쁨과 슬픔의 감정이 저절로 생성되는 것입니다.

스피노자는 코나투스를 높여서 자기를 보존하고자 하는 욕망을 인간의 자연스러운 본성이라고 보았습니다. 그렇기 때문에 인간은 누구나 기쁨은 즐기려 하지만 슬픔을 피하려 합니다. 하지만 현실은 욕망하는 대로 전개되지 않는 경우가 많습니다. 인간은 누구나 기쁨을 추구하지만 현실은 기쁨보다 슬픔이 찾아오는 경우가 많습니다. 왜 그럴까요? 그 이유는 우리 인간이 신이 아니라 유한한 양태이기 때문입니다. 인간은 신처럼 절대적인 존재가 아니라 유한한 양태다보니 항상 외부 자극에 영향을 받게 됩니다. 이 때문에 누구나 기쁨을 유지하고자 하는 본성을 가졌음에도 현실은 서로의 삶에 장애나 갈등의 요소로 작용하기도 합니다. 이처럼 인간은 유한한 양태라서 외부 자극에 대해 수동적으로 반응할 수밖에 없고 그 결과 기쁨보다는 슬픔을 느끼는 경우가 많습니다. 결국 인간은 기쁨과 슬픔이 외부의 자극에 따라 결정되는 수동적인 존재라 하겠습니다.

하지만 인간의 감정이 언제나 외부 자극에 따라서만 결정되는 것은 아닙니다. 스피노자는 외부 자극을 해석하고 반응을 선택하는 결과에 따라 어느 정도까지는 기쁨과 슬픔을 조절할 수도 있다고 보았습니다. 예를 한번 들어보겠습니다. 어떤 직장인이 퇴근을 준비하고 있는데, 직장상사가 다가와서 "김 대리, 오늘 소주 한잔 어때?" 하고 제안을 합니다. 이 상황에서는 상사의 제안에 승낙하는 것이 좋을까요, 거절하는 것이 좋을까요? 당연히 상황에 따라 다를 것입니다. 평소 관계가 좋고 잘 통하는 상사의 제안이라면 당연히 승낙을 하는 것이 좋습니다. 친한 사람과의 술자리는 즐거울 가능성이 높기 때문입니다.

반대의 경우라면 어떨까요? 평소 친하지도 않고 코드도 맞지 않는 상사의 제안이라면 승낙해야 할까요, 거절하는 편이 좋을까요? 애매합니다. 마음은 거절을 하고 싶지만 어쩔 수 없이 승낙해야 할 것 같기도 합니다. 만약 제안을 거절하면 까칠한 상사의 눈 밖에 나서 조직생활이 괴로워질 수도 있습니다. 실제로도 이런 상황이라면 자신의 욕망과 달리 거절하지 못하고 술자리에 참석하는 사람도 많을 것입니다. 하지만 그렇게 참석한 술자리는 기쁨보다는 슬픔으로 점철될 가능성이 높습니다. 코나투스가 증가하지 않고 감소할 확률이 훨씬 높기 때문입니다.

스피노자는 이러한 상황을 '예속 상태'라고 보았습니다. 그가 말하는 예속 상태란 자신의 기쁨과 슬픔이 오직 외부 현실에 따라 좌우되는 상태를 뜻합니다. 스스로 기쁨을 만들 수도 없고 자신의 기쁨마저도 상대방에 의해 슬픔으로 바뀔 수 있는 상태를 말합니다. 앞의 상황에서 싫어하는 상사의 제안을 거절하지 못하는 것도 예속 상태에 놓여 있다고 봐도 무방합니다.

스피노자는 예속 상태에 놓인 상황을 '무능력'이라고 표현했습니다. 관련된 스피노자의 주장을 들어보시죠. "무능력은 인간이 자기의 외부에 있는 사물에 의해 지배되고, 자기의 본성이 요구하는 것이 아니라 외부 사물들의 일상적인 조건이 요구하는 것을 하도록 결정되도록 하는 데 있다." 결국 자신의 본성이 요구하는 것을 따르지 못하고 외부 조건의 요구에 따르는 상태가 바로 무능력입니다. 스피노자라면 퇴근 시간 이후에도 싫어하는 상사의 술자리 요청에 단호히 거절하지 못하는 사람도 무능력하다고 비판할 것입니다.

스피노자 윤리학의 핵심은 "어떠한 덕도 자신을 보존하려는 노력보다 우선하는 것은 없다"입니다. 앞서 우리는 '자신을 보존하려는 본능'을 코나투스라고 불렀습니다. 그래서 이렇게 말할 수도 있습니다. "코나투스를 증가시키려는 모든 행위, 다시 말해 기쁨을 추구하는 모든 행위는 덕德이다." 스피노자 이전까지의 윤리학에서는 주로 공동체가 정한 이상이나 규범을 준수하는 행위가 덕이었습니다. 하지만 스피노자는 윤리적 기준이 집단이나 공동체보다는 개인에게 있다고 보았습니다. 즉 자신에게 기쁨을 가져오는 행위는 도덕적으로도 좋은 것이고, 슬픔을 불러오는 행위는 나쁜 것입니다. 그래서 스피노자의 윤리학을 "기쁨의 윤리학"이라고 부릅니다. 자신에게 기쁨을 주는 것이 최고의 도덕이라는 뜻입니다.

기쁨을 추구하고자 하는 욕망은 인간이라면 누구나 가지고 있는 본성입니다. 앞의 사례에서 퇴근 시간에 "김 대리, 소주 한잔 어때?"라고 제안하는 상사도 그 행위를 통해 기쁨을 찾고자 하는 것입니다. 본성에 해당하는 것이지요. 내가 싫어하는 스토커가 나를 쫓아다니는 것도 그 사람 입장에서는 기쁨을 추구하는 욕망에 기반한 행동입니다. 여기서 중요한 점은, 타인의 욕망 추구를 도와주느라 자신의 욕망을 도외시하는 행위는 올바르지도 윤리적이지도 않다는 것입니다. 자신의 욕망과 타인의 욕망이 충돌하는 경우에는 자신의 욕망을 우선하고, 그것에 충실해야 합니다.

스피노자는 타인의 욕망을 자신보다 우선시하는 사람을 '노예'라고 불렀습니다. 반대로 자신의 욕망에 충실한 사람을 '자유인'이라고 불렀죠. 자유인에 대한 스피노자의 설명은 다음과 같습니다. "다른 사람의 소망이 아니라, 자신의 소망을 따르고, 자기 인생에서 가장 소중하다고 인식하는 것들을 행하며, 따라서 매우 위대하게 욕망한다." 자유인은 타인보다 자신의 소망에 따르는 사람입니다. 자유인은 자기 인생에서 가장 소중하다고 생각하는 것을 행하는 사람입니다. 그렇기 때문에 자유인의 삶은 코나투스가 증가하면서 기쁨으로 충만할 가능성이 높습니다. 반면, 노예는 자기 소망보다는 타인의 소망에 따라 삽니다. 그렇다 보니 기쁨과 슬픔이 외부의 조건에 좌우됩니다. 그 결과, 코나투스가 감소하면서 기쁨보다는 슬픔의 감정이 많아질 가능성이 높습니다.

다시 한국인의 대표 정서인 한에 대한 설명으로 돌아가보겠습니다. 한국인의 가슴속에는 왜 한이라는 부정적인 감정이 폭넓게 자리하고 있는 것일까요? 그 이유는 한국인의 삶의 조건에서 코나투스를 감소시키는 외부 자극이 많았기 때문입니다. 역사를 살펴보면, 한국인은 무수히 많은 외세의 침략과 강대국의 틈바구니에서 주체성 없이 이리저리 눈치만 살피는 정치세력, 민중의 삶은 아랑곳하지 않고 자신들의 이익을 우선하는 기득권 등 기쁨보다는 슬픔을 불러일으키는 삶의 조건에서 슬픔을 유발하는 부정적인 사건들을 일상적으로 경험하며 살아왔습니다. 그로 인해 한국인의 집단적 무의식 속에는 원망스럽고 억울하고 안타깝고 슬픈 감정들이 트라우마처럼 각인되었습니다. 그 결과, 한이 한국인의 대표 정서로 자리 잡게 된 것입니다.

이제 우리는 어떻게 해야 할까요? 지금처럼 슬픔의 감정을 내면화한 채 계속 살아야 할까요? 그렇지는 않습니다. 외부의 자극이 부정적이어서 우리의 코나투스를 감소시키면 불가피하게 슬픔이 찾아오게 됩니다. 달리 방도가 없습니다. 하지만 그 상태가 지속하도록 방치해서는 곤란합니다. 예컨대, 이난영의 〈목포의 눈물〉처럼 사랑하는 사람과 이별을 하는 경우라면 저절로 슬픔이 찾아오기 마련입니다. 사랑이 깊을수록 슬픔의 깊이도 클 것입니다. 그럼에도 슬픔의 상태가 영원해서는 안 됩니다. 슬픔을 딛고 일어나 일상을 회복해야 합니다.

앞서도 언급한 것처럼, 자기 자신을 보존하려는 본성인 코나투스를 통해 인간의 감정을 설명하려고 한 스피노자의 논의를 "기쁨의 윤리학"이라고 부릅니다. 기존의 윤리학이 옳고 그름이나 선악의 판단을 목적으로 했다면, 스피노자는 어떻게 하면 기쁨을 얻을 수 있을지를 고민했습니다. 기쁨의 감정이 많아질수록 행복에 가까워지기 때문입니다. 한국인의 근본 정서가 한이라는 사실은 그동안 감정 상태를 기쁨보다는 슬픔으로 점철되도록 방치했다는 뜻이기도 합니다. 따라서 이제부터라도 외부 자극에 대해 기쁨의 감정이 더 발현될 수 있도록 노력해야 합니다.

외부 자극을 통제할 수 없는 상황에서 어떻게 기쁨의 감정을 늘릴 수 있을까요? 슬픔을 불러일으키는 상황에 처하더라도 슬픔의 시간을 최소한으로 하고 일상으로 회복해야 합니다. 우리를 슬프게 만드는 자극으로 인해 일시적으로 코나투스가 감소하는 것은 어쩔 수 없지만, 그래서 슬픔의 시간을 가질 수밖에 없지만 그 상태가 장기화되거나 고착되어서는 곤란합니다. 또, 부정적인 상황에 휩쓸려 자기 자신마저 잃어버리는 상태가 되어서는 곤란합니다. 슬픔이 심해져서 세상을 비관하고 자신마저 잃어버리는 일은 막아야 합니다.

사람이 슬픔에 빠져서 자신을 비난하고 세상을 비관하는 기분에 사로잡히는 상태를 '우울증'이라 부릅니다. 우울증은 외부의 부정적 자극 때문에 생기는 슬픔과는 다른 차원입니다. 그것은 슬픔의 감정이 지나쳐서 삶을 비관하고 급기야 자신을 부정하는 병적인 상황으로 치달을 때 생기는 감정입니다. 슬픔을 넘어 세상을 비관하고 삶의 의지마저 상실한 상태입니다.

우울증은 왜 생기는 것일까요? 정신분석학자인 지그문트 프로이트 Sigmund Freud에 따르면, 우울증은 떠나간 대상과 자신을 동일시할 때 발생합니다. 예컨대, 사랑하는 사람이 갑작스럽게 죽음을 맞이한 상황에서 그것을 마치 자신의 죽음처럼 생각할 때 생기는 감정이 우울증입니다. 이런 상황이라면 연인의 죽음은 곧 자신의 죽음과 같습니다. 사랑하는 사람을 잃은 슬픔이 지나쳐서 자신조차 살고 싶은 생각이 없어진 상태로 매우 위험한 상황입니다.

한편, 우울증을 앓는 사람은 슬픔의 원인을 자신의 탓으로 돌리는 경우가 많습니다. 전쟁터에 끌려가 사망한 남편을 보고 '내가 왜 그동안 잘해주지 못했는가?' 하면서 스스로를 타박합니다. 슬픔의 원인을 자신에게 돌려서 자기를 비난하거나 스스로를 부정하고 처벌하려 듭니다. 우울증이 위험한 이유는 바로 이 때문입니다. 슬픔의 감정이 지나쳐서 자신마저 해치게 됩니다. 요컨대, 슬픔은 어쩔 수 없는 자연스러운 감정이라면 우울증은 피해야 할 심각한 질병입니다.

수동적 정념인 코나투스의 지배를 받는 인간은 원치 않는 불행이 찾아오면 슬픔에 빠질 수밖에 없습니다. 그로 인해 잠시 슬픔의 시간을 갖는 것은 불가피하지만 우울증으로까지 발전하도록 방치해서는 곤란합니다. 우울증에 빠지지 않기 위해서는 어떻게 해야 할까요? 대상과 자신을 동일시하는 태도를 버려야 합니다. 사랑하는 사람이 떠나간 것은, 안타깝지만 어쩔 수 없는 일입니다. 이미 엎질러진 물입니다. 이제 남은 사람은 그 슬픔을 딛고 일어나 다시 일상을 회복해야 합니다. 현인의 〈굳세어라 금순아〉1953처럼, 전쟁과 분단으로 가족과 헤어지더라도 각자 처한 현실에서 다시 힘을 내야 합니다. 굳세어져야 합니다.

사람들은 한국인의 대표 정서가 한이라고 말하지만 오늘날에는 대체로 어울리지 않는 표현입니다. 〈한오백년〉이라는 말처럼, 그것은 오백 년간 이어진 조선 사람들의 정서일 수는 있겠지만 21세기 대한민국 국민을 대표하는 정서라고 보기는 어렵습니다. 6·25전쟁이나 이산의 아픔을 경험한 어르신들의 정서일 수도 있으나 전후 세대가 공감하는 정서는 아닙니다. 감정이 외부 자극에 따라 수시로 변한다는 점을 감안한다면 선조들의 정서를 마치 내 것인양 받아들일 필요도 없습니다.

그래서인지 요즘에는 TV에서 한을 노래하는 대중가요를 듣기란 쉽지 않습니다(간혹 KBS 〈가요무대〉에서나 접할 뿐입니다). 따라서 어르신들에게도 한을 노래하는 옛날 가요보다는 〈아모르 파티〉나 〈내 나이가 어때서〉 등 기쁨을 표현하는 최신가요를 들려줄 필요가 있습니다. 기쁨의 노래를 자주 들어야 코나투스가 조금이라도 증가할 테니까요.

Trot × Philosophy 12

순정

앉으나 서나
당신 생각

　사랑과 이별은 동전의 양면과도 같은 것이지요. 일단 이별의 슬픔이라는 것은 열렬한 사랑을 전제로 합니다. 이러한 사랑과 이별은 그야말로 다양한 형태로 존재하기 때문에 노래들도 사연이 구구절절합니다. 또한 시대별로 형태도 다릅니다. 예를 들어 사랑도 짝사랑, 풋사랑, 에로스, 아가페, 열정적 사랑, 순수한 사랑, 좋은 사랑, 나쁜 사랑 등 각자의 생각과 입장으로 나타낼 수 있고, 그에 따르는 이별도 많습니다.

　그렇다면 한국인은 어떤 사랑과 이별을 해왔을까요? 그리고 현재는, 미래는 어떤 사랑을 하게 될까요? 노래 속에서 그 답을 찾아보도록 하겠습니다.

　우선 대중가요가 생겨나고 1950년대 6·25전쟁 전후의 가요에서는 순수하게 순정을 바친 사랑 노래들이 다수 등장합니다. 지고지순한 사랑 노래들 말입니다. 일례로 〈나는 열일곱 살이에요〉로 알려진 박단마의 1938년작 〈나는 열일곱 살〉을 보겠습니다.

> 나는 가슴이 두근거려요 / 당신만 아세요 열일곱 살이에요 / 가만히 가만히 오세요 요리조리로 / 파랑새 꿈꾸는 버드나무 아래로 / 가만히 오세요
>
> 박단마, 〈나는 열일곱 살〉 중에서

> 이름도 몰라요 성도 몰라 / 처음 본 남자 품에 얼싸 안겨 / 붉은 등불 아래 붉은 등불 아래 / 춤추는 댄서의 순정 / 그대는 몰라 그대는 몰라 / 울어라 색소폰아
>
> 박신자, 〈댄서의 순정〉 중에서

박단마는 기생이었던 언니에게 민요를 배운 가수로 〈나는 열일곱 살〉은 그녀의 대표작입니다. 노래 속 이제 사랑을 알게 된 17세 소녀는 두근거리는 가슴과 빨개지는 얼굴을 한 채 남성에게 가만히 오라며 손짓합니다. 아마도 어린이의 때를 막 벗은 17세의 소녀가 남자라는 존재에게 느낀 순수한 감정일 것입니다.

이러한 여성의 감정은 신원을 알 수 없는 남자에게 순정을 바치는 댄서의 이야기인 〈댄서의 순정〉1959에도 드러납니다. 가수 주현미의 큰어머니인 박신자가 부른 〈댄서의 순정〉에서 여성은 이름도 모르고 성도 모르지만 남성의 가슴에 얼굴을 묻고 춤을 춥니다. 미래가 불투명한 댄서의 삶 중 잠시나마 그의 넓은 가슴에서 행복을 느꼈던 것일까요?

이번에는 가수 이미자가 부른 두 곡 〈열아홉 순정〉과 〈섬마을 선생님〉1966을 보겠습니다.

〈열아홉 순정〉은 이미자가 1959년에 취입한 데뷔곡으로 밝히고 있으나 현재까지 음반이 발견되지 않았습니다. 이 곡은 "보기만 하여도 울렁 생각만 하여도 울렁 / 수줍은 열아홉 살 움트는 첫 사랑을 몰라주세요"에서 순수한 19세 여성의 첫사랑을 느낄 수 있습니다. 보기만 해도 울렁거린다는 표현을 2000년대 시점에서 바라보면 순수하다 못해 바보 같다고 느낄 수도 있습니다.

〈섬마을 선생님〉의 경우에는 KBS 라디오 드라마 주제가로 사용된 이후 빅히트하여 다음 해에 영화로 만들어졌습니다. 19세 소녀가 섬마을에 부임한 총각 선생님을 짝사랑하는 내용으로 오영일, 문희, 이낙훈 등이 출연했습니다. 인천에 위치한 섬 대이작도에는 영화 촬영지였던 학교가 아직도 그대로 남아 있으며, 문희가 영화 속에서 손으로 짚었던 나무는 '문희나무'로 명명되어 마을에서 보존하고 있습니다. 〈섬마을 선생님〉의 가사는 섬마을 선생님을 순정 바쳐 짝사랑하는 19세 여성이 선생님이 서울로 돌아갈까 노심초사하는 마음을 담고 있습니다.

> 해당화 피고 지는 섬마을에 / 철새 따라 찾아온 총각 선생님 / 열아홉 살 섬색시가 순정을 바쳐 / 사랑한 그 이름은 총각 선생님 / 서울엘랑 가지를 마오 가지를 마오

이미자, 〈섬마을 선생님〉 중에서

물론 순정을 바친 것은 꼭 여성인 것만은 아닙니다. 박일남의 〈갈대의 순정〉은 남성의 순정에 관한 노래입니다. 이 곡이 〈섬마을 선생님〉과 같은 해에 발표된 것은 흥미로운 우연입니다. 이렇게 이 시절의 남성과 여성은 상대에 대해 앞뒤 가리지 않고 진심을 바쳐 사랑을 바치

고 있음을 노래를 통해서 알 수 있습니다.

　1960년대, 〈당신의 뜻이라면〉1968, 〈달콤하여 상냥하게〉1969를 불렀던 양미란의 노래에도 순수한 사랑 이야기가 담겨 있습니다. 양미란은 남편이었던 작곡가 정민섭과의 러브스토리가 기억에 남습니다. 정민섭은 당대 최고의 작곡가 중 한 명으로 가요계뿐만 아니라 클래식계, 방송계에서도 큰 역할을 했습니다.

　두 사람은 금슬이 좋기로 소문난 잉꼬부부였지만 양미란이 골수암에 걸려 큰 고통을 겪었습니다. 정민섭은 이때 부인을 정성스레 보살핀 것으로 유명합니다. "당신의 뜻이라면 하늘 끝까지, 당신의 길이라면 따르겠어요"라고 부르는 양미란의 노래 가사처럼 두 사람은 얼마의 차이로 생을 마감하고 말았습니다. 두 사람의 딸 정여진은 훗날 1970~1980년대 어린이들을 즐겁게 해준 만화영화 〈마징가Z〉 〈개구리 왕눈이〉 〈아톰〉 등을 불렀습니다.

　1960년대를 이야기하면서 빼놓지 말아야 할 영화도 있습니다. 〈미워도 다시 한 번〉 시리즈입니다. 이 영화는 정소영이 감독하고 신영균, 문희, 전계현이 주연하여 3편의 시리즈가 나올 정도로 큰 사랑을 받았습니다. 영화 속에서 신호(신영균 분)는 아내(전계현 분)가 있지만 혜영(문희 분)과 외도를 하고 아들 영신(김정훈 분)을 낳으면서 벌어지는 이야기입니다. 순정을 바친 혜영을 중심으로 그녀를 둘러싼 가족의 기구한 삶을 그려서 많은 공감을 얻었습니다. 겉으로 보기에는 남성의 외도를 통한 비극적인 신파에 불과해 보이지만 한편으로는 신호, 아내, 혜영 모두가 인간의 순수를 가지고 1960년대를 살았을지도 모릅니다. 이 영화가 3편이나 제작될 정도로 인기를 모은 이면에는 당시의 한국사회에 이와 유사한 가족사가 무척 많았음을 반증하는 것일 수도 있겠습니다.

　〈미워도 다시 한 번〉은 1969년에 발표된 2편 주제가가 음반으로 나왔는데 남진이 부른 동명주제가가 히트했습니다. 노래의 가사는 순정을 다 바쳐 믿고 또 믿었지만 그 사람을 사랑해서는 안 된다는 것을 깨닫고 미련 없이 돌아섭니다. 유부남이기 때문이지요. 영화 속 혜영은 아들 영신마저 신호의 아내에게 보냅니다. 아들의 미래를 위해서 말이죠.

이 생명 다 바쳐서 죽도록 사랑했고 / 순정을 다 바쳐서 믿고 또 믿었건만 / 영원히 그 사람을 사랑해선 안 될 사람 / 말없이 가는 길에 미워도 다시 한 번 / 아 안녕

남진, 〈미워도 다시 한 번〉 중에서

우리는 〈미워도 다시 한 번〉을 1960년대 만들어진 흔전만전한 신파영화라고 생각할 수 있겠지만 혜영의 캐릭터에서 시대의 사랑과 여성상을 동시에 엿볼 수 있습니다. 혜영은 유부남인지 모르고 남자를 사랑하여 애를 낳습니다. 그런데 그를 미워하지 않습니다. 신호의 아내도 남편의 외도를 쉽게 받아들입니다. 게다가 혜영은 아들 영신마저 신호에게 보냅니다. 아무 조건도 없이 말이지요.

즉 혜영은 제목 '미워도 다시 한 번'처럼 피해자이지만 상대를 원망하지 않고, 아들마저 빼앗기는 선택을 합니다. 당시에는 상당수의 여성이 이런 피해를 당하고도 말 한마디 못하는 경우가 많았음을 말해주는 듯합니다.

1960년대에는 상대가 누구건 간에 순수하게 순정을 바치는 노래들이 많았고, 이러한 노래들은 1970~1980년대에 꾸준하게 발표되어 히트했습니다. 1971년에 방주연이 발표해 히트한 〈그대 변치 않는다면〉의 경우에는 "그때 떠난다 해도 변치 않는다면 / 나는 그대 위해 조

용히 살리라"고 말하기도 합니다.

지금까지는 순정을 바쳐서 비극의 주인공이 되는 노래들을 주로 다뤘는데 반대의 경우도 있습니다. 믿고 따라준 여성에 대한 보답으로 남성이 한평생 당신을 위해 살겠다는 다짐을 하는 노래들이 다수 있습니다. 그중 몇몇 가수들은 자신의 실제 이야기를 기반으로 노래를 만들어 대히트함으로써 무명의 설움을 벗었습니다.

가수 현철이 1982년에 발표한 〈앉으나 서나 당신 생각〉은 오랜 무명 생활 동안 생계를 도맡아 고생했던 아내를 위해 현철이 직접 작곡한 것입니다. 그는 월세 1~2만 원짜리 단칸방에서 가난하게 살며 13번이나 이사한 부인에게 항상 미안한 마음을 지우지 못한 상태에서 노래를 만들기 시작했습니다. 현철은 이 노래마저 히트하지 못하면 가수 생활을 포기할 생각으로 작업을 강행했고, 〈앉으나 서나 당신 생각〉이 탄생했습니다.

가수 김정수의 경우도 마찬가지입니다. 그는 1967년 즈음부터 록 밴드로 호텔 등지에서 노래를 해왔습니다. 그의 첫 기회는 1981년 《김정수와 급행열차》의 수록곡 〈미련〉에서 찾아왔습니다. 이 노래는 다운타운계에서 인기를 끌었지만 안타깝게도 김정수는 뜨지 못했습니다. 그런데 이 곡은 묵혀 있다가 1985년 조용필이, 1986년 민해경이 〈내 마음 당신 곁으로〉로 제목을 바꿔 리메이크해서 빅히트했습니다. 원곡자의 김정수의 입장에서는 통한의 시간이었을 것입니다.

김정수는 20년 넘게 무명가수 생활을 하면서 금전적인 고생을 해왔고 그를 위해 묵묵히 옆을 지켜준 부인을 위한 노래 〈당신〉1990을 만들었습니다. 하지만 이 곡을 발표할 때는 그렇게 순조롭지 못했습니다. 음반 발표를 위해 재킷 사진을 찍으려고 하는데 사진작가가 외모를 좀 가리는 것이 좋다는 의견을 제시하여 중절모를 찍고 사진을 촬영했습니다. 그래서 그도 방송 출연을 할 때 중절모를 착용하고 노래를 불렀습니다. 그런데 이 곡이 부인을 위해 만들었다는 사연이 알려지면서 많은 중년여성들의 지지를 받아 빅히트했습니다. 그는 이 곡으로 〈KBS 가요톱텐〉 5주 연속 우승, 〈KBS 가요대상〉 대상을 수상했습니다. 중절모는 이제 그의 트레이드마크가 되었지요.

내 품에 안기어 곤히 잠든 그대여 / 어느덧 그대 눈가에도 주름이 졌네 /
내 가슴에 묻혀 꿈을 꾸는 그대여 / 야위어진 그댈 바라보니 눈물이 솟네

김정수, 〈당신〉 중에서

1990~2000년대 댄스와 발라드가 가요계를 점령한 시대의 젊은이들은 순정을 어떻게 생각하고 있을까요?

1990년대에는 그야말로 복잡하고 다양한 사연을 가진 사랑 노래가 나왔습니다. 그중 순정을 내용으로 하는 노래들에서 자주 보이는 단어가 '바보'입니다. 가장 대표적인 노래인 코요태의 〈순정〉1997은 '나를 포기하고 너만 사랑했는데 바보 같은 내게 내게 이럴 수 있냐'며 떠나가려는 상대를 원망합니다. 다만 댄스와 랩이 추가되어 흥겹게 부르는 모습에서 사랑과 이별의 감정을 다소 가볍게 받아들이고 있다는 점도 알 수 있습니다.

같은 해에 발표된 룰라의 〈연인〉에 나오는 '바보'는 자신을 사랑해 주었지만 이제는 돌아서려고 하는 상대에게 앞으로 "순수하게 아름다운 마음으로" 사랑하겠다면서, 내가 "바보"였다고 외칩니다. 박효신의 〈바보〉1999도 있습니다. 노래의 화자는 "단 한번 사랑을 믿어요" "다시 볼 수 있다면 웃고 살 수 있는데"라고 말합니다. 이처럼 1990년대 이후

의 사랑은 이득과 손해를 재다가 순정을 깨닫는 경우가 상당히 보입니다. 그것이 조금의 변화라고 할까요? 그러니까 한마디로 상처를 덜 받겠다는 것입니다.

이제 순정을 바쳐 사랑한다는 것에 대한 의미를 생각해볼 시간입니다. 1930년대부터 1990년대의 노래 속에 보이는 순정에 대한 히트곡을 보면 사랑 자체가 바뀌지는 않았습니다. 다만 순정을 바친 사랑 때문에 이별을 경험한 우리가 아픈만큼 성숙해져서 상처받지 않기 위해 변했다는 것입니다. 하지만 세월이 흘러도 순수함을 가지고 상대를 사랑하려는 마음만큼은 변하지 않은 것은 분명해 보입니다.

사랑은 무모한 맞교환일 뿐

　대체로 사람들은 열정적이고 달콤한 사랑을 꿈꿉니다. 그 결과, 어떻게 하면 사랑을 잘할 수 있을까를 고민합니다. 그런데 이런 의문이 들기도 합니다. 사랑을 잘할 수 있는 방법이란 것이 실제로 있는 것일까? '이렇게만 하면 누구나 사랑을 잘할 수 있다'고 장담할 수 있는 비법이 존재하는 것일까요? 단언하기 어렵습니다. 시인 이성복은 이런 말을 했습니다. "방법을 가진 사랑은 사랑이 아니다." 모름지기 사랑이란 이러해야 한다고 말할 수 있는 정답이나 정해진 방법이 없다는 뜻입니다. 그는 심지어 "사랑의 방법을 찾는 것은 이미 사랑에 대한 배반"이라고까지 주장했습니다. 정해진 방법은 없으니 각자 자신만의 방식으로 사랑을 하라는 뜻으로 이해됩니다.
　그래서일까요? 사랑을 노래하는 대중가요 가사를 살펴봐도 사랑의 방식은 사뭇 다릅니다. "헤일 수 없이 수많은 밤을 / 내 가슴 도려내는 아픔에 겨워 / 얼마나 울었던가 동백 아가씨 / 그리움에 지쳐서 울다 지쳐서 / 꽃잎은 빨갛게 멍이 들었소" 이미자, 〈동백 아가씨〉라는 순애보적 사랑이 있는가 하면, "보기만 하여도 울렁 / 생각만 하여도 울렁 / 수줍은 열아홉 살 움트는 첫사랑을 몰라주세요" 이미자, 〈열아홉 순정〉라며 풋풋한 사랑을 노래하기도 합니다.

"이 생명 다 바쳐서 죽도록 사랑했고 / 순정을 다 바쳐서 믿고 또 믿었건만 / 영원히 그 사람을 사랑해선 안 될 사람 / 말없이 가는 길에 미워도 다시 한 번" 남진, 〈미워도 다시 한 번〉이라며 사랑의 위기를 용서로 넘어서려는 사람이 있는가 하면, "다가라 Hey Boys 다신 내 삶을 사랑이란 말로 가둬두지마 / 다가라 Hey Guys 다신 내 눈에 그런 눈물 따윈 없을 테니까" 엄정화, 〈다가라〉라면서 상대방의 변절에 단호한 태도를 보이는 경우도 있습니다. 대중가요 노랫말 속에도, 그야말로 각양각색의 사랑이 있습니다.

이렇듯 현실의 사랑은 다양한 모습으로 실재하지만 그럼에도 사람들이 선호하는 사랑의 스테레오타입은 있습니다. 그것은 바로 순수한 감정에서 시작된 사랑, 즉 순정純情입니다. 사람들은 사랑의 감정에 이물질이 섞이는 것을 싫어합니다. 사랑은 모름지기 순수해야 한다는 입장입니다. 그래서인지 사랑의 징표로 건네는 결혼반지는 순수함의 결정체인 다이아몬드를 선호합니다. 순백의 결정체로 만들어진 다이아몬드가 순정의 상징처럼 여겨지기 때문입니다.

순정이란 말 그대로 '순수한 감정이나 애정'을 뜻합니다. 사람들은 왜 사랑을 할 때도 순수함을 찾는 것일까요? 그 이유는 사랑의 감정에 다른 것들이 들어가면 진정성이 의심되기 때문입니다. 상대방이 나를 사랑하는 이유가 내가 가진 돈이나 사회적 지위, 집안이나 배경 때문이라면 아무래도 기분이 좋을 리 없을 것입니다. 실존주의 철학자 사르트르Jean Paul Sartre는 진정한 사랑의 조건을 다음과 같이 말한 바 있습니다. "사실 사랑하는 사람이 요구하는 것은 그 상대가 자기를 두고 절대적인 선택을 했다는 것이다. 이 선택은 상대적이고 우연적이어서는 안 된다." 그가 말한 '절대적인 선택'이 바로 이것저것 따지거나 재지 않는 상태로 순수한 마음에서 시작하는 사랑을 의미합니다. 특별한 이유 없이 그냥 마음이 끌려서 시작한 사랑이 여기에 해당합니다.

순수한 사랑의 대표 사례는 로미오와 줄리엣을 들 수 있습니다. 알다시피 그들은 서로 가문의 원수인 사이여서 도무지 맺어지기 힘든 관계였습니다. 그럼에도 그들은 앞뒤 가리지 않고 열렬한 감정에 휩싸였습니다. 그들이 원수의 가문임에도 위험천만한 사랑을 시작했다는 사실은 그들의 감정이 그만큼 순수했다는 증거라 하겠습니다. 이것저것 따지지 않는 절대적인 선택을 한 셈입니다. 만약 그들이 이것저것 따져가며 사랑의 진행 여부를 고민했다면, 애초에 맺어지지도 않았을지 모릅니다. 순수했기에 무모했고, 누구보다도 뜨거운 사랑을 할 수 있었습니다. 이처럼 사랑의 순수성은 애정의 순도純度를 보증하는 전제조건이자 감정이 활활 불타오르게 만드는 불쏘시개와 같은 역할을 합니다.

흔히 사람들은 순정, 즉 순수한 감정으로 시작하는 사랑을 사랑의 전형이나 교본처럼 생각하는 경향이 있습니다. 그래서 셰익스피어의 희극 〈로미오와 줄리엣〉과 같은 사랑에 열광하고, 〈댄서의 순정〉이니 〈열아홉 순정〉이니 하는 노랫말에 공감을 표하기도 합니다. 반면, 이것저것 따지고 계산기를 두들긴 후에 사랑을 시작하는 사람을 '정략적'이라거나 '속물'이라며 부정적인 평가를 내립니다. 한국의 대표적인 신파극인 〈이수일과 심순애〉에서 가난한 고학생인 이수일과의 사랑을 저버리고 김중배의 다이아몬드 반지를 선택한 심순애를 '배신자'라고 낙인찍는 것도 이와 같은 이치입니다.

순수한 사랑을 바라는 것이 인지상정이라면, 사람은 누구나 순수한 마음으로 사랑을 시작하는 것일까요? 이 대목이 약간 애매합니다. 사람은 누구나 입으로는 '사랑은 순수해야 한다'고 말하지만 막상 자기가 사랑을 시작할 때는 순수함을 내팽개쳐버리는 경우도 많습니다. 가령, 결혼적령기에 있는 여성에게 오랫동안 사귄 애인이 있다고 칩시다. 그녀는 남성을 사랑하지만 그는 모아둔 재산도 없고 직업도 변변치 않으며, 장래마저 불확실한 상황입니다. 당장 결혼할 상황도 처지도 안 되지만, 그럼에도 결혼을 한다면 단칸방에서 밥숟가락 두 개만 들고 시작해야 할 형편입니다. 그 상태에서 여성은 남성을 여전히 사랑하기 때문에 결혼을 해야겠다고 마음을 먹었습니다. 이런 상황이라면, 부모나 친구들은 그녀의 선택에 대해 어떤 조언을 할까요? 아마도 화들짝 놀라면서 극구 만류하는 사람이 많을 것입니다. "사랑이 밥 먹여주는가!" 하면서 말이지요.

　이처럼 사람들은 순수한 사랑을 꿈꾸지만, 현실의 사랑은 순수함과는 거리가 먼 경우가 많습니다. 〈이수일과 심순애〉의 신파극을 보면서 김중배의 다이아몬드 반지에 사랑을 팔아버린 심순애의 행동에 대해서는 '아니, 어떻게 그럴 수가 있는가!' 하면서 비판하지만, 정작 본인이 그런 상황에 처하면 김중배의 다이아몬드 반지를 선택하는 것이 현명한 판단이라고 생각합니다. 순수한 사랑은 이상이며, 현실에서는 비이성적이고 어리석은 행동일 뿐이라는 입장입니다. 대체로 사랑의 순수함은 금전적 이해타산을 넘어서지 못합니다. 사랑도 돈 앞에서는 맥을 추지 못합니다.

　좀더 솔직하게 말하면, 사랑을 함에 있어 순정을 바라는 사람의 마음은 이중적입니다. 무슨 말인가 하면, 사랑을 할 때 상대방의 감정은 순수하길 바랍니다. 하지만 정작 자신은 계산을 하고 이해타산을 따집니다. 경제력과 직업, 학벌과 집안, 외모와 성격 등 따질 수 있는 것은 전부 계산하여 가장 높은 평가를 받은 사람에게 관심과 애정을 보냅니다. 마치 결혼정보업체가 후보자를 고를 때 개인별 점수를 매기는 것처럼 항목별 점수를 매겨서 비교하고 서열화합니다. 말하자면, 상대방에게는 순정을 바라지만 정작 본인은 순수해지려 하지 않습니다. 다소 고약한 심보라 할 수 있는데, 이는 상대방도 마찬가지입니다. 그 결과, 모두가 순수한 사랑을 꿈꾸고 순정을 노래하지만 현실의 사랑은 결코 순수하지 않습니다.

그래서일까요? 순수한 사랑은 문학작품의 좋은 소재가 됩니다. 대부분의 사람이 순수한 사랑을 갈망하지만 현실에서는 좀처럼 찾아볼 수 없기 때문에 문학작품이 대신 그 역할을 해주고 있는지도 모릅니다. 〈로미오와 줄리엣〉을 통해 무모하지만 열정적인 사랑에 찬사를 보내고 〈춘향전〉에서 변학도의 집요한 수청 요구를 거절함으로써 백년가약을 맺은 이몽룡과의 약속을 끝까지 지켜낸 춘향이에게 박수갈채를 보냅니다. 이처럼 순수한 사랑이 문학이나 영화, 드라마에서 자주 등장하는 이유는 그것이 현실에서는 좀처럼 이루어지기 힘든 소망이기 때문에 대리만족을 주기 위함인지도 모릅니다.

대부분의 세상사가 그러하듯이, 이상과 현실에는 괴리가 있는 법입니다. 사랑도 예외는 아닙니다. 누구나 순수한 사랑을 꿈꾸지만 현실에서는 쉽사리 경험하지 못하는 감정입니다. 왜 이런 현상이 발생하는 것일까요? 여러 이유가 있겠지만, 사람들이 사랑을 잘 모른다는 것도 중요한 요인 중 하나입니다. 사람들은 누구나 한 번씩은 사랑을 경험하기 때문에 사랑에 대해서 잘 안다고 생각하지만, 막상 '사랑이 뭡니까?' 하고 질문을 받으면 쉽게 답하지 못합니다.

사랑이란 도대체 무엇일까요? 사랑은 공기와 비슷합니다. 우리는 매 순간 공기를 마시며 호흡하고 있지만 정작 공기를 의식하지는 못합니다. 황사나 매연 등 공기가 탁해지면 그것을 떠올릴 뿐입니다. 사랑도 마찬가지입니다. 우리는 매일 사랑을 하고 있지만 정작 사랑이 무엇인지 잘 모릅니다. 공기가 그렇듯, 사랑을 하고 있을 때는 잘 의식하지 못하다가 사랑에 위기가 닥치거나 어긋나면 비로소 사랑을 떠올릴 뿐입니다. 그래서 사람들은 알다가도 모르는 것이 사랑이라고 말합니다.

이처럼 알기 힘든 사랑을 제대로 이해하기 위해서는 거쳐야 할 철학자가 있습니다. 《사랑에 관한 연구》라는 책을 쓴 스페인 철학자 호세 오르테가 이 가세트 Jose Ortera y Gasset 입니다. 사실 오르테가는 굉장히 특이한 철학자라 할 수 있습니다. 보통 철학자들은 존재니, 세계니, 도덕이니 하면서 좀 '있어 보이는(?)' 주제를 탐구하는 경우가 많습니다. '사랑'처럼 소프트한 테마는 좀처럼 다루지 않습니다. 사랑이라는 주제로 철학을 하면 사람들에게 약간 수준이 낮은 가벼운 철학자처럼 보일 수 있거든요. 하지만 오르테가는 "모름지기 철학자라면 그 시대의 사랑을 진단할 의무가 있고, 사랑의 가치와 나아갈 길을 제시해야 한다"면서 《사랑에 관한 연구》라는 책을 썼습니다. 사랑도 충분히 철학적으로 다룰 만한 주제라고 본 것입니다.

오르테가는 사랑을 어떻게 정의했을까요? 오르테가는 스탕달의 《연애론》을 비판하면서 이 책을 시작합니다. 스탕달은 사랑에 대해 이렇게 주장했습니다. "사랑은 본질적으로 허구이며, 환상에 불과하다." 스탕달의 주장에 의하면, 사랑은 상대방의 실제 모습을 보고 느끼는 감정이 아니라 상상이 만들어낸 허구를 보고 느끼는 감정입니다. '그 남자(여자)는 이런저런 사람이야'라며 그럴싸하게 포장한 후 그 대상을 좋아한다는 논리입니다. 예컨대, 로미오와 줄리엣이 서로에게 첫눈에 반할 수 있었던 것도 무도회에서의 멋지게 차려입은 모습만 보았기 때문이라는 논리입니다.

"이름도 몰라요 성도 몰라 / 처음 본 남자 품에 얼싸 안겨 / 붉은 등불 아래 붉은 등불 아래 춤추는 댄서의 순정"이라고 노래한 박신자의 〈댄서의 순정〉에서도 여성이 처음 본 남자에게 사랑의 감정이 생긴 이유는 상대를 잘 모르는 상태에서("이름도 몰라요 성도 몰라") 환상을 품었기 때문입니다. 희미한 "붉은 등불"도 그러한 환상에 한몫했을 것입니다(다시 보자 조명빨!)". 즉 상대방에 대한 허구와 환상 때문에 혹한 것이지 진상眞想을 보고 끌린 것이 아니라는 것입니다. 만약 그녀가 남성의 실제 모습―가령, 바람둥이라거나 주사酒肆가 있다거나 하는―을 보았다면 순정은 온데간데없이 사라졌을 수도 있습니다.

사랑의 본질이 허구이며 환상에 불과하다는 스탕달의 주장에 동의가 되나요? 만약 스탕달의 주장이 사실이라면, 그것은 사랑의 유효기간을 단축시키는 요인이 될 것입니다. 허구나 환상 때문에 시작된 사랑은 서로의 사이가 가까워지면서 조금씩 환상의 장막이 걷힐 수밖에 없고, 그렇게 되면 사랑을 촉발시켰던 감정도 식어버릴 것이 뻔하기 때문입니다. 오르테가는 스탕달의 이러한 주장에 동의하지 않았습니다. 심지어 그는 스탕달이 《연애론》이라는 책을 쓸 자격이 있는지를 의심하기까지 했습니다. 오르테가는 스탕달이 진정한 사랑을 한번도 경험해보지 못한 상태에서 《연애론》이란 책을 썼다고 평가절하했습니다. 실제로 스탕달은 탁월한 작가이긴 하지만 여성을 유혹하는 능력은 그다지 뛰어나지 않았으며, 연애에는 대부분 실패했다고 말합니다. 《연애론》을 쓸 만큼 '실전 경험'(?)이 없다고 본 것입니다. 그래서 오르테가는 스탕달의 이론은 '사랑에 대한 이론'이 아니라 '사랑의 좌절에 대한 이론'이라고 비판했습니다.

오르테가는 사랑을 어떻게 정의했을까요? 그는 사랑이 지적 활동이 아니라 감정적 활동이라고 주장했습니다. 사랑은 머리로 계산하고 예측하는 활동이 아니라 마음속 감정이 이끄는 대로 끌려가는 활동이라는 것입니다. 그래서 오르테가는 사랑의 본질을 "대상을 향한 활동이며, 그 대상에 빠지는 상태"라고 말했습니다. 오르테가의 주장처럼 사랑은 대상을 향한 활동이기에 사랑을 하려면 대상을 집중해야 하는데, 대상에 집중하게 되는 상태가 바로 '빠짐'의 상태가 되는 것입니다. 우리가 통상 사랑의 감정에 휩쓸려 걷잡을 수 없게 된 모습을 보고 "사랑에 빠졌다 falling in love"라고 표현하는 바로 그 상태입니다.

　누군가를 열렬히 애정하게 되어 사랑에 빠진 사람의 감정은 어떨까요? 그전보다 감정이 풍부해질까요? 흔히 사람들은 사랑에 빠진 상태가 되면 감정이 풍부해지고 삶이 고조된다고 생각하지만, 사실 그렇지 않습니다. 사랑에 빠지면 그 사람에게만 온통 정신이 집중됩니다. 어딘가에 집중한다는 것은 다른 것에는 신경 쓰지 않고 한 가지에만 모든 것을 쏟아붓는 행위를 말하죠. 누군가와 사랑에 빠지면, 그 사람에게만 집중하게 되어 나머지는 배경으로 밀려납니다. 그래서 사랑에 빠지면 전체적인 삶이 풍부해지기보다 오히려 협소해집니다. 그 결과, 심수봉의 노래처럼 "사랑밖에 난 몰라"라고 말하는 상태가 되기도 합니다.

　사람들이 바라는 '순수한 사랑'도 특정한 대상에게 정신이 집중된 '빠짐'의 상태와 다름이 없습니다. 누군가에게 빠져서 사랑 외에는 아무것도 눈에 보이지 않는 상태가 바로 순수한 상태의 사랑, 즉 순정입니다. 이처럼 '한 가지에 광적으로 집중하는 사람'을 우리는 편집광偏執狂이라고 부릅니다. 사랑에 빠진 사람도 어느 정도는 편집광과 같은 상태가 됩니다. 그 결과, 사랑에 제대로 빠진 사람은 가족이나 친구도 눈에 보이지 않는 경우가 많습니다. 사랑에 눈이 먼 로미오와 줄리엣에게 가족들이 보이지 않았던 것처럼 말이지요.

이처럼 사랑에 제대로 빠진 사람은 상대방에 집중하기 때문에 엄청난 몰입감을 경험합니다. 이러한 몰입감은 삶이 고조되는 느낌을 주기도 하고 황홀한 감정에 젖어 들게 만듭니다. 그 결과, 사랑에 빠진 당사자는 정신적 삶이 풍부해진다고 느끼기 쉽습니다. 하지만 실제로는 정반대의 상태가 되고 맙니다. 사랑에 빠지면, 지금까지 자신과 관계되었던 많은 것들을 배제하기 시작하면서 의식은 자꾸 좁아지고 단순해집니다. 마치 최면에 걸린 것처럼, 의식이 한 사람에게만 사로잡혀 있기 때문에 사랑 외에는 아무것도 눈에 들어오지 않습니다. 한마디로 "사랑 밖에 난 몰라"의 상태가 되고 맙니다.

오르테가는 사랑에 빠진 사람에게 세상은 존재하지도 않는다고 주장했습니다. "진정한 의미에서 사랑에 빠진 사람에게 세상은 존재하지 않는다. 사랑하는 사람이 그것을 대체해버리기 때문이다." 사랑에 빠진 사람에게는 상대 외에는 눈에 보이는 것이 없습니다. 상대가 곧 세계 전체입니다. 이처럼 사랑은 상대와 세상을 맞바꾸는 무모한 교환이기도 합니다. 상대를 얻고 세상을 버리는 행위이기도 하거든요. 어떻게 그런 일이 있을 수 있을까 싶지만 사랑에 눈이 멀면 그렇게 될 수 있습니다.

이런 이유 때문에 오르테가는 "사랑이 아주 고귀한 행위인 동시에 인간이 저지를 수 있는 가장 낮은 행위"라고 주장했습니다. 그에 따르면, 온전한 사랑을 하려면 정신이 가장 낮은 상태, 일종의 백치 상태가 된다는 것을 인정해야 한다고 했습니다. 사랑을 얻는 대신 나머지 세상을 모두 버릴 수도 있기 때문입니다. 사랑의 이러한 속성 때문에 사랑에 빠지면 평소라면 절대 하지 않았을 무모한 행동도 감행합니다. 상대를 위해 세상을 맞바꾸는 모험도 불사합니다. 그러니 백치 상태라 해도 크게 틀린 말은 아닙니다.

이처럼 사랑에는 양면이 동시에 존재합니다. 불타는 사랑은 당사자에게 더 없는 황홀감을 주지만 한편으로는 정신적 백치 상태가 되는 위험도 도사리고 있습니다. 그래서 이성적 동물인 인간은 사랑에도 조심스럽습니다. 사랑의 위험성을 잘 알기 때문입니다. 그래서 순정을 노래하는 대중가요가 더 각광받는지도 모릅니다. 간절히 원하지만 그 위험성 때문에 차마 결행에 옮기지 못한 자신을 대리하여 만족감을 주기 때문입니다. 각자 스스로에게 한번 물어볼까요. 나는 순수한 사랑, 불타는 사랑을 갈구하고 있는지, 사랑 안에 들어 있는 위험에도 불구하고 여전히 불타는 사랑을 원하는지….

Trot × Philosophy 13

웃음

트로트에는 웃음이 있다

지금까지는 트로트 안에 들어 있는 한국인의 모습을 보면서 주로 슬픔의 정서를 다루었습니다. 그런 노래들이 많기 때문이지요. 하지만 우리의 모습에 슬픔만 있을까요? 그렇지 않습니다. 웃음을 주는 곡 또한 많습니다. 그런데 단순히 웃기는 것에만 초점을 맞추지는 않아요. 시대를 통렬하게 비꼬는 해학이 숨어 있지요. 사실 민요라고 불리는 세계의 민속음악들을 보면 풍자 노래들이 상당히 많습니다. 우리나라도 예외는 아닙니다. 왕이나 대통령 같은 권력자를 비꼬기도 하고, 고된 삶을 역설적으로 경쾌하게 노래하기도 합니다. 이렇게 웃음이라는 것은 사람들에게 엔도르핀이라는 호르몬을 뿌리기도 하고, 고통과 슬픔을 극복하게 해주는 역할을 하기도 했습니다. 유난히 외세의 침략이 많았던 한국의 현대사에서 코믹송은 한국인의 삶을 이끌어나갈 수 있는 원동력이 되었습니다.

한국 코믹송의 역사는 무척 깊습니다. 원류를 따지자면 풍자민요로 올라가게 되는데 민요의 내용은 주로 관리의 부조리를 비꼬는 내용이 많았습니다. 그만큼 코믹송이라는 것은 단순히 웃음을 주기보다는 고달픈 현실을 빗대어 부르는 형태가 많았다는 것입니다.

먼저 일제강점기를 들여다보면 김해송의 〈개고기 주사〉1938, 박향림의 〈오빠는 풍각쟁이〉1938, 김장미의 〈엉터리 대학생〉1939 같은 노래가 눈에 띕니다. 세 곡 모두 김해송이 작곡한 것인데요. 제목부터 코믹송이라는 것을 직감할 수 있습니다. 이러한 해학이 들어간 풍자 노래들을 만요漫謠 라고도 부릅니다.

〈개고기 주사〉는 해석이 분분하지만 개고기와 주사(공무원 직급)가 관계가 있음을 알 수 있습니다. 〈오빠는 풍각쟁이〉는 시대를 반영하는 표현들이 있어 흥미롭습니다. 노래의 화자인 여동생은 오빠를 시기합니다. 불고기와 떡볶이는 혼자 먹고 오이지와 콩나물만 주는 오빠, 동생의 편지를 몰래 뜯어보는 오빠, 매일 술 먹고 회사에는 지각하고, 월급은 안 오른다며 투정만 하는 오빠를 한탄합니다. 월급이 안 올라 고민하는 직장인의 마음은 100년이 지난 지금도 공감 가는 대목입니다.

〈엉터리 대학생〉의 경우에는 공부는 안 하고 멋만 부리는 모던보이 대학생을 좋지 않게 보던 세간의 시선을 느낄 수 있습니다. 당시 모던보이는 그나마 재력이 있어야 가능한 행세였습니다. 이것은 1990년대 초반 서울 강남개발로 인해 졸부들이 등장했을 때, 그들의 20대 전후의 자녀들이 압구정동과 방배동을 중심으로 차를 몰고 다니며 '야타족'이 되어 여성을 꼬시고, 흥청망청 돈을 쓰던 오렌지족을 비판한 것과 일맥상통합니다.

오빠는 풍각쟁이야, 머, 오빠는 심술쟁이야, 머 / 난몰라 난몰라 내 반찬다 뺏어 먹는거 / 난몰라 불고기 떡볶이는 혼자만 먹고 / 오이지 콩나물만 나한테 주구 / 오빠는 욕심쟁이 오빠는 심술쟁이 / 오빠는 깍쟁이야

박향림, 〈오빠는 풍각쟁이〉 중에서

우리 옆집 대학생 호떡주사 대학생은 / 십 년이 넘어도 졸업장은 캄캄해 / 아서라 이 사람아 참말 딱하군 / 밤마다 잠꼬대가 걸작이지요 / 연애냐 졸업장이냐 연애냐 졸업장이냐 / 아서라 이 사람아 정신 좀 차려라 응

김장미, 〈엉터리 대학생〉 중에서

1950년대로 넘어가면, 이 시기의 상징적인 코믹송은 한복남의 〈빈대떡 신사〉1950 입니다. 1950년대에 아버지에게 물려받은 돈을 모두 까먹어버리고 양복만 달랑 남은 한량이 요릿집에서 몰래 음식을 시켜먹은 후 도망가다가 걸려 매를 맞는 장면을 노래하고 있습니다. 마치 한 편의 드라마를 보는 듯 상세한 묘사가 뛰어난 코믹송입니다.

1960년대로 넘어가면 남성사중창단 아리랑브라더스의 코믹송들이 눈에 띕니다. 이 팀이 생소할 수도 있지만 멤버 중 서수남과 하청일이 방송활동을 하면서 아리랑브라더스가 취입한 노래들을 불러 히트했습니다. 이들의 히트곡은 "닭장 속에는 암탉이 꼬끼오"로 시작하는 〈동물농장〉, "도미니크 니크니크 웃어주세요"로 기억되는 〈도미니크〉가 있습니다. 모두 번안곡이며 11마리의 동물 소리를 직접 흉내 내는 〈동물농장〉은 가요이면서 동요이기도 한 즐겁고 활기찬 코믹송이라고 할 수 있습니다. 원곡은 헤리 벨라폰테 Harry Belafonte 의 〈I Do Adore Her〉로 원곡보다 번안곡이 국내에서 더 크게 히트했습니다.

코믹송의 특징 중 하나는 시대상을 재미있게, 우회적으로 반영한다는 것인데, 김상희의 〈대머리 총각〉과 코미디언 서영춘이 부른 〈서울 구경〉1960년대 추정에서 보이는 1960년대도 상당히 흥미롭습니다.

김상희의 출세작 〈대머리 총각〉은 제목부터 외모를 비하하는 것으로 오해될 수 있기 때문에 현재로는 사용할 수 없는 단어 '대머리'가 등장합니다. 노래에는 등장하는 이 여성은 퇴근길 매일 만나는 대머리 총각을 짝사랑하고 있지요. 여성은 대머리 총각을 따라 전차도 타보고 눈치도 줍니다. 소심한 대머리 총각은 상기된 멋쩍은 얼굴로 여성의 마음을 아는 듯도 합니다. 그 시절 순수한 처녀총각의 퇴근길 정경을 경쾌하게 그렸습니다.

이 곡은 놀랍게도 북한에서도 많이 들었다고 알려졌습니다. 1968년 북한에서 내려온 무장공비 김신조가 1월 21일 청와대를 습격하기 위해 남하해 붙잡혔을 때 "〈대머리 총각〉을 잘 알고 있다"고 말해 화제가 되었습니다. 또한 같은 해 12월 14일 자수한 북한 무장공비 조응택도 기자회견장에서 "〈대머리 총각〉을 몰래 남한방송을 들으며 배웠다"고 밝힌 일이 있을 정도로 남북한 인기곡이었습니다.

한편 서영춘 〈시골 영감〉의 경우에는 미국 흑인가수 조지 존슨 George W Johnson이 1895년에 부른 〈Laughing Song〉이 원곡입니다. 원곡에 서영춘이 가사를 바꿨지만 중간에 웃는 부분은 같습니다. 노래의 가사는 시골 영감이 처음으로 서울 구경을 떠나면서 벌어지는 해프닝을 다루고 있습니다. 시골 영감은 차표 값을 깎으려고 실랑이를 벌이고, 열차가 떠나버리자 옆에 있는 빈 열차를 타버렸는데 그것은 이미 떠난 3등차보다 비싼 2등차여서 결국 돈을 더 내게 되었다는 이야기입니다. 1960~1970년대 급성장한 한국 도시와 낙후된 농촌의 괴리에서 벌어지는 상황을 코믹하게 풍자했다는 점에서 역사적인 가치가 있습니다.

여덟 시 통근길에 대머리 총각 / 오늘도 만나려나 떨리는 마음 / 시원한 대머리에 나이가 들어 / 행여나 장가갔나 근심하였지요 / 여덟 시 통근길에 대머리 총각 / 내일도 만나려나 기다려지네

(…)

김상희, 〈대머리 총각〉 중에서

1970년대가 되면 5인조 밴드였다가 전언수, 이태원이 남은 쉐그린이 부른 〈얼간이 짝사랑〉1975을 당시 젊은이들이 기타를 치며 많이 불렀습니다. 멤버 전언수는 깡말라 '꽁치', 이태원은 말을 더듬어서 '더듬이'로 통하며 코믹한 포크송을 많이 불렀는데요. 그들의 대표작인 〈얼간이 짝사랑〉의 가사는 한 얼간이가 동네 아가씨를 짝사랑한 나머지 우물가에서 손목을 잡아버리는 이야기입니다. "어머 어머 이러지 마세요. 우리 엄마 보시면 큰일이 나요"를 동네 아이들까지도 따라하며 개사해 부르곤 했습니다.

1980년대에는 전설적인 대형스타가 등장합니다. 바로 이주일입니다. 그는 가수 하춘화의 뒷일을 봐주다가 1977년 11월 11일 이리역(현재의 익산역) 화약 폭발사고 때 목숨을 걸고 하춘화의 탈출을 도우면서 그녀의 소개로 방송계에 본격적으로 진출한 코미디언이었습니다. 이주일은 방송 데뷔가 매우 늦었는데 그 이유는 '못생긴 얼굴' 때문이었습니다. 하지만 이주일은 못생긴 캐릭터를 코미디로 희화화해 성공한 입지전적인 인물입니다. 그는 "못생겨서 죄송합니다"라는 슬로건으로 사람들을 웃기기 시작했고, 그가 CCR의 〈Susie Q〉를 부르면서 춘 동작을 어린이들이 따라하는 바람에 한동안 방송금지가 되기도 했습니다.

한편 1980년대를 통과하며 기억될 사건 중 하나는 〈독도는 우리

땅〉1982이 발표된 일입니다. 이 곡이 수록된 음반의 타이틀은 《웃기는 노래, 웃기지 않는 노래》였습니다. 이 음반에 정광태가 부른 웃기는 노래 〈독도는 우리 땅〉과 〈코끼리 아저씨〉가 있습니다. 〈독도는 우리 땅〉은 KBS TV 코미디 프로그램과 관련이 있습니다. 당시 방송작가 박인호는 일본의 독도영유권 주장에 대해 분개하여 〈독도는 우리 땅〉을 직접 작사·작곡한 후 KBS TV 개그프로그램 〈유머1번지〉에서 부를 수 있도록 PD를 설득했습니다. 당시 본방송에서 임하룡, 장두석, 정광태, 이상훈이 부르는 버전이 방송을 타서 좋은 반응을 얻었습니다. 이 방송을 본 대성음반 문예부장은 그들의 상업성을 보고 음반 발매를 제의해 성사됩니다. 그런데 녹음 당일 다른 개그맨들이 바빠서 정광태 혼자 남게 되었고 결국 〈독도는 우리 땅〉의 주인공은 정광태에게 돌아간 것입니다. 현재 이 곡의 위상을 생각해보면 사람의 운이라는 것은 알 수 없다는 생각이 듭니다. 또한 〈코끼리 아저씨〉는 당시 통기타 가수들이 많이 불렀던 동요와 유사한 코믹송으로 인기를 얻은 곡이기도 합니다.

화창한 봄날에 코끼리 아저씨가 / 가랑잎 타고서 태평양 건너갈 때에 / 고래 아가씨 코끼리 아저씨 보고 / 첫눈에 반해 쓰리 살짝 윙크했대요

정광태, 〈코끼리 아저씨〉 중에서

한편 1980년대에는 박세민의 팝송개그가 등장했습니다. 박세민은 1981년 데뷔하여 주윤발이 자신과 닮았다면서 '느끼한' 남자의 이미지를 구축한 개그맨입니다. 그는 팝송 발음의 일부분이 우리말과 정확하게 일치하는 것을 이용해 사람들을 웃기게 만들었습니다. 예를 들면 올리비아 뉴튼 존의 〈If Not for You〉의 경우 발음이 "이프 낫 포 유"라

는 점에 착안해 "기분 나뻐유"로 말하는 것이었습니다.

이 팝송개그는 2000년대에 다시 살아났습니다. 2001년 개그맨 박성호가 KBS TV 〈개그콘서트〉를 통해 다시 선보였죠. 박성호는 박세민을 찾아가 원포인트 레슨을 받고 등장했습니다. 그의 개그 중 기억 남는 것은 에릭 칼멘의 진지한 노래 〈All By Myself〉를 "오빠 만세"로 바꾸어버린 것입니다.

이렇게 1980년대에는 코미디언들의 활약이 두드러집니다. 이주일의 바통을 이어받아 1980년대 후반을 책임진 인물은 심형래였습니다. 그는 코믹 캐릴을 불러 선풍을 일으켰지요. 하지만 심형래 이후 인기 코미디언이었던 김한국, 김미화의 쓰리랑부부, 밥풀떼기 김정식, 다이아몬드스텝 임하룡, 부채도사 장두석, 김형곤 등이 모두 음반을 발표했다가 상업적으로 성공하지는 못했습니다. 이렇게 코미디언들의 음반은 일시적으로 흥행한 후 주목을 받지 못하다가 2001년 박수홍과 박경림이 함께 발표한 〈착각의 늪〉이 좋은 성과를 냈습니다. 박남매의 고속도로 테이프 프로젝트로 명명한 두 사람은 박수홍 작사, 주영훈 작곡의 〈착각의 늪〉을 세상에 내놓았습니다. 이 곡은 가요차트 상위까지 올라가는 괴력을 발휘했으며 초등학생 애창곡 1위에도 올랐습니다.

이제 1990년대 이후로 넘어가볼까요? 이 시기를 돌아보면 한국사회가 개인을 희생하며 "잘살아보세"를 넘어서서 점차 풍요로운 삶을 지향하기는 시기로 변화하던 때였습니다. 하지만 부자처럼 보이려는 욕망이 자라난 것도 이때부터였습니다. 그래서 명품의 가짜가 판을 치던 시기였지요. 이때부터 가짜를 '짜가'라고 부르는 유행어도 생겨났습니다.

이런 상황을 묘사한 코믹송이 바로 신신애의 〈세상은 요지경〉[1993] 입니다. 가사 속에서는 "여기도 짜가, 저기도 짜가, 짜가가 판친다"라며 한국사회를 비꼬는 내용으로 많은 공감을 받았습니다. 또한 '짜가'만큼이나 여성들의 '공주병' 열풍도 있습니다. 이런 상황을 노래한 코믹송 김자옥의 〈공주는 외로워〉도 있지요.

> 세상은 요지경, 요지경 속이다 / 잘난 사람은 잘난 대로 살고 / 못난 사람은 못난 대로 산다 / 야이 야이 야들아 내말 좀 들어라 / 여기도 짜가 저기도 짜가 / 짜가가 판친다 / 인생 살면 칠팔십 년 / 화살같이 속히 간다 / 정신차려라 요지경에 빠진다
>
> 신신애, 〈세상은 요지경〉 중에서

세월이 흘러도 풍자, 희화 같은 코믹송의 특성은 변하지 않습니다. 2000년대에는 IMF 이후 슈퍼맨이 되어야 하는 아버지를 소재로 한 노라조의 〈슈퍼맨〉도 보이고요. 취직도 안 되고, 불투명한 미래에 대한 두려움에 떨며 자취방에 앉아 싸구려 봉지커피를 마시는 젊은이들을 대변하는 장기하와 얼굴들의 〈싸구려 커피〉도 있습니다. 두 곡 모두 2008년에 발표된 것도 흥미로운 우연입니다.

우리는 보통 웃음을 생활의 활력소를 주는 중요한 보조재로서 인식하기 마련입니다. 그동안 공감과 사랑을 받은 코믹송들은 대부분 우리 사회의 문제점이나 집단적으로 일어나는 현상들을 돌려서 표현해왔습니다. 우리는 때로 직접적인 표현보다 에두른 우회적 표현에서 현실의 문제점을 더욱 강렬하게 느끼게 되는 것이지요. 결국 코미디라는 것은 인간의 세련된 언어라고도 볼 수 있을 것 같습니다. 미술이나 기타 예술장르도 마찬가지로 볼 수 있겠지요? 이렇게 예술은 인간을 철학하게 하는 극단적인 표현 방법 중 하나입니다. 철학이 들어 있느냐 없느냐에 따라 오락이나 예술이냐를 구분할 수도 있는 것이겠고요.

웃음,
인간의 존재 이유

"인생은 멀리서 보면 희극이고 가까이서 보면 비극이다." 영화 〈모던 타임즈〉 1936로 유명한 찰리 채플린이 한 말입니다. 그는 수많은 사람들에게 웃음을 준 세계적인 희극인이었지만 정작 자신의 삶은 그다지 평탄하지 못했습니다. 고아나 다름없는 어린 시절, 여덟 살에 들어간 극단 생활, 네 번의 결혼, 심지어는 공산주의자로 몰려 조국에서 강제추방을 당하기도 하는 등 그의 인생은 희극보다는 비극에 더 가까웠습니다. 그가 누구보다도 자기 인생을 가까이서 보았기 때문에 더 그렇게 느끼지 않았을까 합니다.

채플린의 대표작인 〈모던 타임즈〉에 나오는 주인공 찰리의 인생 또한 희극적인 요소라고는 찾아보기 힘듭니다. 가진 것이라고는 몸뚱이 하나밖에 없는 찰리는 기계화된 생산 공장에서 잠시도 쉴 틈 없이 노동을 합니다. 그를 감시하는 공장장도 그를 인간이라기보다는 마치 기계 부속품 정도로 생각할 뿐입니다. 열심히 일한 결과로 과로와 노이로제에 시달렸지만 한 푼의 보상도 없이 쫓겨난 찰리의 모습을 보면서 우리는 자본주의 체제의 노동 착취와 기계화로 인한 인간 소외라는 냉엄한 현실과 마주하게 됩니다. 하지만 영화의 분위기는 시종일관 유머와 웃음이 넘쳐납니다. 냉혹한 현실에 대한 슬픔이나 암울함은 찾아보기 어렵습니다. 요즘 말로, '웃프다(웃기지만 슬프다)'고 해야 할까요?

찰리 채플린의 영화는 대체로 관객들에게 큰 웃음을 줍니다. 형식으로 구분하면 코미디 장르에 해당됩니다. 좀더 정확히 말하면, 블랙 코미디black comedy에 가깝습니다. 아이러니한 상황이나 사건을 통해 웃음을 유발하기 때문입니다. 〈모던 타임즈〉는 주인공 찰리의 모습을 통해 웃음 뒤에 숨겨진 슬픈 현실을 고발합니다. 이처럼 블랙 코미디는 유머의 일종이어서 관객의 박장대소를 목적으로 하지만 세계의 모순과 부조리를 통해 역설적인 웃음을 만들어냅니다. 풍자와 희화화를 통해 쾌활함이 아닌 씁쓸한 웃음을 유발시킴으로써 카타르시스를 느끼게 합니다.

블랙 유머는 대중가요에서도 자주 사용되는 기법이기도 합니다. "양복 입은 신사가 요릿집 문 앞에서 매를 맞는데"라는 설정으로 시작하는 한복남의 〈빈대떡 신사〉에는 양복을 걸쳐 입은 신사가 땡전 한 푼 없이 요릿집을 갔다가 돈이 없어 몰래 도망치다가 주인에게 매를 맞는 장면을 묘사하고 있습니다. 가수는 그 모습을 보면서 "으하하하 우습다. 으히히히 우습다"면서 박장대소합니다. 당사자는 고통을 당하고 있지만 제삼자인 관찰자는 그 모습을 보면서 측은해하기는커녕 즐거워합니다. 타인의 불행을 보고 재미를 찾는 모습이 상당히 고약한 심보처럼 느껴지는데, 아무튼 블랙 코미디의 일종이라 하겠습니다.

본업이 코미디언인 서영춘이 불러서 크게 인기를 얻었던 〈시골 영감〉에도 블랙 유머가 등장합니다. 시골 영감이 처음 기차 놀이를 떠나려는데 차표 파는 아가씨에게 "이 세상에 에누리 없는 장사가 어딨어?"라며 깎아달라고 실랑이를 벌입니다. 이에 아가씨는 질색을 하며 떠나 버립니다. 이에 깜짝 놀란 시골 영감은 "아 깎지 않고 돈 다 낼 테니 나 좀 태워줘. 저 기차 좀 붙들어요. 돈 다 낼 테니"라며 뒤늦은 후회를 합니다. 이 모습에 가수는 "으하하하" 하면서 배꼽이 빠질 듯이 웃어젖힙니다. 실제 노래하는 장면에서도 가수는 한참 동안 웃기만 하다가 끝내 버립니다. 시골 영감이 처음으로 기차를 타면서 최신 문명의 시스템을 이해하지 못해서 벌어진 해프닝을 두고 조롱하는 듯 웃는 모습이 블랙 코미디에 가깝습니다.

이외에도 "얼굴이 못생겨서 죄송합니다"라며 너스레를 떠는 이주일의 〈못생겨서 죄송합니다〉1980나 "거울 속에 보이는 아름다운 내 모습 / 나조차 눈을 뗄 수 없어 / 누가 누가 알아줄까 (…) 오 혼자라는 외로움을 / 예쁜 나는 공주라 외로워"라며 공주병에 걸려서 외로움을 토로하는 김자옥의 〈공주는 외로워〉, "세상은 요지경 (…) 여기도 짜가 / 저기도 짜가, 짜가가 판친다"라며 요지경 세상을 풍자하는 신신애의 〈세상은 요지경〉, "아들아 지구를 부탁하노라 / 아버지 걱정은 하지 마세요 / 바지 위에 팬티 입고 오늘도 난 길을 나서네"라며 자신이 마치 슈퍼맨인양 노래하는 노라조의 〈슈퍼맨〉 등 흔히 코믹송이라 불리는 많은 대중가요 속에는 블랙 코미디의 요소가 들어 있습니다.

가수들은 왜 대중가요에 코믹하고 유머러스한 요소를 넣는 것일까요? 유머가 유발하는 웃음이 호응을 이끌어내는 좋은 수단이 되기 때문입니다. 사실 웃음에는 여러 가지 긍정적인 효과가 있습니다. 정신분석학자인 지그문트 프로이트는 "유머는 유아기의 놀이적 마음 상태로 돌아가게 만드는 어른들의 해방감"이라고 표현했습니다. 유머는 적대적이거나 경직된 상황을 순식간에 아이들의 놀이터와 같은 공간으로 변신시키는 마법을 발휘하기도 합니다. 웃음이 마음의 빗장을 열고, 비극적인 장면을 희극적인 상황으로 전환시키기 때문입니다. 아무리 화가 났더라도 웃음을 터뜨리게 만들면 화해나 용서의 길이 열리기도 합니다. "웃는 얼굴에 침 못 뱉는다"는 속담은 괜히 생긴 말이 아닙니다.

유머는 이성의 마음을 사로잡거나 상대에게 호감을 얻는 최고의 수단이기도 합니다. 설문조사에서 여성들에게 가장 인기 있는 남성으로 '유머 감각이 뛰어난 사람'이 항상 상위권에 오르는 것도 같은 이치입니다. 옛 속담에 "용감한 사람이 미인을 얻는다"는 말이 있는데, 현대에는 "유머감각이 뛰어난 사람이 미인을 얻는다"는 주장이 보다 설득력이 있습니다. 재치와 유머 감각이 뛰어난 사람은 매번 유쾌한 웃음을 유발함으로써 분위기를 화기애애하게 만들고 상대를 행복하게 만들어주는 경우가 많습니다. 그 결과 웃음은 대인관계는 물론 영화나 드라마, 광고 등에서도 관심과 호감을 얻기 위한 좋은 전략이 되었습니다.

사람들이 유머러스한 이를 좋아하는 것은 지극히 타당하면서도 매우 인간적인 태도입니다. 인간은 기본적으로 행복을 추구하는데, 웃음이야말로 인간을 행복하게 만드는 지름길이기 때문입니다. 미국의 실용주의 철학자이자 심리학자인 윌리엄 제임스William James는 이런 말을 했습니다. "행복해서 웃는 것이 아니라 웃어서 행복하다." 웃음은 행복의 결과가 아니라 선행 변수라는 뜻입니다. 그래서 평소에 잘 웃는 습관을 들일 필요가 있습니다. 웃는 일이 많을수록 삶이 저절로 행복해지기 때문입니다. 예전 MBC에는 〈웃으면 복이 와요〉라는 이름의 코미디 프로그램이 있었는데, 실제로도 웃으면 복이 찾아올 가능성이 높습니다.

웃음은 인간관계에도 중요합니다. 많이 웃는 사이일수록 쉽게 가까워지기 때문입니다. 윌리엄 제임스는 이런 말도 했습니다. "사람은 함께 웃을 때 가까워지는 것을 느낀다." 사실 이 말은 굳이 철학자의 입을 빌리지 않더라도 우리가 자주 경험하는 것이기도 합니다. 가령, 단체 미팅을 나갔는데 맞은편 이성 중에서 내가 하는 말에 잘 웃어주는 사람에게는 왠지 호감이 생깁니다. 그 결과, 더 오랜 시간 대화를 나누고 싶고 함께 있고 싶다는 느낌이 듭니다. 반면, 아무리 웃긴 말을 해도 상대방이 잘 웃어주지 않는다면 왠지 모르게 거리감이 생기기도 합니다. 웃음은 이성의 마음을 사로잡도록 도와주는 일종의 페로몬pheromone 입니다.

웃음에는 인간적인 요소도 들어 있습니다. 평소 잘 웃는 사람과 그렇지 못한 사람 중에서 누가 더 인간적일까요? 당연히 잘 웃는 이가 인간적입니다. 사람들은 흔히 잘 웃는가, 웃지 않는가는 개개인의 성격적 특성이라고 생각하는 경우가 많은데, 정확히 말하면 웃음은 성격이 아니라 '인간적인 특성'입니다. 프랑스 철학자 앙리 베르그송Henry Bergson 은 《웃음》이라는 책에서 이런 주장을 펼쳤습니다. "고유한 의미로 인간적인 것을 빼면 웃음이란 없다. (…) 사람은 동물을 보고 웃을 때가 있다. 그것은 동물에게서 인간의 태도라든가, 인간적인 표정을 읽었기 때문이다." 그에 따르면, 웃음은 인간만의 특성으로 생명체 중에서 유일하게 인간만이 웃음을 지을 수 있다는 것입니다. 간혹 강아지나 고양이가 웃는 표정을 짓는다고 생각하는 경우가 있는데, 이는 그들이 웃어서가 아니라 인간이 그렇게 해석했기 때문입니다. 인터넷에 떠도는 짧은 영상에는 보는 사람으로 하여금 웃음을 유발하는 동물들이 등장하기도 하는데, 이 또한 그들이 유머 감각을 발현한 것이 아니라 사람들이 그 동물에게서 인간적인 모습을 발견했기 때문입니다. 요컨대, 웃음이란 인간만이 가진 특별한 능력입니다. 인간을 제외한 동물들은 웃을 줄도 모르고, 유머 감각도 없습니다.

이런 배경 때문에 앙리 베르그송도 그의 책에 이렇게 적었습니다. "많은 사람이 인간을 '웃을 줄 아는 동물'로 정의했다." 이러한 정의는 다른 동물과 구분되는, 인간만의 특징을 바로 '웃을 줄 아는 능력'에서 찾은 것입니다. 이 말은 달리 말하면, 전혀 웃을 줄 모르는 사람은 인간이라고 보기 어렵다는 뜻이기도 합니다. 아닌 게 아니라 아무리 재미있는 이야기를 들어도, 아무리 웃긴 영화를 봐도 표정 변화 하나 없이 무뚝뚝하게 바라보는 사람을 보면 인간미가 느껴지지 않습니다. 그런 사람은 인간이라기보다는 로봇에 가깝다고 할 수 있습니다.

웃음이 없는 사람은 대인관계에 치명적일 수 있고, 그 결과 고립된 삶을 살 가능성이 높습니다. 왜냐하면 웃음은 기본적으로 집단적인 것이기 때문입니다. 베르그송은 이렇게 주장했습니다. "자신이 고립되어 있다고 느끼는 사람은 웃음을 맛보지 못할 것이다. 웃음에는 반응이 필요하다. (…) 우리의 웃음은 언제나 집단의 웃음인 것이다." 사람들이 웃는 웃음은 기본적으로 집단적인 속성을 가졌습니다. 이러한 사실은 현실에서 자주 관찰할 수 있는 것인데요. 길거리에서 사람들이 지나다니는 모습을 유심히 관찰해보면, 만면에 웃음을 띠면서 걷는 사람은 대부분 집단이라는 점을 발견할 수 있습니다. 특히 연인이 함께 걸을 때는 서로 웃으면서 걸어갈 때가 많습니다. 보기가 참 좋습니다. 반면, 혼자 걸어가는 사람 중에는 웃으면서 걷는 경우는 드뭅니다.

혼자 걸으면서 계속 히죽히죽 웃고 있다면 다른 사람들이 어떻게 평가할까요? 아마 실성한 사람이라고 생각할 수도 있습니다. 이러한 사실을 감안할 때 웃음은 집단적이라는 베르그송의 주장에 수긍이 되기도 합니다. 대체로 타인과 교감하지 못하고 혼자서 고립되어 있는 사람은 웃음을 맛보기 어렵습니다. 결국 평소 웃음이 없는 사람은 웃을 일이 없거나 만나는 사람이 웃기지 못해서가 아니라 자신이 고립되어 있기 때문이라고 해석할 수도 있습니다. 그러니 스스로 고립에서 벗어나 타인이나 주변과 교감하고 웃으려는 노력이 필요합니다.

한편, 베르그송은 웃음을 긍정했지만 다른 사람에게 웃음거리가 되는 것은 좋게 보지 않았습니다. 사람은 언제 웃음거리가 될까요? 다시 말해 사람은 언제, 어떤 상황에서 웃음을 터뜨릴까요? 우선 이야기를 하나 들려드리겠습니다. 아이 한 명이 깊은 연못에 빠져서 허우적거리고 있습니다. 주변에는 이를 지켜본 사람들이 많았는데, 안타까워만 할 뿐 누구도 뛰어들어서 구하려고 하지는 않습니다. 그때 어떤 아저씨가 연못에 풍덩 뛰어들었습니다. 그리고는 천신만고 끝에 아이를 구해서 물 밖으로 나왔습니다. 이를 지켜본 사람들은 아저씨의 영웅적 모습에 박수를 쳤습니다. 그러자 그 아저씨는 사람들에게 큰 소리로 외쳤습니다. 아저씨는 사람들에게 뭐라고 말했을까요? 물에서 나온 아저씨는 사람들에게 이렇게 외쳤습니다. "어떤 녀석이 나를 밀었어?"

이 이야기에서 사람들의 웃음을 유발한 포인트는 무엇일까요? 베르그송은 웃음의 유발 포인트로 이런 주장을 했습니다. "우리를 웃게 하는 것은 주의 깊은 유연함과 민첩함이 필요한 상황에서의 기계적인 경직이다. (…) 인간의 태도, 몸짓, 그리고 움직임은 단순한 기계를 생각나게 하는 정도에 정비례해서 웃음을 유발한다." 베르그송에 따르면, 웃음을 유발하는 것은 유연해야 할 상황에서 보이는 '기계적인 경직'입니다. 유연하게 대처해야 할 상황에서 마치 기계처럼 행동할 때 웃음이 터진다는 것이죠. 누가 밀어서 연못에 뛰어들었더라도 아이를 구한 뒤에는 '유연하게' 영웅처럼 행동해야 하는데, 그렇지 못하고 "누가 밀었어?" 하면서 '기계적인' 반응을 보였기 때문에 웃음이 나오는 것입니다. 이처럼 상황파악을 하지 못하고 기계처럼 행동하면 웃음거리로 전락할 위험이 있습니다.

베르그송은 웃음이 사회적 개선 효과가 있다고 주장했습니다. 그에 따르면, 사회는 사람들이 기계적인 경직은 피하고 인간답고 유연하게 행동하길 기대합니다. 그럼에도 간혹 기계적인 경직을 보이는 사람이 있는데 그 순간 웃음거리가 되고 맙니다. 이때 사람들이 보이는 웃음은 그 행위에 대한 징벌이 됩니다. 쉽게 말해, 인간답게 유연하게 행동해야 할 순간에 경직된 기계처럼 행동하면 웃음거리로 전락하고, 이때 사람들의 웃음으로 그의 행동을 개선하게 만든다는 것입니다.

간혹 코미디언 중에는 자신의 콘셉트를 바보나 고문관으로 설정하고 관객들을 웃기는 경우가 있습니다. 찰리 채플린이나 심형래와 같은 코미디언이 여기에 해당하는데, 실제 그들의 삶은 결코 바보스럽거나 경직되어 있지 않습니다. 그들이 보여주는 기계적인 경직은 어디까지나 웃음을 유발하기 위한 전략의 일환일 뿐입니다. 코미디언이 아닌 보통 사람이 기계처럼 행동해서 주변 사람들을 웃게 만드는 것은 결코 바람직한 것이 아닙니다. 이는 주변 사람들에게는 웃음을 주니까 좋은 일일지 모르겠지만 본인은 웃음거리로 전락하는 것으로 일종의 '블랙 코미디'에 해당합니다. 따라서 유머를 발휘하여 남들을 웃음 짓게 만드는 것과 본인이 웃음거리가 되는 것은 구분해야 합니다. 전자는 권장할 일이지만 후자는 피해야 할 행동입니다.

찰리 채플린은 〈모던 타임즈〉를 통해 웃음 뒤에 감추어진 자본주의사회의 모순과 인간 소외의 현실을 고발하였습니다. 관객들은 주인공 찰리의 모습을 통해 신나게 웃으면서 카타르시스를 경험합니다. 웃음 속에 담긴 메시지를 통해 세상의 부조리를 직시하면서도 쾌활하게 승화시킬 수 있었습니다. 이렇듯 유머는 웃음과 해학이라는 코미디 본연의 특성을 유지하면서도 사회 비판적 기능을 수행합니다.

유머나 웃음을 주제로 한 대중가요도 이와 비슷합니다. 한복남의 〈빈대떡 신사〉는 자본주의에서 배태된 허세나 허위의식을 지적하고 있으며, 이주일의 〈못생겨서 죄송합니다〉는 만연한 외모지상주의를 비판하고 있습니다. 김자옥의 〈공주는 외로워〉는 물질문명과 매스미디어로 인한 왜곡된 자기애(나르시시즘)의 병폐를 드러내고 있으며, 신신애의 〈세상은 요지경〉에서는 가짜가 판치는 오늘날의 세태를 요지경에 비유하여 꼬집고 있습니다. 모두가 웃음 뒤에 숨겨진 현실을 적나라하게 까발리고 있습니다. 이런 가요를 들으며 사람들은 현실의 부조리를 웃음으로 승화시키는 경험을 맛볼 수 있습니다.

따라서 가끔은 진지한 노래보다 코믹한 노래도 들을 필요가 있습니다. 유머러스한 설정이 가져다주는 웃음을 통해 즐거움을 만끽하는 동시에 우리가 살고 있는 세상의 부조리함을 자각하는 기회를 얻을 수 있으니까요. 나아가 웃음이 만들어준 긍정적 정서를 통해 '삶이 그대를 속일지라도 슬퍼하거나 노하지' 않을 정도의 여유를 덤으로 얻을 수 있지 않을까 싶습니다.

박향림 〈오빠는 풍각쟁이〉 1938	김장미 〈엉터리 대학생〉 1939
아리랑 브라더스 〈동물농장〉 1964	쉐그린 〈열간이 짝사랑〉 1975
정광태 〈코끼리 아저씨〉 1982	신신애 〈세상은 요지경〉 1993

Trot × Philosophy 14

이름

트로트 속,
너의 이름은

사람이 태어나면 꼭 얻게 되는 것 중 하나가 이름입니다. 아마도 여러분이 가진 이름은 모두 각자의 사연이 있겠지요. 아마도 많은 분들이 작명소에서 이름을 받았을지도 모르겠습니다. 거의 평생을 가지고 살아가는 이름은 사람의 모습을 결정 짓는 가장 중요한 일이 아닐까요? 그런데 이름도 시대별로 유행이 있습니다. 그리고 그 이름들은 노래 속에서도 발견됩니다. 과거에는 어떤 이름을 많이 사용했는지 알아보는 것도 흥미로운 일이 아닐까요?

우리 가요사에서 사람의 이름이 제목으로 등장한 것은 유성기 음반이 본격적으로 등장한 1930년대 전후로 발견됩니다. 일본인 삼우열(三又悅, 영어 이름 '사무엘'의 발음을 한자로 만든 것입니다)이 부른 〈다이나〉1935를 시작으로, 김정구의 〈왕서방연서〉1939에 등장하는 왕서방과 명월이, 훗날 여러 가수가 불러 꾸준히 히트한 〈홍도야 우지 마라〉 등이 있습니다. 1940년대에는 노래 제목에 영자, 혜숙, 명희 등의 이름이 자주 등장하기도 합니다.

1950년대로 넘어가면 전쟁으로 말미암아 현인이 부른 〈굳세어라 금순아〉가 빅히트했습니다. 이 곡은 6·25전쟁 때 함경남도 흥남부두에서 남하하여 부산국제시장에서 장사를 하는 한 인물의 이야기를 그리고 있습니다. 화자는 전쟁으로 가족을 잃은 후 부산의 영도 다리에 서서 그 옛날 금순이를 생각하며 초승달을 바라봅니다. 여기서 금순이는 전쟁으로 가족을 잃고 혼자 살아가야 하는 이 땅의 모든 금순이를 의미합니다.

이 곡은 2005년에 방영된 MBC 드라마의 동명제목으로도 차용되었고, 2014년 황정민 주연의 영화 〈국제시장〉의 배경으로도 사용되었습니다. 그만큼 한국인들에게는 깊은 영향을 주었습니다.

눈보라가 휘날리는 바람 찬 흥남부두에 / 목을 놓아 불러 봤다 찾아를 보았다 / 금순아 어디로 가고 길을 잃고 헤매였더냐 / 피눈물을 흘리면서 일사 이후 나홀로 왔다

현인, 〈굳세어라 금순아〉 중에서

1960년대에는 김세레나와 최숙자가 함께 부른 〈갑돌이와 갑순이〉가 크게 히트했습니다. 이 노래는 1939년 이병한, 함석초가 부른 〈온돌야화〉가 원곡입니다. 원곡의 박돌이와 갑순이의 사랑 이야기가 1965년에 리메이크되면서 '박돌이'를 '갑돌이'로 바꿔서 부른 것이지요. 원곡의 가사를 보면 박돌이와 갑순이는 서로 좋아했지만 표현하지 못하고 속으로 만 끙끙 앓다가 각자 결혼을 해버립니다. 그래서 결혼 이후에도 옛정을 잊지 못해 아쉬워했다는 이야기입니다. 사랑의 감정을 겉으로

드러내는 것을 꺼렸던 한국사회의 분위기를 이 곡으로나마 느낄 수 있습니다.

> 갑돌이와 갑순이는 한 마을에 살았소 / 두 사람은 서로서로 사랑을 하였 대요 / 그러나 그것은 마음 속 뿐이요 / 겉으로는 음 서로서로 모르는 척 하였소
> 그러는 중 갑순이는 시집을 갔다나요 /시집가는 가마 속에 눈물이 흘렀 대요 / 그러나 그것은 가마 속 일이요 / 겉으로는 음 아무런 일 없는 척하 였소

이병한 · 함석초, 〈온돌야화〉 중에서

1970년대에는 여성 이름이 들어간 노래가 다수 등장하는데 가장 많은 이름이 순이와 영아였습니다. 순이 노래로는 이용복의 〈순이 생각〉[1974], 물레방아의 〈순이 생각〉[1977], 금과은의 〈순이 생각〉[1977]이 모두 같은 제목 다른 노래로 발매되었습니다. 영아 노래는 오기택의 〈가버린 영아〉[1971], 영사운드의 〈영아여〉[1973], 김만수의 〈영아〉[1977], 이명훈과 피버스의 〈내 사랑 영아〉[1979], 등이 있었습니다. 이 시기에 젊은 시절을 보냈다면 기억날 노래입니다.

1980년대로 넘어가면 고교생 라이벌 가수이자 하이틴 스타 김승진과 박혜성이 부르는 여성 이름의 노래가 히트했습니다. 먼저 포문을 연 것은 김승진의 〈스잔〉[1985]이었습니다. 김승진은 1968년생으로 고2 때 데뷔해 하이틴 시대를 연 초기의 인물입니다. 성인 위주였던 가요계에 김승진의 등장은 여고생 팬들이 새롭게 위안을 얻을 수 있는 안식처와 같았습니다. 그러자 다음 해에 동갑내기 가수 박혜성이 나타나 라이벌

의 시대를 열었습니다. 두 사람은 여고생들에게 큰 사랑을 받았습니다.

1980년대에는 강변가요제를 통해 대형히트곡이 등장합니다. 바로 이선희의 〈J에게〉입니다. 〈J에게〉는 1984년 이선희가 임성균과 함께 4막 5장이라는 그룹으로 강변가요제에 출전해 대상을 수상한 곡이었습니다. 그녀는 가수가 되기 위해 가수 장욱조의 사무실에서 노래를 배우던 중 무명의 작곡가 이세건이 버린 악보 〈J에게〉를 발견합니다. 쓰레기통에 버린 악보가 이렇게 빅히트할 줄을 아무도 몰랐을 것입니다.

이후로 누군지 정확히 알 수 없는 모호한 표현인 영어 이니셜이나 우리말 이름의 마지막 글자를 사용한 노래들이 등장해 히트했습니다. 1986년에 발표된 부활의 〈희야〉는 현재까지 사랑받은 록발라드입니다. 이 곡은 하드한 헤비메탈 사운드를 구사했던 부활이 상업성을 염두하고 수록한 노래이기도 합니다.

당시 부활은 1985년 강변가요제에 출전해 예선 탈락했고, 김종서를 보컬로 영입하는 데 실패했습니다. 그러자 리더 김태원은 멤버들의 반대를 무릅쓰고 이승철을 영입해 새 앨범을 녹음했습니다. 수록곡 중에는 작곡가 양홍섭이 만든 노래가 있었는데, 이 곡은 녹음 전에 제목을 바꾼 사연이 있습니다. 당시 김태원은 한국갤럽이 발표한 '국내 여성 끝 이름자 순위' 조사에서 '희'가 1위를 차지했다는 신문기사를 보고 제목을 〈희야〉로 정하게 됩니다. 또한 이 곡은 작곡가 양홍섭의 여자 친구가 백혈병으로 시한부 선고를 받은 사연을 바탕으로 만들어졌습니다. 어쨌거나 이승철의 음색으로 녹음된 〈희야〉는 이름의 끝자리가 '희'자인 여성들의 주제가가 되었습니다.

이외에도 이태호의 〈미스고〉1988, 문희옥의 〈성은 김이요〉1991도 많은 사랑을 받은 트로트입니다. 이중 문희옥 노래의 첫 가사는 "성은 김이요, 이름은 DS"로 시작하는데 이름은 ××로 바꿔 부르는 것도 유행이었습니다.

　이렇게 사람의 이름을 소재로 한 노래들은 아무래도 성격상 작사, 작곡자의 실제 사연이 들어 있는 경우가 많습니다. 가수 김범룡은 〈바람 바람 바람〉이 빅히트하면서 그야말로 바람처럼 등장한 인물이었습니다. 그가 1987년에 발표한 〈현아〉도 많은 사랑을 받았습니다. 이 곡은 김범룡이 21세 때 사귀었던 여성의 실명으로 알려져 있습니다.

　태진아의 〈옥경이〉도 마찬가지입니다. 나훈아의 〈고향역〉, 하수영의 〈아내에게 바치는 노래〉의 작곡가 임종수는 나훈아를 위해 〈고향여자〉를 만들어놓았습니다. 그런데 이 곡은 결국 태진아가 부르게 되었습니다. 그러자 태진아는 발표 전에 제목을 부인의 이름 〈옥경이〉로 바꾸었습니다. 태진아는 1970년대 가수 생활을 하다가 중단하고 1980년 미국으로 이민을 떠났습니다. 그는 미국에서 어렵게 생활하던 중 남진의 소개로 이옥형을 만나 결혼했습니다. 이 〈옥경이〉가 태진아 부인의 실명이라는 사실과 미국에서 함께 고생한 소식이 알려지면서 대중들에게 공감을 받아 히트했습니다. 태진아는 이렇게 실명이 들어간 노래로 인기를 얻자, 다음 해 〈성현아〉 〈안다미〉 등을 취입하기도 하기도 했습니다.

　부인의 이름으로 노래를 만든 경우는 조용필이 2003년 발표한 〈진珍〉이 있습니다. 이 곡은 1994년 결혼한 부인이 2003년 심근경색으로 생을 마감하자 그녀를 위해 이름 끝 글자를 제목으로 만든 노래입니다. 그 외에도 히트는 하지 못했지만 가수 이문세는 아들의 이름 〈종원에게〉1993를 취입한 일이 있고요. 윤종신이 부른 〈희열이가 준 선물〉2000도 찾아볼 수 있습니다.

　현숙이 1995년에 발표한 〈사랑하는 영자씨〉는 작사가 노주섭이 여의도의 한 아파트에 40대 남성이 매일 밤 집 앞에서 아내 영자를 위해

"사랑하는 영자씨"를 외치는 모습을 목격한 후 쓴 트로트 댄스곡입니다. 〈사랑하는 영자씨〉의 히트는 한국 가정의 분위기가 바뀌고 있음을 방증하기도 했습니다. 1990년대 들어 권위적이고 가부장적인 아버지는 사라지고 오히려 공처가처럼 살아가는 남성들이 많아지고 있다는 이야기가 자주 회자되던 시점이었습니다.

영자라는 이름은 한국에서 상당히 상징적입니다. 1975년에 발표된 영화 〈영자의 전성시대〉가 존재하기 때문입니다. 영화 속에서 영자는 가정부에서, 봉제공장의 여공, 버스안내양, 한쪽 팔을 잃은 매춘부로 살아갑니다. 마치 영자는 한 푼의 돈을 벌기 위해 자신을 던져야 했던 한국인의 모습과 닮아 있습니다. 그런데 그 영자가 정확히 25년 후 한국의 가정이 변화했음을 알려주는 존재로 다시 태어난 것입니다.

한편 래퍼 사이먼 도미닉은 2015년 8월 〈정진철〉이라는 노래를 발표했습니다. 이 노래에는 등장하는 '정진철'은 사이먼 도미닉의 삼촌입니다. 삼촌은 패션디자이너로 활동하다가 사업에 실패하여 가족과 연락이 두절된 상태였습니다. 가족들은 치매에 걸린 할머니가 잠시 정신이 돌아왔을 때, 정진철을 찾는 모습을 보며 실종신고를 냈습니다. 그리고 사이먼 도미닉은 삼촌을 찾기 위해 노래에 이름을 넣은 것이죠. 사업 실패의 죄책감은 뒤로하고 집으로 돌아오라는 내용이었습니다. 그리고 얼마 후 다행히 삼촌과 상봉할 수 있었다고 합니다. 이렇게 가슴 뭉클한 사연은 상당히 많습니다. 클론이 발표한 〈내 사랑 송이〉[2005]는 강원래가 교통사고 이후 재기하면서 병수발을 해준 아내 김송에게 고마움을 표시하기 위해 수록한 노래이기도 합니다. 이름의 향연은 아이돌 음악에서도 이루어집니다. 그중에서 가장 크게 히트한 것은 에이핑크의 〈Mr. Chu〉[2014] 정도가 될 듯합니다.

이렇게 이름 노래는 끊임없이 이어져왔습니다. 사람들이 왜 그렇게 누군가의 이름을 노래 속에 넣어서 불렀을까를 생각해보면, 노래라는 것은 무언가를 알리기에 그 무엇보다도 효과적이고 직접적인 수단이기 때문입니다. 특히 사랑하는 사람의 이름을 사용한 노래는 진심을 전달하기에 가장 좋은 도구일 것입니다. 그래서 노래방에서 사랑하는 사람과 함께 사랑 노래를 부르는 것도 어렵지 않게 볼 수 있습니다.

이제는 AI의 도움을 받아 누구나 노래를 만드는 일이 어렵지 않은 시대가 되었습니다. 사랑하는 연인, 부모 또는 나 자신을 위해 노래를 만들어보는 도전도 해볼 만한 일인 것 같습니다. 그러다가 재능이 발견되면 작곡가나 작사가가 또는 관련 크리에이터가 될 수도 있지 않을까요?

아무리 불러봐야 소용없는

　인간은 누구나 자신만의 고유한 이름을 가지고 있습니다. 이름이란 다른 사람과 자신을 구분하는 상징입니다. 부모는 자식이 태어나면 가장 먼저 이름을 지어서 호적에 등재합니다. 갓 태어난 아기는 호적에 이름이 오른 뒤에야 비로소 존재로서 인정이 됩니다. 따라서 이름은 자신이 존재하고 있음을 밝히는 신호이자 증명서입니다.

　그렇기 때문에 이름이 없는 사람은 존재하지도 않는 사람이거나 존재하더라도 그 위상이 미미한 경우가 많습니다. 예컨대, 교도소에서는 재소자들을 부를 때 이름 대신 죄수 번호로 호명하는데, 이는 상당히 비인간적인 처사입니다. 이름이 아닌 번호로 부른다는 것은 인간이 아닌 사물로 취급하고 있다는 암시이기 때문입니다. 2차세계대전 당시 독일 나치가 무려 600만 명이 넘는 유태인을 학살할 수 있었던 것도, 유태인들에게는 이름이 없었기 때문입니다. 만약 그들에게 한 명 한 명 고

유한 이름이 불렸다면 아무리 인면수심의 나치 군이라 하더라도 그렇게 많은 사람을 죽이는 데 동참하지는 못했을 것입니다. 결국 아우슈비츠에서 이름마저 지워진 유태인들은 인간으로 '살해 당한' 것이 아니라 사물로서 '청소된' 것입니다.

인간관계에서도 이름을 부르지 않으면 험악한 상황이 연출되기도 합니다. 영화나 드라마에는 술집에서 건달끼리 시비가 붙어 패싸움을 벌이는 경우가 종종 나오는데, 그들이 싸우는 이유를 보면 별 게 없습니다. 그냥 한쪽에서 "어이, 거기!" 하고 부르면 상대방은 대답 대신 잠시 째려보다가 득달같이 달려들어 주먹을 내지릅니다. 엄연히 이름이 있음에도 이를 무시하고 '어이' 하고 불렀기 때문입니다. 만약 처음부터 "○○ 씨!" 하고 이름을 불러주었다면 정상적인 대화가 이어졌을 것입니다. 이처럼 상대가 이름을 가졌음에도 이름을 불러주지 않는다면, 이는 상대를 무시하는 것입니다. 요컨대, 이름을 불러준다는 것은 상대를 존중하고 있음을 드러내는 표시입니다.

그래서일까요? 대중가요에서도 이름을 불러주는 퍼포먼스를 펼치는 상황이 자주 연출됩니다. 가수 태진아는 〈옥경이〉에서 희미한 옛사랑의 이름을 목놓아 불렀고, 가수 이선희는 〈J에게〉를 통해 J라는 이니셜의 연인에 대한 그리움을 노래했습니다. 이외에도 가수 이태호는 〈미스 고〉를, 문희옥은 〈성은 김이요〉에서 'DS'라는 이름을 가진 이를, 김승진은 〈스잔〉을, 박혜성은 〈경아〉를, 부활의 보컬 이승철은 〈희야〉를 외쳤습니다. 모두 떠나간 옛사랑의 이름을 간절히 불렀습니다.

그들은 왜 떠나간 연인의 이름을 애타게 부르는 것일까요? 혹시 예전에 상대의 이름을 자주 불러주지 않았던 점이 마음에 걸려서 그런 것은 아닐까요? 어쩌면 사귀던 시절에 상대방의 이름을 사랑스럽게 불러주었다면 이별의 아픔도 겪지 않았을지도 모릅니다. 만약 그렇다면, 지금 그들의 행동은, 안타깝지만 만시지탄晚時之歎일 가능성이 높습니다. 모름지기 사랑에도 때가 있는 법입니다. 뒤늦은 후회를 해봐야 소용없습니다. 있을 때 잘해야 합니다. 이렇듯 인간관계에서 상대방의 이름을 불러주는 것은 매우 중요한 의식입니다. 어떤 이유에서건 이름을 불러주지 않는 사이라면 결코 친밀한 관계라고 말하기 어렵습니다.

김남조 시인의 〈그대 있음에〉라는 시에는 친밀한 관계가 어떤 모습인지가 잘 드러나 있습니다. 그의 시는 송창식을 비롯한 여러 가수들이 불러서 우리에게 더욱 친숙해졌는데, 시에서 가장 대표적인 구절은 "그대 있음에 내가 있네"라는 표현입니다. 이 말을 찬찬히 풀어보면, 시인은 자신의 존재를 그대, 즉 타인에게서 찾고 있습니다. 그대가 있음으로 비로소 자신이 존재하게 되었다는 주장입니다.

'그대 있음에 내가 있다'는 말은, 역으로 표현하면, 그대가 있기 전까지 자신은 존재하지도 않았다는 뜻입니다. 그러니 그대는 매우 소중한 존재입니다. 그대가 나를 있게 만들었으니까요. '그대 있음에 내가 있네'라는 말은 얼핏 시적 표현에 불과한 것 같지만 실상은 그렇지 않습니다. 이 표현은 굉장히 철학적이면서 동시에 현실을 잘 반영하는 표현이기도 합니다. 예를 들어볼까요. 남편이 퇴근 후에 집에 갔는데 아내가 아는 척도 하지 않고 하던 일만 계속하고 있다고 칩시다. 이 상황에서는 남편이란 사람은 존재하는 것일까요? 없는 사람이나 마찬가지입니다. 아내가 아는 척도 않는 관계라면 남편도 존재하지 않는 사람이 됩니다. 이처럼 인간관계에서 나를 드러나게 만드는 타인의 존재는 매우 중요합니다. 김남조 시인의 표현처럼 '그대 있음에 내가 있기' 때문이죠.

그런데 이 표현은 김남조 시인 이전에 어떤 철학자가 먼저 한 주장이기도 합니다. 이스라엘 출신의 철학자인 마르틴 부버입니다. 그는 《나와 너》라는 책에서 "나는 너로 인해 내가 된다"라고 주장했습니다.

마르틴 부버의 관찰에 따르더라도 '나'는 '너' 때문에 '나'로서 존재하는 겁니다. 그래서 '나'를 존재하게 만드는 '너'는 매우 특별한 존재입니다. 나를 존재하게 만들었으니까 조물주나 창조주라 불러도 크게 틀리지 않습니다. 나를 있게 만든 그대는 나의 시원始原입니다.

김남조 시인이 말한 '그대'나 마르틴 부버가 말한 '너'와는 대비되는 개념이 있습니다. 뭔가 하면, '그것'입니다. 인칭대명사가 많이 나와서 좀 헷갈릴 수도 있는데요. '그대'나 '너'는 '그것'과는 다릅니다. 우선 '그대 / 너(You)'는 2인칭입니다. 하지만 '그것(He /She /It)'은 3인칭이지요. 말하자면, 그대와 그것 간에는 2인칭과 3인칭의 대상이라는 차이가 있습니다. 2인칭과 3인칭은 각각 특정한 대상을 지칭하는 표현의 종류이지만 인간관계에서 당사자가 갖는 의미에는 매우 큰 차이가 있습니다. 2인칭과 3인칭은 어떻게 다를까요?

프랑스 실존주의 철학자 가브리엘 마르셀은 그 차이에 대해 이렇게 주장하였습니다. "3인칭 대상은 나에게 제 삼자이다. 그는 나에게 존재하지 않는다." 마르셀도 '그대'라고 불리는 2인칭의 대상은 자신에게 존재하는 반면, '그것'이라고 불리는 3인칭의 대상은 자신에게 존재하지 않는다고 보았습니다. 여기서 존재하지 않는다는 말의 뜻은 실체가 없다는 말이 아닙니다. '내게는 무의미하다'는 뜻입니다. 이해를 돕기 위해 예를 들어보지요.

어떤 남성이 평소 동료로 지내던 여성과 연인 사이로 발전했습니다. 그녀와 사귀기 시작하면서부터 남성에게 그녀는 특별한 존재로 다가옵니다. 사귀기 전과는 달리 그녀의 일거수일투족이 모두 남성의 눈에 들어오기 시작합니다. 그녀의 옷차림, 목소리, 행동 하나하나에 신경이 쓰이기 시작한 것입니다. 아마 사랑을 한 번이라도 해보았거나 이성과 '썸'을 타본 사람이라면 틀림없이 경험해본 감정일 것입니다.

그녀와 사귀기 전까지 남성에게 여성은 3인칭 대상에 불과했습니다. 하지만 그녀와 사귀게 되면서 여성은 2인칭의 존재로 바뀌었고, 여성은 남성 앞에 현존(現存)하게 되었습니다. 이제 남성의 눈에는 다른 여성들이 들어오지 않습니다. 그녀를 제외한 나머지 여성들은 모두 3인칭이며 그에게는 '제 삼자'일 뿐이니까요. 이제 그녀를 제외한 다른 여성들은 남성에게는 존재하지 않는 대상이 되었습니다. 나머지 여성들은 남성에게는 별 관심이 없는, 단지 무의미한 존재일 뿐입니다. 이처럼 사랑에 눈이 먼 사람에게는 '그대'라고 부르는 2인칭만 존재하고 나머지 3인칭들은 무의미한 대상으로 전락하고 맙니다. 이런 모습을 두고 사람들은 "눈에 콩깍지가 씌었다"고 말하겠지만, 당사자는 그러거나 말거나 개의치 않습니다.

사실 어떤 사람이 2인칭이든 3인칭이든 그 주체는 변하지 않습니다. 하지만 그와 관계하는 사람이 느끼는 의미는 전혀 달라집니다. 특히 사랑이라는 감정에서는 더 그렇습니다. 사랑의 감정은 3인칭의 관계에서는 생겨날 수가 없습니다. 사랑은 오직 2인칭 관계에서만 자라는 감정입니다. '그 남자' '그 여자'라고 부르는 3인칭의 관계가 아니라 서로를 '그대'라고 부르는 2인칭의 관계에서만 사랑의 싹이 자라날 수 있습니다("그 남자, 그 여자"는 그나마 좋은 감정일 때의 표현이며, 상황이 나빠지면 순식간에 "○○놈/년, ××자식, △△녀석"이라는 상스럽고 비하하는 표현으로 바뀌기도 합니다).

이 대목에서 질문 하나를 해보겠습니다. 연인 사이가 아니라 가족끼리는 어떨까요? 가족 간에는 항상 2인칭의 관계만 성립하는 것일까요? 예를 들어, 부부 간이나 부모와 자식 간에는 언제나 2인칭 관계일까요? 아마도 '가족이라면 당연히 2인칭 관계 아닌가?' 하고 생각하는 사람이 많을 것입니다. 틀린 말은 아닙니다. 아마도 대부분의 가정에서 가족은 2인칭 관계일 것입니다. 하지만 어떤 가정에서는 가족끼리도 3인칭 관계로 살아가는 경우도 있습니다. 앞서 예를 들었듯이, 퇴근해서 돌아온 남편을 아내가 본체만체하거나 자녀가 무엇을 하든 신경 쓰지 않고 마치 남남처럼 지내는 부모 자녀가 있다면, 이들의 관계는 3인칭 관계에 불과합니다. 그런 상황이라면 그들에게 2인칭의 가족 관계는 존재하지 않고 서로가 서로에게 3인칭 관계, 즉 있어도 그만 없어도 그만인 대상일 뿐입니다. 이쯤 되면 사랑이 넘쳐나는 가족 관계라고 보기 어렵습니다.

가족끼리 2인칭 관계를 유지하려면 어떻게 해야 할까요? 가브리엘 마르셀은 한 인간을 2인칭으로 대하는 방법으로 "상대를 판단하지 말라"고 조언했습니다. 상대를 판단하고 평가를 내리는 것은 3인칭 관계에서 하는 일이고, 2인칭 관계에서는 절대 해서는 안 되는 행동입니다. 상대를 평가하는 순간 2인칭 관계는 3인칭 관계로 변질되고 맙니다. 생각해보면, '판단하지 말라'는 마르셀의 주장은 일리가 있습니다. 가령, 부모는 자식이 태어났을 때는 판단하지 않습니다. 부모에게 갓 태어난 자녀는 '존재 그 자체'로 소중하고 사랑스러운 대상입니다. 이러한 관계가 바로 2인칭 관계이며 사랑의 관계입니다.

이러한 부모와 자식 관계는 영원히 지속될까요? 불행히도 2인칭 관계가 지속되지 않는 경우도 있습니다. 어느 시점엔가 부모 자식 간의 사이가 3인칭 관계로 바뀌기도 합니다. 언제부터 바뀔까요? 부모가 자식을 판단하기 시작하면서부터입니다. 자녀가 자라면서 부모는 자기 아이를 옆집 아이와 비교하면서 판단하기 시작합니다. "옆집 아이는 그렇게 공부를 잘하는데, 얘는 누굴 닮은 거야?" 하면서, 자녀를 판단하기 시작하는 순간 부모와 자녀 사이는 3인칭 관계로 전환되어버립니다. 이쯤 되면 자녀를 부르는 호칭도 변하게 됩니다. 예전에는 이름을 불렀다면 이제는 "그 녀석"이나 "그 자식"으로 바뀌고 맙니다.

부부 사이도 마찬가지입니다. 신혼 시절에 '그대'는 그 자체로 사랑스러운 존재입니다. 하지만 세월이 흘러 '잘나가는' 옆집 남자 혹은 여자와 비교하고 판단하면서부터 그들 사이는 3인칭 관계로 변하고 맙니다. 그렇게 되면 당연히 서로의 사랑도 예전만 못해지지요. 이처럼 사랑하는 사람을 두고 타인과 비교하기 시작하면 관계가 급격히 틀어지는 경우가 많습니다. 2인칭의 관계가 3인칭으로 바뀌기도 합니다. 따라서 사랑하는 사람과 계속해서 이름을 불러주는 사이로 남는 것은 매우 중요합니다. 그 상태는 서로가 2인칭 관계임을 암시하는 것이니까요.

결국 사람과 사람이 만났다고 해서 모두 동일한 관계는 아닙니다. 인간관계에는 2인칭 관계가 있고, 3인칭 관계도 있습니다. 2인칭 관계는 서로를 2인칭의 표현으로 불러줍니다. 상대방의 이름을 부르거나 "그대"라고 다정하게 표현하는 관계입니다. 이처럼 서로를 2인칭으로 불러야 사랑의 관계라 할 수 있습니다. 반면, 서로가 서로에게 3인칭인 관계에서는 사랑의 싹이 자랄 수 없습니다. 사랑의 관계, 즉 2인칭 관계를 유지하기 위해서는 상대를 판단하지 말아야 합니다. 상대를 판단하기 시작하면서부터 2인칭 관계는 3인칭 관계로 변하고 맙니다.

하지만 아무리 사랑하는 사이라 하더라도 상대방을 판단하지 않는다는 것은 말처럼 쉽지만은 않습니다. 사랑의 감정만으로 세상을 살아갈 수는 없기 때문입니다. 처음에는 상대방의 존재 그 자체만으로도 사랑스럽게 생각하지만 그 상태를 오래 지속하기는 어렵습니다. 사실 김남조 시인의 "그대 있음에 내가 있네"라는 표현은 연애 초기에나 가질 수 있는 마음으로 시간이 지날수록 옅어질 가능성이 높습니다. 관계가 익숙해질수록 연인에게 집중되었던 시선에서 벗어나 주변을 돌아보기 시작하면 다른 사람과 비교할 수밖에 없거든요. 그 결과, 이름을 불러주는 횟수는 줄어들고 상대방에 대한 애정의 강도도 예전만 못해지기 쉽습니다.

대중가요에서 뒤늦게 옛 애인의 이름을 목놓아 부르는 경우가 많은 것도 다 그런 이유 때문입니다. 하지만 "희야, 날 좀 바라봐"이승철,〈희야〉라거나 "제이, 난 너를 못 잊어"이선희,〈J에게〉라거나 "돌아와 경아, 기다리는 내게로"박혜성,〈경아〉를 아무리 외쳐도 별 소용이 없습니다. 떠나간 애인의 이름을 아무리 외쳐본들 정작 당사자는 듣지 못하기 때문입니다. 따라서 옛 애인의 이름을 소리 높여 외치는 모습은, 한편으로는 충분히 이해가 되면서도, 달리 생각하면 '지질함의 극치'입니다. 이는 엎질러진 물을 주워 담으려는 안타까운 몸부림에 불과합니다. 속된 말로 '죽은 자식 불알 만지는 것'과 별반 다르지 않습니다. 아무리 이름을 불러본들, 김춘수 시인의 표현처럼, "나에게로 와서 꽃이 되"는 일은 일어나지 않습니다. 안타깝지만 이것이 사실입니다.

결국 사랑하는 사람의 이름을 부르는 일도 중요하지만, 그에 못지않게 타이밍도 중요합니다. '있을 때 잘하라'는 말처럼, 지금 내 앞에 있는 사람의 이름을 불러주어야 합니다. 떠나간 열차를 보고 눈물을 흘리며 목소리를 높여봐야 아무 소용없습니다. 우리가 이름을 불러야 할 대상은 과거의 사랑이 아니라 현재의 사랑입니다. 그러니 떠나간 옛 애인의 이름을 목놓아 부르는 대중가요를 들으며 우리가 해야 할 일은 옛 사랑을 떠올리며 그리워하는 것이 아닙니다. 그들의 안타까움을 타산지석으로 삼고, 현재의 사랑에 충실해야겠다는 마음을 갖는 편이 보다 현명한 자세입니다. 지금 내 앞에 있는 사람의 이름을 한 번이라도 더 불러주는 것이 좋은 태도입니다. 당신은 지금 누구의 이름을 부르고 싶습니까?

김정구 **〈왕서방연서〉** 1939		이병한, 함석초 **〈박돌이와 갑순이〉** 1939	
현인 **〈굳세어라 금순아〉** 1953		물레방아 **〈순이생각〉** 1977	
김만수 **〈영아〉** 1977		이선희 **〈J에게〉** 1984	
이태호 **〈비스고〉** 1988		문희옥 **〈성은 김이요〉** 1991	
태진아 **〈옥경이〉** 1989		현숙 **〈사랑하는 영자 씨〉** 1995	
클론 **〈내 사랑 송이〉** 2005		에이핑크 **〈Mr.Chu〉** 2014	

Trot × Philosophy 15

기원

트로트와 엔카
무엇이 먼저일까

지금까지 우리의 트로트를 통해서 다양한 형태로 인문학적 해석을 해보았습니다. 트로트는 누가 뭐라 해도 '한국인의 마음'을 담고 있는 문화 중 하나라고 볼 수 있겠습니다. 그런데 가까운 일본에는 트로트와 꼭 닮은 엔카가 있습니다. 흥미롭게도 일본인들은 엔카를 '일본인의 마음'으로 이야기하고 있지요.

엔카는 트로트와 유사한 점이 무척 많은 대중가요 중 하나입니다. 일본의 경우에 대중가요, 국민가요, 유행가 등 우리와 단어를 같이 쓰고 있고, 노래의 형식, 멜로디, 사랑, 이별, 의리 등을 이야기하는 가사의 내용도 유사합니다. 한마디로 누군가가 베끼지 않았을까 하는 의심을 할 정도로 비슷한 것입니다. 그렇기 때문에 과거에는 우리 가요가 일본의 엔카를 그대로 차용했다는 주장이 무성했습니다. 이러한 주장은 2000년대 들어 잠잠해졌지만 이후에도 엔카와 트로트의 원조논쟁은 다시 고개를 들 것입니다.

그런데 왜 이 논쟁은 계속 결론을 내지 못하고 있을까요? 이것은 한일 양국이 그 기원을 정확히 알지 못하기 때문일 수도 있고, 트로트가 '왜색'이라는 주장에 대해서 그동안 우리 사회 상당수의 사람들이 동의하고 있었음을 의미하기도 합니다. 그렇지 않다면 증거자료를 통해 우리 트로트가 우리 전통음악에서 나왔을 밝히면 될 텐데, 그런 작업은 과거에 없었을까요? 물론 트로트가 우리 민요나 판소리의 전통을 이어받았다는 주장도 있었습니다. 하지만 국악인들의 반발도 있었고, 모든 주장들을 완전히 뒤집을 만한 증거자료가 나오지 않았습니다.

원래 문화라는 것의 기원을 찾는 것은 쉬운 일이 아닙니다. 다만 여기서 우리의 문제점을 찾아보면 한국 입장에서의 엔카 연구가 부족하다는 것입니다. 그 이유는 엔카를 금지했기 때문입니다. 지피지기여야 백전백승할 수 있는데 우리나라의 방송이나 교육계는 일본말이나 일본 노래를 암묵적으로 금지하고 있습니다. 그래서 일본 엔카를 쉽게 접할 수가 없고, 연구도 많지 않았던 것이지요. 따라서 깊이 있는 연구보다는 단순한 주장이 많습니다.

그렇다면 트로트는 언제부터 존재했을까요? 그리고 트로트는 전통음악인가요? 일본 엔카의 표절음악인가요? 이 물음에 대해서 우리는 답변을 해야 할 필요가 있습니다. 그만큼 트로트는 많은 사람들이 100년 넘게 불러온 노래이기 때문입니다. 게다가 트로트가 한국 가요계에서 실로 오랜만에 주류로 떠올랐습니다. 1980년대부터 젊은이들에게 고리타분한 옛날 음악으로만 여겼던 트로트가 김연자의 〈아모르 파티〉, 방송프로그램 〈미스트롯〉 〈미스터트롯〉의 열풍으로 인하여 20대도 듣는 광범위한 인기를 얻게 된 것입니다.

그런데 지나가는 사람들을 붙잡고 물어봐도 트로트를 쉽게 정의할 수 있는 사람들은 많지 않습니다. 기원도 불문명하고요.

　우선 트로트라는 어원의 기원에 대해 알아보도록 하겠습니다. 트로트가 무슨 뜻일까요? 트로트는 우리말일까요? 일본어일까요? 아니면 서양의 말일까요? 트로트는 춤 이름입니다. 폭스 트롯Fox Trot, 터키 트롯Turkey Trot이라고 불리는 댄스이지요. 이 춤은 1920년대 전후로 하여 미국에서 유행한 사교댄스였습니다. 이 트로트라는 이름이 국내에서도 사용된 기록은 음반에서 찾아볼 수 있습니다. 1928년 9월 4일자 《동아일보》에 재즈악단장 폴 화이트먼Paul Whiteman 빅밴드의 음반광고가 게시되었습니다. 일본의 콜롬비아 레코드를 통해 발매된 음반의 소개 자료에서 '폭스츠로츠'라는 단어를 확인할 수 있습니다. 그러니까 춤 이름이던 트로트는 이 시기부터 국내에서 사용되었다고 추정할 수 있습니다.

　트로트는 이후에 1960~1980년대 발매된 음반에서도 발견됩니다. 이 시기에는 댄스홀, 카바레 등에 모여 술과 노래, 춤을 즐겼는데, 이때 DJ가 음악을 틀 때 사용할 음반이 필요했을 것입니다. 그래서 춤을 위해 발매된 카바레용 악단의 연주음반에 '도롯도'라는 표현이 있습니다. 그러니까 1980년대까지만 해도 트로트는 일본발음으로 변화된 '도롯도' 정도로 사용된 춤 용어에 불과했음을 알 수 있습니다.

　한편 1980년대에 방영된 국영방송 KBS의 가요프로그램들을 보면 진행자가 태진아나 송대관 등의 가수들을 소개할 때, '전통가요'라는 표현을 쓰고 있습니다. 즉 오늘날 우리가 사용하고 있는 트로트는 1980년대까지는 현재의 의미대로 사용되지 않다가 1990년대 되어서야 갑자기 사용된 것입니다.

　그렇다면 우리 성인가요를 일컫는 노래에 왜 수많은 단어 중 우리말도 아닌, 전혀 관계가 없는 춤을 의미하는 '트로트'가 선택되었을까요? 이 미스터리를 설명할 길은 아직 없습니다. 다만 이전에 트로트를 무엇으로 불렀느냐를 생각해보건대, 1980년대까지 트로트는 정식 명칭이 없어 공식적인 자리에서는 전통가요, 성인가요 정도로 사용했고 사석에서는 '뽕짝'이라고 불렸습니다. 엄밀히 말하면 뽕짝이라는 말이 더 많이 사용되었습니다. 뽕짝은 1960년대 이전의 상당수 트로트 노래들의 리듬이 뽕짝뽕짝, 두 박자를 반복했기 때문에 불린 말입니다. 또한 뽕짝 속에는 다소 비하하는 의미도 담겨 있다고도 할 수 있습니다.

이런 과정에서 1984년 11월 가야금 연주자 황병기는 잡지 《음악동아》에 〈누가 뽕짝을 우리 것이라고 우기느냐〉는 칼럼에서 트로트는 일본의 엔카를 베낀 것이라고 주장하기도 했습니다. 그러자 대중음악가 박춘석과 김지평은 곧바로 트로트가 우리 고유의 음악에서 기원하고 있다고 반론했지요. 이들은 TV방송에 출연하여 토론까지 벌일 정도로 논란의 중심이 되었습니다. 이때 다수의 사람들이 저마다 각자의 주장을 펼쳤는데 그 누구도 명확한 결론을 내지 못했습니다.

그런데 1990년대 들어 태진아와 설운도가 〈거울도 안 보는 여자〉1990, 〈다함께 차차차〉1991와 같은 노래를 발표하면서 트로트가 댄스와 결합하여 기술적인 발전을 이룩한 히트곡을 내면서 가요계에 새로운 바람을 불어넣었습니다. 그러자 누군가가 뽕짝이라는 단어를 대체할 목적으로 트로트라는 이름을 적극적으로 사용하기 시작한 것으로 생각되는데, 이것이 우연히 채택되면서 오늘날 보편적인 명사가 된 것으로 추정해볼 수 있습니다. 즉 트로트와 트로트 가수가 현재처럼 국민적인 관심을 받으며 노래와 가수가 대접받는 시기가 온 것은 1990년대 이후의 일입니다. 이전의 트로트는 저속하다는 손가락질을 피할 수 없었지요.

일본은 어떠했을까요? 일본의 음악평론가 와지마 유스케의 주장을 인용해보겠습니다. 그는 엔카 역사서 《창조된 일본 마음의 신화, 엔카를 둘러싼 전후 대중음악사》를 집필하여 제33회 산토리 학예상, 2011년

국제 대중음악학회상을 수상했습니다.

와지마 유스케에 따르면 일본의 엔카 또한 우리 트로트와 유사한 과정을 거치고 있습니다. 엔카는 메이지시대(1868~1912)에 있었던 자유민권운동의 흐름을 이어가는 '연설의 노래'에서 시작되었습니다. 이때 이름 지어진 엔카는 정부 비판 연설이 모태였습니다. 당시 공개연설회가 정부 단속의 대상이 되었기 때문에 이를 위장하기 위해 노래의 형식을 취한 연설문이었습니다. 그런데 자유민권운동이 일단락되자 엔카는 직접적인 정치 비판에서 익살을 품은 사회풍자로 변화했습니다. 메이지 말년에 무반주로 행해지던 엔카의 실연에 바이올린이 도입되어 예능인이 부르기 시작하면서 상업성과 오락성이 더욱 증가합니다. 이때 노래를 부르는 사람인 '엔카시'란 호칭이 등장하였습니다. 그런데 이것 또한 쇼와 초기(1920년대 후반)에 레코드가요가 등장하면서 급속도로 쇠퇴하였습니다. 미국의 콜롬비아, 빅터, 폴리돌과 같은 외국계 레코드 회사가 새롭게 발명된 전기녹음 기술을 가지고 일본에 상륙하여 음악계를 점령한 것입니다.

이때 일본 대중음악계는 과거의 레코드 대량 보급으로 인해 재즈를 비롯한 라틴음악 등에 영향을 받았고, 음악가들에 대해 전속제도가 생겨서 도제식 시스템으로 운영되고 있었습니다. 이때 일본의 경우에는 전통음악인 '로우쿄쿠浪曲'와 다르게 서양노래에 영향을 받은 레코드 노래들을 '유행가流行歌'라고 불렀습니다. 그런데 일본 방송계는 유행가라는 단어를 저급하게 느꼈습니다. 그래서 방송용 용어로 만든 것이 가요곡歌謠曲이라는 말입니다. 이 두 단어는 일제강점기에 우리 가요계에 그대로 들여와 사용됩니다.

그렇게 시간이 흘러 1960년대가 되자 비틀스, 롤링스톤스와 같은 밴드가 일본에 알려지면서 그룹사운드(또는 그룹사운드 붐)가 유행하게 됩니다. 우리가 현재 쓰는 단어 그룹사운드는 일본인들이 사용한 말입니다. 영미권에서는 밴드라는 단어를 사용하지요. 이때 일본의 대중가요계 종사자들은 전속제도를 버리고 프리랜서로서 노래를 만들어 발표하게 됩니다. 이들은 저작권 면에서 좀더 자유로워지면서 1970년대에 프리랜서들이 만든 음악들이 인기를 얻었고, 이른바 J-POP의 시대로 접어듭니다.

그런데 1970년대 전후로 오래된 전통음악으로 치부된 노래들, 즉 로우코쿠나 사미센으로 연주하던 일본의 전통음악이 서양음악을 받아 변형된 형태, 7.5조, 요나누키 오음계, 유랑자의 연예를 주제로 했던 음악이 '엔카'라는 단어를 통해 새롭게 떠오릅니다. 즉 일본의 경우에도 1970년대가 되어서야 드디어 엔카라는 단어가 대중음악계에서 다시 관심을 받기 시작합니다. 엔카는 저속하다는 이유로 대중가요로 제대로 인정받지 못하다가 1970년대 이후에 용어도 새로운 의미로서 다시 불리게 되었다는 것입니다.

일본 가수 미소라 히바리는, 1970년대까지 일본의 지식인들 사이에서 그녀의 노래를 저속하고 퇴폐적이라며 부정적으로 평가했습니다. 심지어 일본레코드대상의 '가요곡, 엔카', 오리콘 차트의 '엔카, 가요곡' 부문이 별도로 설치된 것은 1992년의 일이었습니다.

우리의 트로트가 우연하게 명명되었던 것처럼 일본의 경우에도 연설로 시작된 단어 엔카가 그 원류의 어의는 사라지고 1970년대가 되어서야 다른 의미로 사용되었다는 것입니다. 와지마 유스케는 두 개의 엔카가 존재했다가 훗날 현재의 엔카가 된 이 상황을 '모종의 지적인 조작'을 통해 엔카가 다시 탄생하며 결국 이것이 일본의 마음을 노래하는 진정한 음악 장르로 새롭게 만들어졌다고 말합니다.

더 나아가 세계 최초로 엔카에 관한 박사 논문을 저술한 미국의 인류학자 크리스틴 야노Christine R. Yano는 저서 《Tears of Longing》에서 엔카는 옛것으로 인식되어왔지만 재창출되었다고 주장합니다. 일본 대중음악사는 그룹사운드 이후 프리랜서 음악가 시대에 들어서며 1960년대 이전의 일본가요가 시대에 뒤떨어지고, 마치 노인용으로 여겨지며 "구시대의 노래"로 전락한 것을 새롭게 장르화한 것이 엔카라는 것입니다.

엔카의 기원에 대해서는 일본 내부에서도 엔카가 한국에서 온 음악이라는 '한국기원설'을 주장하는 학자들이 상당히 있습니다. 일본인들에게 우리 트로트가 알려지게 된 결정적인 계기는 1976년 한국의 카렌 카펜터로 불린 가수 이성애가 일본에 진출에 남진의 〈가슴 아프게〉를 일본어로 불러 히트하면서부터였습니다. 그러나 전후로 하여 엔카가 트로트와의 연관성을 주장하는 학자들은 심심치 않게 확인이 됩니다.

1974년 일본의 평론가이자 정치인 히라오카 마사아키는 "엔카는 재일 조선인의 마음이다"라고 주장한 일이 있으며 소설가 이츠키 히로유키도 1987년작 《엔카》의 속편을 통해서 엔카와 트로트의 친화성을 언급하고 있습니다. 그러니까 일본의 엔카가 한국에서 온 노래라고 믿는 사람들도 상당수 있다는 것이기도 합니다.

그런데 이 시점에서 우리가 기억해야 할 것은, 1960년대 왜색이라며 이미자의 〈동백 아가씨〉를 금지곡으로 지정한 것을 전후로 1980년대까지 우리 트로트가 일본 노래를 베꼈다고 논쟁하던 시절에 일본 또한 엔카를 주류 음악으로서 인정하지 않았다는 것입니다.

결국 트로트와 엔카 모두 각자의 나라에서 상당 기간 대표 음악장르로 대접받지 못했다는 것이지요. 그런데 우리나라에서만큼은 1900년 전후로 찬송가가 도입되고, 공식적으로 독일인 프란츠 에케르트에 의해 서양악단이 음악이 들어온 이후 탄생하여 사랑받은 우리 가요를 왜색이라는 이유로 금지시키고 탄압했습니다. 이 문제는 완벽한 결론을 내는 것은 어려울 듯합니다. 다만 확실한 것은 한일 양국에서 각자의 민속음악이 존재했고, 레코드를 통해 서양음악에 영향을 받으면서 변해왔다는 것입니다. 그리고 일제강점기를 거치면서 서로 직간접적으로 영향을 주고받은 것으로 보입니다.

가장 의미 있는 예가 엔카의 대부로 불리는 고가 마사오의 이야기입니다. 그는 어린 시절 가족과 함께 한국에 들어와 선린상고(현 선린인터넷고등학교)를 졸업했고 일본으로 돌아가 메이지대학교 입학합니다. 그래서 우리나라의 민요와 대중가요에 상당한 영향을 받았을 것으로 볼 수 있지요. 그런데 고가 마사오는 음악을 접하기 시작하면서 고등학교 시절 당시 유행한 악기 만돌린에 심취했습니다. 대학에 입학해서는 본격적으로 만돌린 연주를 시작했기 때문에 그는 서양음악에 영향을 받아 음악가로서 성장하게 됩니다. 이쯤 되면 원조라는 말이 의미가 없기도 합니다. 원래 음악이라는 것, 문화라는 것은 결국 다양한 문화가 복합적으로 섞이면서 전파된다는 것을 다시 한 번 깨닫게 됩니다.

문화에는 우열이 없다

"닭이 먼저냐? 달걀이 먼저냐?" 태생적으로 최초나 기원, 근원 등에 대해 알고 싶어 하는 인류의 오랜 의문 중 하나입니다. 이러한 질문의 배경에는 무엇이 먼저인가에 따라 우열이 결정된다는 역사적 기원설이나 최초의 조상이 누구인지를 따지는 원조설이 자리하고 있습니다. 먼저 생긴 것인 원류고, 나중에 생긴 것은 아류에 불과하다는 논리입니다. 처음 것이 원본이고, 나중에 생긴 것은 모사품이라는 생각입니다. 대중음악 평론가들 사이에서 벌어지고 있는 '트로트와 엔카의 기원'에 대한 설왕설래도 이와 일맥상통합니다.

이러한 원조에 대한 논쟁은 대중가요뿐만 아니라 역사나 학문, 예술과 문화 영역 전반에 걸쳐 흔히 벌어지는 일이기도 합니다. 예컨대, 인류의 기원에 대한 창조론과 진화론의 대립이 대표적입니다. 어느 쪽의 이론을 믿는지에 따라 인간의 위상이 다른 동물에 비해 차이가 나게 됩니다. 역사에 대한 해석도 자신들에게 유리한 기원 논쟁은 상시로 벌어지고 있습니다. 우리나라에서는 중국의 문화가 대한민국을 거쳐 일본으로 전파되었다는 주장이 다수설로 인정되고 있지만, 일본에서는 외려 4~6세기경 일본 야마토 정권이 한반도 남부의 임나 지역을 통치했다는 이른바 '임나일본부설'을 주장하는 이도 있습니다. 다들 자신이 먼저라는 주장을 통해 역사적 우위를 강조하려는 전략의 일환이라 하겠습니다. 길거리에 걸려 있는 식당 간판에도 자기들이 원조임을 주장하는 문구는 심심찮게 등장합니다.

그런데 먼저 생겨난 것이 우위에 있다는 생각은 올바르고 타당한 것일까요? 단정하기 어렵습니다. 청출어람青出於藍이란 말도 있듯이, 후발주자가 선발주자를 넘어서는 것은 비일비재하게 벌어지는 일입니다. 인류의 문명이 오늘날과 같이 획기적으로 발전할 수 있었던 것도 따지고 보면 후배가 선배의 업적을 뛰어넘었기 때문에 가능한 일입니다. 만약 선조들의 그늘에만 머물렀다면 인류는 점점 퇴보했거나 기껏해야 제자리걸음에 머물렀을 것입니다. 특히 예술이나 문화 분야에서 근원의 문제를 따지는 것은 쉽지 않은 일이면서 무의미하기까지 합니다. 독일 프랑크푸르트학파의 철학자이자 예술 이론가인 테오도르 아도르노Theodor Adorno는 그의 책 《미학이론》에서 근원을 따지는 행위에 대해 이렇게 주장했습니다. "예술의 본질을 예술의 근원에서 연역해내는 것은 불가능하다. 최초의 예술작품이 가장 뛰어나고 순수하다는 생각은 낭만주의 말기의 산물이다." 실제로 예술 분야에서 근원을 따지는 일이 심심찮게 벌어지고 있지만, 최초의 예술작품이 가장 뛰어나고 순수한 것은 아니라는 입장입니다.

물론 아도르노도 예술의 기원 자체를 부정하지는 않았습니다. "현재의 예술에 대한 규정은 언제나 과거 한 시대의 예술에 의해 제시된다." 가령, 클래식 음악에서 낭만주의 이후에 생겨난 수많은 작곡가들이 베토벤의 영향을 받았다는 사실을 부정하기는 어렵습니다. 그가 고전파음악을 완성하고 낭만파시대를 열었기 때문입니다. 하지만 그렇다고 해서 쇼팽이나 라흐마니노프를 베토벤보다 한 수 아래라고 말하기는 어렵습니다. 위대한 예술작품은 모두 근원을 계승했기 때문이 아니라 부정했기 때문에 역사에 이름을 남길 수 있었습니다. 이에 대해 아도르노는 다음과 같이 주장하였습니다. "예술작품이 그 근원을 부정함으로써 예술작품으로 되었다는 점에는 의심의 여지가 없다." 쇼팽이나 라흐마니노프가 위대한 예술가인 이유는 그가 베토벤을 잘 계승했기 때문이 아니라 그 그늘에서 벗어나 자신만의 예술을 새롭게 탄생시켰기 때문입니다.

이러한 논리로 보자면, 한국의 트로트가 먼저냐 일본의 엔카가 먼저냐 하는 논쟁은 그다지 의미가 있거나 유용한 것은 아닙니다. 2000년대 들어 침체되었던 트로트 열풍을 불러일으킨 김연자의 〈아모르 파티〉나 나훈아의 〈테스형!〉은 일본 엔카의 영향을 받은 것도 아니고, 1980년대 이전에 유행했던 '뽕짝'의 아류도 아닙니다. 아도르노가 주장했듯이, "예술은 자체 내에서 질적으로 변"하기 때문입니다. 오늘날 젊은이들이 이른바 '한물간 노래'라고 평가되던 트로트에 열광하는 이유도 트로트의 근원을 잘 답습했기 때문이 아닙니다. 요즘 젊은이들의 감성을 자극할 정도로 질적 변화를 이루어냈기 때문입니다.

알다시피 한국의 트로트와 일본의 엔카는 모두 대중문화의 일종입니다. 사전적 정의로 보자면, 대중문화란 "대중매체에 의해 대량으로 생산되어 다수의 문화수용자에 의해 대량 소비되는 대중지향적 상업주의 문화"를 뜻합니다. 한마디로 대중에 의해 소비되는 문화입니다. 문화를 의미하는 영어 'culture'는 토양이나 식물을 경작한다는 뜻의

'cultivation'에서 유래한 말인데, 이는 나중에 '마음의 경작'이라는 의미로 쓰이게 됩니다. 즉 대중문화란 대중의 마음을 위로(경작)하기 위한 수단으로 만들어진 것입니다.

초기에 문화라는 개념은 주로 예술을 가리키는 것이었습니다. 이때 예술을 소비하는 주체에 일반 대중은 포함되지 않았습니다. 먹고사는 문제로 급급했던 대중에게 문화나 예술은 남의 나라 이야기나 '그림의 떡'에 불과했습니다. 문화를 필요로 하는 계층은 주로 귀족이나 유한계급 등 상류층에 한정되었으며, 예술 활동의 목표도 귀족들의 취향을 맞추는 쪽으로 진행되었습니다. 음악의 아버지, 어머니라고 불리는 바흐와 헨델, 음악의 신동 모차르트, 교향곡의 아버지 베토벤 등 음악사에 이름을 올린 쟁쟁한 예술가들은 모두 귀족을 위한 엘리트주의에 몰두하였을 뿐, 결코 대중의 마음을 경작할 목적으로 예술을 한 것은 아닙니다.

하지만 19세기 산업혁명과 함께 상황이 바뀌었습니다. 산업혁명으로 농업에 종사하던 농노나 소작인들은 도시로 몰려들었고, 이들은 '노동자 계급'이라는 새로운 계층을 형성했습니다. 새로운 도시노동자들은 대거 집단을 이루어 '대중'이라는 계급을 탄생시켰습니다. 노동자 집단에 의한 대중 계급이 생겨나자 이들을 위한 새로운 문화가 형성하기 시작했습니다. 이제 예술은 도시노동자의 얇은 지갑을 열기 위한 상업적인 목적으로 시도되었습니다. 그 결과, 예술도 귀족의 고상한 취향을 만족시키기보다는 예술의 문외한인 일반 대중의 취향도 고려해야만 했습니다. 말하자면, 소수의 귀족계급만 상대하던 예술이 대중화되면서 일반인을 상대로 하는 문화산업으로 발전하게 된 것입니다.

문화가 대중에 의해 소비되면서 대중 문화산업으로 진행되자 예술의 수준도 과거와는 사뭇 달라졌습니다. 과거 문화적 수준이 높은 소수

계층을 위한 예술은 이제 눈높이를 대폭 낮추어야만 했습니다. 문화가 대중화되었다는 것은 예술적 수준이 낮은 사람의 취향도 만족시켜야 한다는 뜻으로, 불가피하게 하향평준화의 길을 걷게 됨을 의미합니다. 대중문화가 일반화되면서 수준 높은 예술을 지향하는 엘리트주의 예술가는 점점 설 자리를 잃게 되었습니다. 이제 예술작품도 여타 상품이나 재화처럼 시장논리의 지배를 받게 되었고, 그 결과 예술적 수준만으로는 우열을 논하기 어려운 상황이 되어버렸습니다. 인기가요 차트에서 1위를 차지했다고 해서 다른 음악보다 예술적 수준이 높다고 평가하기 어려운 것과 마찬가지입니다.

이렇듯 예술이 대중화되면서 예술적 수준이나 가치는 시장 논리 속으로 후퇴하고 말았습니다. 그 결과, 대중가요에서 원조 논란 또한 빛이 바래고 말았습니다. 대중의 사랑을 더 많이 받기만 한다면 리메이크 곡도 원조에게 전혀 꿀릴 이유가 없어졌습니다. 대중의 인기를 많이 받을수록 작품과 예술가는 더 높은 평가를 받게 되었습니다. 예술보다는 인기가 우선인 세상이 된 것입니다. 그 결과, 원조 논란은 무의미한 논쟁이 되고 말았습니다. 아도르노의 주장처럼, "최초의 예술작품이 가장 뛰어나고 순수하다는 생각"은 대중가요에서도 더 이상 통하지 않는, 나이브한 사상에 불과해졌습니다. 시대의 변화가 예술의 위상마저 바꾸고 말았습니다.

인류는 언제부터 문화나 예술에 관심을 가지기 시작했을까요? 정확한 기원을 알 수 없지만, 최소한 생존의 문제는 벗어난 뒤부터였음은 확실합니다. 문화가 아무리 중요하다고 한들 생존이나 사활의 문제 앞에서는 후순위일 수밖에 없으니까요. 누군가가 문화에 관심을 둔다는 것은 최소한 생존의 문제나 먹고사는 고민에서는 벗어난 상태임을 증명하는 것입니다. 한편, 인류의 역사에서 문화는 곧 발전을 의미합니다.

문화란 인류가 자연 상태에서 벗어나 학문적, 물질적, 기술적, 사회 구조적 발전을 이룩한 상태를 뜻하거든요. 따라서 문화를 누린다는 것은 원시적 생활에서 벗어나 발전되고 세련된 삶을 살아간다는 의미이기도 합니다.

자본주의 시대가 되면서 사람들은 자본(돈)을 모으려고 혈안이지만, 사실 자본은 목적이 아니라 수단에 불과합니다. 사람들이 돈을 중요하게 생각하는 이유는 그것으로 수준 높은 문화생활을 누릴 수 있기 때문입니다. 대체로 사람들은 돈은 많은데 문화 수준이 낮은 사람을 우러러보거나 존경하지는 않습니다. 물론 경제력은 없는데 문화 수준만 높은 사람도 그다지 부러워하지는 않죠. 가장 좋은 경우는 경제력도 있으면서 그에 걸맞은 문화 수준까지 갖춘 사람입니다. 그런 사람을 주로 '교양인'이라고 부릅니다. 말하자면, 교양인이란 경제력과 문화 수준을 골고루 갖춘 사람입니다.

한편, 사람들은 상대방의 문화 수준을 판단할 때 그 자체가 아니라 상대적 비교를 통해 평가하는 경향이 있습니다. 문화를 '있는 그대로' 평가하는 것이 아니라 자신의 문화와 비교하여 우열을 판단하는 경우가 많습니다. 예컨대, 한국 사람은 신체에 문신tattoo를 새기는 것을 좋게 보지 않는 경향이 있습니다. 아마도 신체발부수지부모身體髮膚受之父母라는 유교 문화의 영향 때문으로 보입니다. 그럼에도 대상에 따라 평가는 달라집니다. 가령, 아프리카 원시 부족 사람이 온몸에 문신을 하고 있으면 왠지 미개하고 야만스럽다고 느낍니다. 하지만 잉글랜드 출신의 유명 축구스타인 데이비드 베컴이 문신한 모습은 왠지 멋져 보이기도 합니다.

이러한 태도의 차이는 우리가 서양 사람을 긍정적으로 평가하는 반면, 원시 부족을 다소 미개한 사람이라고 보는, 문화적 우열에 대한 선입견이 어느 정도 작용한 결과이기도 합니다. 그런데 이런 경우라면 어떨까요? 아프리카 원시 부족의 여성에게 자기 부족에서 가장 인기 있고 용감한 남성과 데이비드 베컴을 놓고 누가 잘생겼냐고 물어보면, 그 여성도 베컴이 잘생겼다고 대답할까요? 장담할 수 없습니다. 어쩌면 그곳에서는 베컴보다는 자기 부족 남성이 훨씬 잘생겼다고 답할 수도 있습니다. 이는 문화적 취향에 대한 평가가 객관적이지도 절대적이지도 않다는 것을 보여주는 증거입니다. 따라서 문화에는 취향이나 선호가 있을 뿐 수준 차이는 없다고 보는 편이 타당합니다.

그럼에도 우리는 알게 모르게 문화에 대해 우열을 가리고 평가를 내리며 살고 있습니다. 선진국의 문화나 생활양식은 모두 고급 문명이라며 모방하려 하고, 후진국이나 원시 문명에 대해서는 야만이라는 딱지를 붙이곤 합니다. 또, 과거 문명은 낙후된 것으로 생각하고 현대 문명은 발전된 것이라 생각하기도 합니다. 예를 들어보겠습니다. 알다시피 농경시대의 평민들은 주로 초가집에 살았지만 오늘날에는 대부분 아파트에 거주하고 있습니다. 주거 문화 측면에서 보자면, 아파트가 초가집보다 발전된 문명이라고 말할 수 있을까요? 물질이나 기술적 측면으로는 그렇다고 볼 수 있습니다. 주거환경 측면에서는 아무래도 아파트가 초가집보다 깨끗하고 안전하고 편리하니까요. 하지만 문명에는 기술문명이나 물질문명만 있는 것이 아닙니다. 정신문명도 분명히 문화의 한 측면입니다.

정신문명으로 비교하면, 아파트가 초가집보다 더 나은 문명이라고 단정할 수 있을까요? 이웃과 서로 소통하고 협력하는 관점으로 보자면, 아파트는 결코 고급문명이라고 말하기 어렵습니다. 앞집, 옆집 사람과 얼굴도 모른 채 살아가는 주거문화는 사회적 동물인 인간의 본성에 비추어보면 최악의 문명일 수도 있습니다. 결국 현대식 아파트는 과거 농경시대의 초가집에 비해 기술적인 면에서는 발전된 문명이지만, 정신적 측면에서는 후퇴한 측면이 있습니다. 요즘 아파트에서는 층간소음 때문에 주민끼리 다투는 경우도 많고, 앞집이나 옆집에 누가 사는지도 모르는 경우도 허다합니다. 자기 집에서 마음 놓고 뛰지도 못하는 상태를 두고 선진문명이라고 말하는 것에는 분명 어폐가 있습니다.

우리가 문화를 이해할 때 자기 문화를 기준으로 놓고 상대 문화를 평가하면 '자기중심주의'에 빠지기 쉽습니다. 이를 문화 현상에 적용하면 '자문화중심주의'라고 부릅니다. 또한 잘나가는 나라의 문화를 절대 기준으로 놓고 자기를 평가하면 이른바 '문화사대주의'에 빠질 수 있습니다. 둘 다 '문화나 문명에는 절대적 기준이 있고, 우열이 있다'고 보는 문화절대주의의 일종입니다. 자문화중심주의란 자기 문화를 기준으로 다른 문화를 평가하고 비하하는 행위를 말합니다. 예전에 한 프랑스 여배우가 한국의 개고기 식용 행위를 야만적인 문화로 규정하고 한국 정부에 항의 편지를 보낸 것이 여기에 해당됩니다. 반대로 한국인들은 프랑스 사람들이 푸아그라를 얻기 위해 거위에게 강제로 사료를 먹이는 행위를 야만이라며 반박하기도 했습니다. 우리의 주장은 상대방의 공격에 대한 방어적 성격이라 이해되는 측면도 있지만, 그들의 주장뿐 아니라 우리의 반박 논리도 자문화중심주의임에는 틀림이 없습니다.

반대로 상대방의 문화를 자기보다 우월하다고 생각하여 무조건 숭상하는 문화사대주의도 좋은 태도는 아닙니다. 문화사대주의도 자기보다 열등하다고 생각되는 문화를 보면 낮추어 보는 자문화중심주의로 이어지기 때문에 그 뿌리는 동일하다고 볼 수 있습니다. 결국, 자기의 문화 수준을 상대와의 비교를 통해 평가하는 사람은 중심이 없이 갈팡질팡할 수밖에 없습니다. 자기보다 선진국을 만나면 문화 사대주의에 빠졌다가 후진국을 만나면 문화적 우월감에 사로잡히기를 반복합니다. 온

탕, 냉탕을 왔다 갔다 하는 격입니다.

　사실 문화는 절대적인 기준이 있는 것이 아니라 개별적인 것이어서 우열을 가릴 수가 없습니다. 프랑스 구조주의 인류학자인 레비 스트로스Claude Levi Strauss는 사람들이 이른바 '미개인'이라고 부르는 여러 원시부족을 조사하고 그들과 함께 생활하면서 그들의 세계를 경험하였습니다. 그 결과, 그는 이른바 문명인의 '과학적 사고'와 원시 부족의 '야생의 사고'가 근본적으로 다르지 않다고 결론을 내렸습니다. 레비 스트로스는 원시 부족의 사고도 관심이 다를 뿐, 문명인에 비해 지적 능력이 낮은 것은 아니라고 보았습니다. 요컨대, 레비 스트로스는 '미개인'과 '문명인'은 애초부터 다른 사고라서 이를 비교해서 우열을 가리는 것 자체가 무의미하다고 보았습니다. 서로 관심사가 다를 뿐 문명과 야만을 가르는 기준이 될 수 없다는 뜻입니다.

　우리가 특정 나라나 문화권을 두고 문명인이나 야만인으로 부르는 것도 따지고 보면 우리도 모르는 사이에 문화절대주의, 즉 자문화중심주의나 문화사대주의에 빠져 있기 때문입니다. 일찍이 백범 김구 선생은《나의 소원》에서 다음과 같은 소망을 피력한 바 있습니다. "나는 우리나라가 세계에서 가장 아름다운 나라가 되기를 원한다. 가장 부강한 나라가 되기를 원하는 것은 아니다. (…) 오직 한없이 가지고 싶은 것은 높은 문화의 힘이다. 문화의 힘은 우리 자신을 행복되게 하고, 나아가서 남에게 행복을 주겠기 때문이다." 백범 김구 선생의 소원은 통일("우리의 소원은 통일")이 아니라 높은 문화 수준이었습니다.

　우리나라가 가장 아름다운 나라가 되기 위해 '높은 문화의 힘'을 원했던 백범도 어떻게든—자문화중심주의든, 문화사대주의든—남들보다 높은 수준의 문화를 갖추기를 원했을까요? 당연히 아닙니다. 백범의 글을 자세히 읽어보면 그는 결코 자문화중심주의나 문화사대주의를 원하지 않았다는 사실을 알 수 있습니다. 김구 선생이 '높은 문화의 힘'을 원했던 배경에는 문화의 힘이 우리 자신과 다른 사람을 행복하게 만들기 때문입니다. 만약 우리가 문화사대주의나 자문화중심주의에 빠져 있으면 우리 자신도 타인도 행복할 수가 없습니다. 백범이 주장한 문화는 물질문명이 아닙니다. 그는 '인의, 자비, 사랑' 등 정신과 관련된 문화를 원했습니다. 그래서 이런 말을 남겼지요. "나는 우리나라가 남의 것을 모방하는 나라가 되지 말고, 이러한 높고 새로운 문화의 근원이 되고 목표가 되고 모범이 되기를 원한다." 결국 백범이 원한 것은 남의 것을 모방하지 않고, 우리 스스로가 처음으로 세운 문화를 통해 타의 모범이 되기를 바란 것입니다. 결국 문화는 상대적 비교를 통해 좋고 나쁨을 가릴 수 있는 것이 아닙니다. 우리만의 문화를 잘 가다듬어서 더욱 높게 고양하는 일이 중요합니다.

이런 논리로 보자면, 최근 대중가요에서 벌어지고 있는 근원에 대한 논쟁은 무의미하면서도 누구에게도 도움이 되지 않는 설전에 불과합니다. 트로트가 먼저건 엔카가 먼저건 무슨 대수겠습니까? 중요한 것은 그것을 잘 가다듬어서 더욱 높게 고양시키는 일입니다. 그것을 통해 문화 소비자들이 행복을 느낄 수 있으면 그만입니다. 다행스럽게도 대한민국에서는 트로트를 한 단계 높은 수준으로 발전시켜 새로운 문화로 만드는 데 성공한 것 같습니다. 1980년대 이후 오랜 침체기를 보였던 트로트가 2000년대 들어서면서 다시 한 번 인기 절정의 문화코드로 자리매김했기 때문입니다. 이러한 결과는 엔카와의 경쟁에서 승리했기 때문에 얻어진 것이 결코 아닙니다. 또한 트로트의 폭발적 인기가 엔카와의 논란에서 트로트가 기원이었음을 증명해주는 것도 아닙니다.

한편, 최근의 트로트 열풍을 복고 현상으로 해석하는 것도 합당한 논리는 아니지 싶습니다. 복고에 대한 향수만으로는 오랫동안 인기를 유지할 수 없기 때문입니다. 지금의 폭발적인 인기는 새로운 문화현상으로 이해하는 것이 옳습니다. 과거 기성세대가 좋아했던 뽕짝에 MZ세대에게 맞는 감성 코드를 입혀서 새로운 문화로 부활시켰기 때문입니다. 과거로의 회귀가 아니라 새로운 대중문화의 탄생입니다. 지금의 트로트 열풍은 문화에는 우열이 없으며, 모든 예술은 끊임없이 변한다는 자명한 진리를 다시 한 번 확인시켜준 계기라 하겠습니다.

최근 들어 방탄소년탄이 빅히트하면서 한국 대중문화가 어느 나라에도 뒤지지 않는 수준임을 증명하였습니다. 동시에 한국의 대중가요가 세계 무대에서도 통한다는 사실을 보여주는 쾌거입니다. 이러한 기세를 계속 이어나가려면 새로운 문화코드가 끊임없이 만들어져야 합니다. 이를 위해서는 기존 가요의 장르가 모두 부단한 질적 변화를 생성해나가야 합니다. 아울러 최근 대한민국에서 새로운 문화로 자리매김한 트로트 가요가 방탄소년단의 바통을 이어받아 K-팝 열풍을 계속 이어갈 수 있다면 더할 나위가 없을 것입니다. 가장 한국적인 것이 가장 세계적이라는 말도 있으니까요. K-팝 파이팅! 트로트 파이팅!